U0552059

编 委 会

主　编

曾国斌

副主编

赵晓慧

编　委

徐　滨　张朝晖

李绍玉　张闻博

南强大爱
世纪流芳

曾国斌 ● 主编

厦门大学出版社
XIAMEN UNIVERSITY PRESS
国家一级出版社
全国百佳图书出版单位

图书在版编目（CIP）数据

南强大爱 世纪流芳 / 曾国斌主编. -- 厦门 ：厦门大学出版社，2023.12
ISBN 978-7-5615-9174-1

Ⅰ. ①南… Ⅱ. ①曾… Ⅲ. ①厦门大学-校史-史料 Ⅳ. ①G649.285.73

中国版本图书馆CIP数据核字(2023)第220802号

责任编辑 高 健
美术编辑 蒋卓群
技术编辑 朱 楷

出版发行 厦门大学出版社
社　　址 厦门市软件园二期望海路 39 号
邮政编码 361008
总　　机 0592-2181111 0592-2181406(传真)
营销中心 0592-2184458 0592-2181365
网　　址 http://www.xmupress.com
邮　　箱 xmup@xmupress.com
印　　刷 厦门市竞成印刷有限公司

开本 720 mm×1 000 mm 1/16
印张 21.5
插页 2
字数 375 千字
版次 2023 年 12 月第 1 版
印次 2023 年 12 月第 1 次印刷
定价 99.00 元

本书如有印装质量问题请直接寄承印厂调换

厦门大学出版社
微信二维码

厦门大学出版社
微博二维码

目录

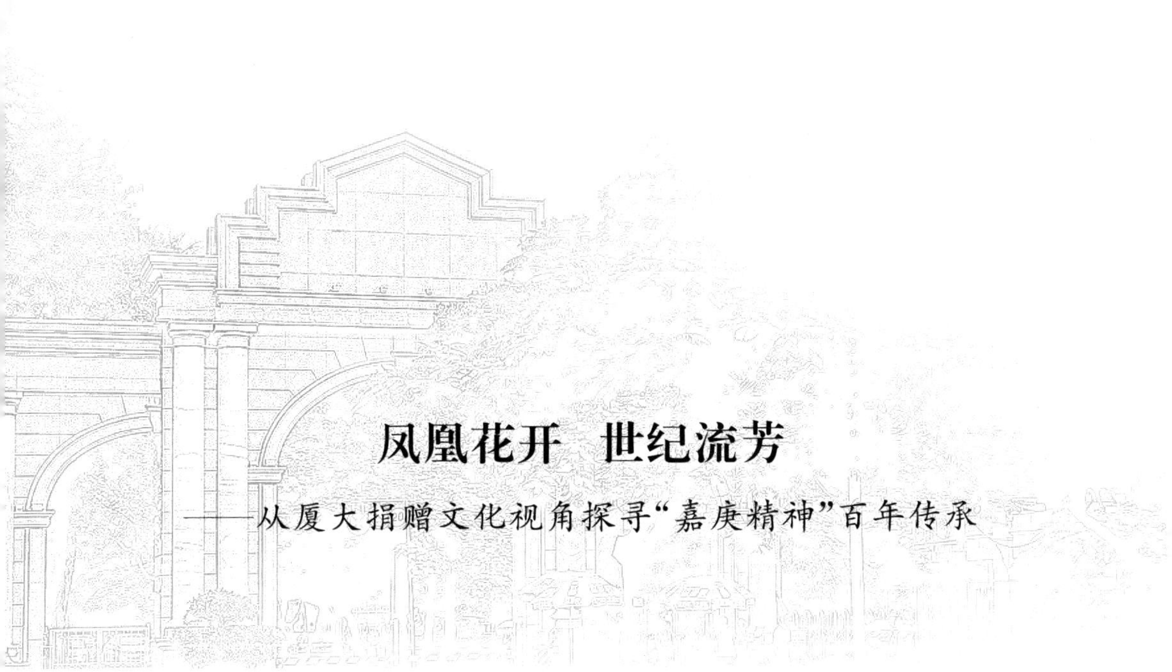

凤凰花开　世纪流芳

——从厦大捐赠文化视角探寻“嘉庚精神”百年传承

在中国近现代教育发展史上，有颗璀璨的明珠屹立在东南之滨。她的天然环境钟灵毓秀，她的人文情怀深沉宽广，她的文化底蕴淳朴厚重，她的创办历程波澜壮阔，她的内在精神源远流长，她——就是被誉为“南方之强”的厦门大学，中国第一所由华侨兴建的综合性大学。作为百年学府缔造者，陈嘉庚先生立校甫始便将“公、忠、毅、诚”高尚品格和“兴学报国”爱国情操融入厦门大学精神血脉，沉淀为世代流芳的人文基因。习近平总书记高度赞扬“嘉庚精神”，认为陈嘉庚先生以国家和民族为重，“深怀爱国之情，坚守报国之志”，“是侨界的一代领袖和楷模”，“实现中华民族伟大复兴，是陈嘉庚先生等前辈先人的毕生追求”。

受“嘉庚精神”感召，一百年来，一批批爱国华侨、社会贤达和厦大师生捐资兴学，永续接力，图振中华，书就了可歌可泣的感人故事；一代代“厦大人”发愤图强，前赴后继，蔚然成风，谱写出壮丽恢宏的大爱华章。漫步中国最美大学校园，徘徊亭台楼宇，瞻仰名人雕塑，品读石刻碑铭，宛若徜徉于捐赠文化历史博物馆。每一片砖瓦、每一寸草木，都倾诉着感人至深的捐赠故事，见证着深沉炽热的爱国情怀。正如厦大的校花凤凰花，浓郁端庄、坚毅奔放、热烈明艳的自然属性，天然契合了“厦大人”的精神内核：赤诚报国，感恩传承，自强不息，止于至善。

胸怀祖国,矢愿宏图
(1921—1937 年)

陈嘉庚先生

16 载,是历史长河的一瞬,却是厦门大学从无到有的关键年轮;16 载,承载了陈嘉庚先生创办实业的全部所得,凝聚了他报效祖国的满腔情怀;16 载,陈嘉庚先生以其人格魅力带动诸多南洋侨贤并肩同行,捐献爱心,共襄教育报国伟大壮举;16 载,锤炼了厦大止于至善的文化筋骨,铺就了厦大自强不息的发展鸿基。

"发了财的人肯全拿出钱来办教育的,只有陈先生!"黄炎培称赞的正是陈嘉庚先生。他在国内外创办或资助学校达 119 所,一生投入教育事业超过 1.5 亿元(当时普通岗位月收入 2 元),是蜚声世界的著名教育家。陈嘉庚,1874 年出生于厦门集美,少时入私塾,受过中国传统教育,对岳飞、文天祥、郑成功等尤为崇敬。他 17 岁下南洋随父经商,凭借着诚毅果敢和运筹帷幄,从借款 7000 元起步,奋发图强,成为"菠萝苏丹"和橡胶大王,富甲一方,驰名中外。他"志怀祖国,希图报效",深感"以四万万之民族,绝无甘居人下之理",抱着"教育为立国之本,兴学乃国民天职"信念,于 1919 年在家乡慷慨认捐 400 万洋银创办厦大,其中,100 万元作为筹办费用,300 万元作为经常费用,这是其实业所积全部家财。他 1921 年创办厦门大学,以"研究高深学问,养成专门人才,阐扬世界文化"为宗旨,期望"能与世界各大学相颉颃""为吾国放一异彩"。

厦门大学思明校区群贤楼群(创校时期)

受后来世界经济危机冲击，实业不振，他“宁可变卖大厦，也要支持厦大”，先后出售橡胶园、公司股本和三座豪华大厦，苦撑厦大运转；企业破产后受雇于英企银行，他索要4000元月薪，维持厦大办学；1937年，迫于经费不济，无偿将厦门大学捐献给国民政府。“财自我辛苦得来，亦当由我慷慨捐出。”他以高尚人格建立起一座爱国兴教、倾资办学的巍巍丰碑，彪炳史册，光照后人。

受陈嘉庚先生公忠报国赤诚感召，一批爱国华侨仗义襄助，热心支持创办厦大。胞弟陈敬贤先生与兄长勠力同心，同向同行，不幸积劳成疾，英年早逝，被尊称为“二校主”。厦大建有“敬贤楼”“敬贤亭”，永远缅怀陈敬贤为创建厦大作出的卓越贡献。黄奕住、曾江水、叶玉堆、李光前、黄廷元、陈六使、陈延谦、李俊承、殷碧霞等南洋爱国华侨及新加坡群进公司，于20世纪20年代末陆续捐赠经费20万大洋，匡助厦大建设。1936年，李光前、陈六使各捐5万大洋，陈延谦、李俊承各捐5000大洋，资助陈嘉庚先生购买400英亩树胶园，每月入息2000大洋作为厦大基金。“黄君奕住，慷慨相助有益图书，其谊可著”，“曾君江水，为尊者寿，慷慨相助图书，以富范畴题署”。陈嘉庚先生在群贤楼廊厅躬题碑文，铭记侨界贤达热心捐输厦大不朽功勋。英国爱丁堡大学医学博士林文庆先生既是陈嘉庚先生的引路人，又是其忠实追随者。他放弃高官厚禄，毅然出任厦门大学校长16年，协助陈嘉庚先生建

厦门大学早期大礼堂(群贤楼)

校舍，揽名师，制校规，审校训，为厦门大学发展不遗余力。他把诊病所得、全年薪俸以及夫人私房钱全部捐给厦大充作办学经费，并两次亲赴南洋为厦大募集善款。临终前，他更是立下遗嘱，将鼓浪屿别墅和五分之三的个人遗产捐赠厦门大学。在陈嘉庚先生创办厦大的艰难时期，他们在逆境中坚守正义，彰显了人格伟大和道德高尚。如今，陈嘉庚、陈敬贤、林文庆、李光前等先贤雕像均矗立在厦门大学各大校区，成为学校开展感恩文化教育的重要载体。

陈嘉庚、黄奕住、曾江水、李光前、陈六使、陈延谦、李俊承、林文庆、殷碧霞等南洋侨贤

内迁闽西，烽火南强
（1937—1945年）

8年，中华儿女熬过日寇铁幕笼罩的暗夜，迎来光明；8年，厦门大学内迁闽西，弦歌不辍。其间，陈嘉庚先生心系民族安危，全力支援祖国抗战，提出“敌未出国土前言和即汉奸”著名提案；他发动海外侨胞捐资国内超过15亿元，组织3000多名“南侨机工”回国服务；他回国慰劳，走进陕北，坚信“中国的希望在延安”；他被公认为20世纪最伟大华侨领袖。“厦大人”铭感陈嘉

庚先生无疆大爱，在山城长汀破土扎根，开枝散叶，坚忍不拔，自强办学，展现了民族存亡之际的爱国操守与救国信念。

追忆那段苦难辉煌的岁月，“厦大人”不会忘记漳州校友勇力护持，江河阻绝，关山难越，厦大龙溪同学会全力做好母校师生中转接待和物资转运，功不可没；“厦大人”不会忘记长汀人民无私帮助，捐校舍、献寝室、送米菜，与厦大师生患难与共，风雨同舟，结下深厚情谊；“厦大人”不会忘记一批学高身正的硕彦名儒奔赴厦大，奋发图强，共创荣光。

萨本栋先生正是典型代表。

萨本栋先生

1937 年 7 月 6 日，怀着对陈嘉庚先生的仰慕与崇敬，萨本栋先生毅然道别清华大学，出任国立厦门大学第一任校长。他带领师生内迁长汀，使厦门大学成为粤汉铁路线以东最靠近战区的唯一国立大学；他克己奉公，励精图治，面对“国、省库经费迄未领到”的窘境，带头按三成五支领薪俸；他改装“专车”发动机，照亮山城校园，号令厦大师生“未到‘最后一课’的时候，应加紧研究学术与培养技能”；他延揽名师，厦大时任教授 51 人，有 47 位来自清华；他推行通识教育，要求教授上基础课，开国内高校先河。烽火中的厦大师生迸发出了别样的奋斗激情，形成了勤奋、朴实、严谨、和睦的优良风气，在教育部组织的两次全国学业竞赛中蝉联桂冠，赢得了“南方之强”的美誉，被赞为“东南最高学府”“国内最完备大学之一”。萨校长竭诚奉公，呕心沥血，鞠躬尽瘁，1949 年罹患胃癌，不幸早逝。他用钢板支撑劳累积痹的腰，更用诚敬和智慧挺起南强学府坚强不屈的铮铮脊梁，用青春和生命谱写厦门大学“自强不息”的汤汤华歌。为缅怀萨本栋校长功德，厦门大学将其陵园永久设立在主校区。

硝烟下的长汀岁月磨砺了厦大师生意志，淬炼出一大批品正学高的优秀学子，他们铭记陈嘉庚先生和萨本栋校长恩义，毕业多年后，始终惦念厦大，不忘回馈母校。“我一生最为欣慰的是我的名字排在教师行列里。假如有来生，我还要当个教师。”百岁高龄的 1941 级校友潘懋元先生，倾囊捐助厦大教育事业，从教八十五载，桃李满天下。“人在天堂，钱在厦大。我会在有生之年竭尽所能地为母校作出一份贡献。”1944 级台湾校友周詠棠先生一生持续捐助厦大，2020 年 97 岁高龄的他为献礼百年华诞再作贡献。“本来想

萨本栋校长与陈嘉庚先生

萨本栋校长与学生在长汀

等到母校百年校庆的时候，再捐出这笔钱为母校献礼，但是我怕等不到那一天了。”1944 级校友纪华盛先生把 20 多年的积蓄全部捐给厦大母校。“萨本栋校长其言其行及学校员工在长汀时期的艰苦奋斗、自强不息的精神成为我后来做人做事的不竭动力。”1943 级菲律宾校友邵建寅先生感念萨校长师恩，捐建萨本栋微机电研究中心大楼“亦玄馆”，捐修校友之家“怀贤楼”，还成立多项教育基金。1944 级校友丁政曾、蔡悦诗伉俪为母校建成“建文楼”“颂恩楼”。1941 级香港校友黄保欣、吴丽英伉俪捐建“保欣丽英楼”。香港校友黄克立先生捐建国际会议中心“克立楼”。

念念不忘，必有回响。众多老校友还捐设奖教金、奖学金、助学金、教育发展基金，以力所能及的方式回报母校栽培，传承“嘉庚精神”。时光荏苒，记忆永恒，厦门大学已成为长汀时期老校友心中永远的精神家园。

翁婿同心，前赴后继
（1949—1956 年）

7 年，新中国如东方红日冉冉升起，中华民族掀开新的历史篇章；7 年，翁婿联手，践行教育报国初心，用如椽大笔为厦大擘画新姿。1949 年，陈嘉庚先生应毛泽东主席邀请回国参政议政，出席开国大典，担任国家要职，后婉拒中央挽留，回归故里，接续兴学夙愿，弥补其“为善不终，贻累政府，抱歉无似”之缺憾。

李光前先生

身为乘龙快婿，李光前先生与岳父陈嘉庚先生同心同德，创办实业，教育报国，厦大初创便给予经费支持，困厄之际更襄助渡过难关，厦大私立后期李光前先生实为主要经济支撑。1950 年 11 月，李光前先生划拨巨款交由陈嘉庚先生修复被敌机炸毁的厦大校舍，并予扩建。“华侨无偿捐赠之钱来之不易，要节约使用他们的捐款，处处为多盖房子、盖好房子着想，发挥投资的最大效益。”陈嘉庚先生特地成立建筑部，招收闽南各地石匠、木匠、泥水匠 1000 余人，先后设立 510 个基建工场；石料就地开凿，木材山区采购；无物可代的钢筋、水泥和小五金，方从香港购买；亲赴漳州龙海榜山镇平宁村产地，特别烧制带有榫卯结构橙红色瓦片，以应对台风等灾害天气，后人称之为“嘉庚瓦”。陈嘉庚先生从设计、

陈嘉庚先生视察上弦场建设工地

绘图、备料至施工，事必躬亲，一丝不苟，风雨无阻。1950—1955 年，扩建新校舍共计 25 幢，建筑面积 59057 平方米，使用面积 38365 平方米，使得厦大建筑总面积较之先前扩增 1 倍。沐浴着新中国丽日和风，一座座红砖绿瓦、白石朱顶的高楼在厦大校园崛地而起，耸立于雄伟的五老峰前、秀美的鹭江水畔，成为厦门大学独具特色的文化标识。而凝聚着陈嘉庚先生报国情怀的"嘉庚瓦"，也成为厦门大学特殊的文化意象。

为纪念李光前先生功绩，陈嘉庚先生以其祖籍福建省南安县芙蓉乡的县、乡、村名及其哲嗣芳名命名新楼，永铭贤婿爱国荣乡、热心公益雅量高风。建南楼群、芙蓉楼群、南光楼群和上弦场均已成为厦门大学标志性建筑，"南光""国光""丰庭""成义""成智""成伟""竞丰"等楼宇均已成为厦门大学经典文化符号。厦门大学因为这对翁婿的同心协力获得了奋发进取的新基业。

厦门大学建南楼群(20 世纪 50 年代)

比肩增华，聚爱厦大
(1979—2005 年)

26 年，斗转星移，万物乾坤，改革春风吹遍中华大地，东方巨龙迎来蓄势腾飞蓬勃姿态；26 年，国门大开，四海交融，众多爱国华侨、港澳台同胞追寻陈嘉庚先生足迹，用一笔笔慷慨捐赠共谱心怀桑梓、爱国荣校的交响乐。

作为李光前先生后裔，新加坡"李氏基金"李成义、李成智、李成伟昆仲，继承先辈善德，捐资兴教，比肩增华，续助厦门大学教育事业。20 世纪 90 年代，陆续捐赠巨资修缮建南楼群和石板路面，使其旧貌焕然一新；接续捐资建设厦大李光前医学院、陈爱礼国际护理学院，实现陈嘉庚先生心愿，完成林文庆校长未竟事业。

思明校区远眺

思明校区嘉庚楼群

我国香港地区以及新加坡、菲律宾、印尼等地华侨、校友也纷纷聚爱厦大，增光添彩。香港实业家邵逸夫先生捐建国际学术交流中心“逸夫楼”，钟宝玉兄弟姊妹捐建“钟林美广场”，钟江海昆仲捐建“钟铭选楼”，施子清先生成立“施子清中青年教师培养基金”，王少华校友捐建“王清明游泳馆”，吕振万先生捐设“厦门大学吕振万书籍出版基金”；菲律宾校友余明培先生捐建“明培体育馆”，桂华山先生捐建电子显微镜实验楼“桂华山楼”，许自钦先生捐建学生活动中心“自钦楼”，洪文炳先生捐建“祖营楼”，蔡清洁先生捐建海外教育服务中心“蔡清洁楼”；新、马华侨李成枫后裔捐建“成枫楼”和芙蓉湖畔“陈嘉庚先生与学生们”铜雕像群；印尼华侨李文正先生捐建医学院“李文正楼”，林联兴先生捐建留学生教学大楼“联兴楼”；台湾名誉校友张子露先生捐造西村校门；日本华侨陈德仁先生捐设“陈德仁厦门大学育才基金”。此外，福耀集团捐设“福耀厦门大学教育发展基金”；厦门市26家外经贸企业捐立“厦门市外经贸厦门大学教育发展基金”，并以基金收益建成“基金楼”。厦门大学医学院基金汇聚了新加坡李氏基金、香港实业家吕振河先生、印尼实业家李尚大先生、新加坡实业家黄大梁先生、新加坡实业家杜财顺先生等慈心大爱。海内外华人华侨、各地校友、企事业单位、社会爱心人士争相捐助发展基金、奖教学金和设备物资。林林总总，蔚为壮观。

这些大爱善心与“嘉庚精神”共同凝聚成爱国荣乡、教育报国的滔滔江水，渗透于厦大每一寸土地，滋养着校园的树木花草。

厦门大学思明校区芙蓉湖

继往开来，薪火相传（2006年以来）

曾经，嘉庚先生倾资办学，为国储才；而今，社会各界感念其高义，薪火续传。伴随着新纪元的开启，厦门大学培养的时代精英迅速崛起，与众多社会爱心人士一道，追忆陈嘉庚先生雄心壮志，反哺厦大，奉献国家。积水成渊，聚沙成塔，在广大校友、社会贤达持续捐助下，厦门大学定基“思明”，牵手“漳港”，拥抱“翔安”，开拓“马来”，反哺南洋，启航“嘉庚”，形成了凤凰花开、五瓣同祥的恢宏格局。

一座座楼宇倾注着浓浓大爱，一片片砖瓦镌刻着殷殷深情，一项项基金承载着款款热忱。自2006年厦门大学教育发展基金会成立以来，各类社会捐赠纷至沓来，源源不断。新加坡李氏基金持续资助我校医学院和护理学院建设，成为纵贯学校每个发展时期最坚定支持者；福耀集团董事长曹德旺先生捐建翔安校区德旺图书馆，并成立“曹德旺奖学奖教基金”；1982级国贸系校友肖恩明先生襄助母校建成“科学艺术中心”；华厦眼科医院集团董事

厦门大学漳州校区

长苏庆灿先生资助建设翔安校区“爱秋体育馆”，成立教育基金助力母校发展；正祥投资集团有限公司董事长吴富立先生大力支持翔安校区建设；旭辉集团董事长林中校友巨资支持母校建设；阳光集团董事局主席林腾蛟先生资助学校人工智能、金融、环保等学科及人才培养；社会各界的捐助犹如涓涓溪流汇爱厦园，聚成波光潋滟的“思源谷”，润泽着一代又一代厦大师生的心田。

“厦大人”对母校的这份眷恋不仅影响着一代代厦大学子，也感染着身边的每一个人。“一个萤火虫的光是微弱的，但无数个萤火虫在一起，就能发出明亮的光，温暖这个世界。”厦大 1952 级生物系校友林毅雄先生 86 岁遗孀徐明慧教授在家人陪同下奔波 16 小时，于 2018 年 4 月 1 日深夜来到厦门大学，用她出售自己和先生的私人房产，扣除养老院费用后的全部余款，捐设“林毅雄育人基金”。

“希望这笔捐款能让丈夫回报母校的愿望得以实现，让他对母校深切的爱得以延续。”厦门大学 1945 级台湾校友蔡祖枚先生 79 岁遗孀蔡王琼璎女士整理丈夫遗物时发现其珍藏着许多厦大物品，不禁潸然泪下，当即决定把丈夫全部退休金如数捐赠厦门大学，成立“校友励学金”。

1986 年，余施淑好女士与丈夫、厦大校友余明培先生为学校建成第一所

厦门大学翔安校区(夜景)

现代化综合室内体育馆——“明培体育馆”。2012年,余施淑好女士再次捐资为翔安校区建成现代化游泳馆——“余明培游泳馆”,接续丈夫对母校的一片深情。

受父亲对母校的情谊感染,陈卿卿协同庄中贤等海外华人于1982年为厦大捐建“华侨之家”,并增资扩建,又于2007年以父亲陈掌谔校友名义捐立“陈掌谔博士奖助学金”,用儿女的善心升华了父亲对厦大的挚爱。

1941级林言校友之子林遵瀛先生,感怀父亲对厦大眷恋之情,于2017年在厦门大学设立“林言校友励学金”,报答父亲养育之恩,延续父亲对母校的深情厚谊。

2008年,年仅17岁香港中学生杨容容把从小学到中学所获全部奖学金、竞赛奖金捐赠厦门大学,用于奖励家境贫困的优秀学子。这份善举,源于其母劳敏校友的长期影响,也源于她自幼对厦门大学和陈嘉庚先生的满怀敬仰。

走进新时代,“南强学子”陆续崛起,捐助厦门大学的新生力量如雨后春笋,层出不穷。来自工商界、企业界、金融界等社会各界“厦大人”德业并进,百花齐放,感恩图报,络绎不绝,又有1979级国贸系全体同学、1986级“凤凰花季”、1988级校友联谊会、EMBA2013级全体校友、厦大全球金融校友联合会等以集体名义成立专项基金,奉献爱心,传承荣光,汇成爱校荣教的滚滚洪流,襄助厦大建设与发展。

一份份真情与善心，擎起一幢幢高楼和大厦，结出累累丰硕成果。思明校区内，德贞楼、庄汉水楼、林梧桐楼等秀立芙蓉湖畔，辉映山海之间；翔安校区里，爱礼楼、文宣楼、椭圆楼、学武楼、坤銮楼、庄瑾楼、和木楼、超珍楼、希平楼、金泉楼、跃进楼、林积灿楼、曾宪梓楼、黄朝阳楼、周隆泉楼、南存钿楼等层见叠出，花团锦簇；满载着众多校友款款深情的全球顶级科考船“嘉庚”号2016年起锚入海，探秘深蓝，迎风远航，破浪前行。厦门大学正朝着陈嘉庚先生一百多年前描绘的宏伟蓝图阔步迈进。

厦门大学思明校区

“嘉庚”号科考船

值得一提的是，2016年，承载着“厦大人”的满腔赤诚，厦大马来西亚分校正式办学，是一个世纪以来，厦门大学感恩文化的具体实践与成果，是中国公立大学走向海外办学的先行者，是践行“一带一路”倡议的排头兵。其办学结余将全部用于马来西亚分校学科建设和人才培养，这是“厦大人”对陈嘉庚先生创业之地的历史性回馈，这是厦门大学对南洋侨乡的庄严承诺。“祖国的大学办到马来西亚了，我们华人的子女再也不用漂洋过海到别处求学了！”一位白发苍苍的老华侨热泪盈眶地说道。这一盛事赢得了东南亚侨界普遍赞誉，海外侨贤踊跃捐资，慷慨助力，郭鹤年先生捐建“百姓大楼”，李深静先生捐建“深静楼”，杨忠礼先生捐建“忠礼楼”，戴良业先生捐建“戴良业楼”，陈华春先生捐建“陈华春音乐厅”等，一座座高楼在厦大马来西亚分校拔地而起，为来自世界各地的莘莘学子撑起了读书、科研的静谧与安宁。

厦门大学马来西亚分校

各样的捐赠故事，诉说同样的情怀，同样的思源奉献，汇成一首大爱的歌。“嘉庚精神”已植根于“厦大人”灵魂深处，如同火红的凤凰花，在一代代存善心、乐善行的爱国华侨、社会贤达、厦大校友及亲人身上绽放出美丽浓艳的光彩。一桩桩饱含深情的善心义举永铭厦大发展史册，为广大师生代代颂扬。

嘉庚精神，民族光辉

前半生兴学，后半生纾难；是一代正气，亦一代完人。陈嘉庚先生心系中华，公忠报国，为辛亥革命、民族教育、抗日战争、解放战争和新中国建设作出了卓越贡献。1945 年抗战胜利后，毛泽东主席称誉其为“华侨旗帜，民族光辉”，为纪念嘉庚先生 110 周年诞辰，邓小平同志又亲笔题写“华侨旗帜，民族光辉”。他崇尚节俭，公而忘私，常言：“正当之用，千金慷慨；无为之用，一文宜吝。”临终前他将 334 万元存款全部献给公益事业，没留一分钱给子孙后人。1961 年 8 月 12 日，陈嘉庚先生在北京病逝，周恩来总理、朱德委员长亲自执绋，灵柩运回家乡，安葬于集美“鳌园”。为纪念陈嘉庚先生光辉人生，国际小行星命名委员会将第 2963 号行星命名为“陈嘉庚星”。“嘉庚精神”与天地并存，与日月同辉。

陈嘉庚先生铜像

感恩教育是厦门大学醇厚久远的办学传统，是厦门大学独特魅力精神特质的历史彰显。时任厦门大学党委书记张彦说：“‘嘉庚精神’赋予厦大鲜亮的爱国底色，是扎根中国大地办教育的不朽丰碑，是全球校友共同的文化基因。传承‘嘉庚精神’，是以一流的文化增强师生的认同感、归属感、荣誉感，提升校友的凝聚力、向心力、创造力，必将汇集成建设一流大学的磅礴力量。”作为感恩的节日，悠久的校庆传统贯穿百年来的每一个时期，即便是最为艰难的长汀岁月也从未间断；清明祭扫，感念先贤，为先辈树碑，为贤达立传，感怀恩泽；“嘉庚奖”“南强奖”的颁授，铭记功绩，激励后人；新生入学的第一堂课，毕业典礼的临别寄语，呼唤传承；校史馆鲜明的主题、“爱国、革命、自强、科学”四种精神的提炼、《嘉庚颂》《南强颂》《哥德巴赫猜想》《南强红笺》等文化精品的锻造，每个细节与具体实践无不记录着厦门大学对“嘉庚精神”的弘扬，浸润于厦门大学的历史发展。时任厦门大学校长张荣说：“传承‘嘉庚精神’，让一代代‘厦大人’秉承感恩感怀之心、爱校荣校之情，用理想与信念不断汲取信心和力量，用创新与实践不断丰富其精神内涵，成为‘厦大人’不断前行、追求卓越的指引。”

一砖一瓦筑成百年伟业，一花一木绘出绚烂春天。“嘉庚精神”是民族的，也是厦大的，是贯穿厦门大学百年历程的精神灵魂，是激励厦大师生勇往直前的强大力量源泉。捐赠文化是“厦大人”一个世纪的传承，是融进骨血的基因传承和内在品质。“嘉庚精神”与捐赠文化共同凝聚成厦门大学独特深厚的文化品格。

木本水源，光前裕后，凤凰花开，世纪流芳。回眸历史，“厦大人”始终感怀陈嘉庚先生的初心宏愿，前赴后继，砥砺前行，形成了捐资兴学、公忠报国的优秀传统。展望未来，“厦大人”将传承历史荣光，弘扬“嘉庚精神”，传播捐赠文化，凝心聚力，踔厉奋进新百年、新征程。这份坚定执着如同火红的凤凰花，将与厦门大学春秋与共，世纪相伴。

从五老峰凭眺厦门大学

（本文2020年8月10日刊载于《人民日报（海外版）》、人民网）

陈敬贤：昆仲齐心 爱国荣乡

他，于 20 世纪 20 年代建成全球销售网络，公司经营盛极一时，是南洋著名实业家；他，与兄长一同倾其所有，捐资兴学，共同创办厦门大学、集美大学，是两校师生心中永远的“二校主”；他，以有限的生命，竭诚辅佐兄长，倾资报效国家。他就是爱国华侨领袖陈嘉庚先生胞弟——陈敬贤！

苦涩童年，远渡南洋

“家中仅有庶母操持家务，不爱抚之，孤苦伶仃，状极凄恻。”

陈敬贤先生

陈敬贤（1889—1936 年），厦门集美人，6 岁入私塾学习，8 岁就读胞兄陈嘉庚创办的惕斋学塾。10 岁，生母孙太夫人病故，陈敬贤先生哀痛不已，每晚守在母亲灵柩旁，长达半年之久，邻里无不赞叹其真诚孝道。彼时，父兄都在南洋谋生，他独留家中，饱受庶母苛待，生活颇为坎坷。

13 岁那年，他随兄长陈嘉庚先生远涉南洋，奔赴新加坡投靠父亲陈杞柏，立志刻苦读书。10 年后，与胞兄加入中国同盟会，在南洋宣传孙中山先生反对帝制、创建共和的革命主张。在胞兄"热诚内向"的激励下，他以有限的生命帮助陈嘉庚先生大力发展实业，倾资创办教育，赤诚报效国家，实现了其"匹夫有责"的满腔夙愿。

襄佐胞兄，开拓实业

"深明多积私财之为害，足以损智、益过，贻后辈倚赖之性，奢靡之行。"

陈敬贤先生全力襄助兄长，披荆斩棘，开拓市场，为陈嘉庚公司发展作出重要贡献。16 岁那年，生父因商业破产回乡定居，陈敬贤先生不得不辍学，跟胞兄习商，管理谦益米店财务和新利川菠萝罐头厂业务；两年后出任谦益公司经理。兄长回国筹办集美小学期间，他独立经营在新加坡一切商务，进而担任陈嘉庚公司经理，创设橡胶熟品制造厂，树胶厂面积增加到 5.5 万平方米，奠定树胶制造厂成品加工发展基础，并协助兄长在国内外设立诸多分支机构。

1918 年的陈敬贤先生

1920 年前后，新马地区经济不景气，陈嘉庚公司却逆流而上，1919—1921 年间更是获利 280 余万元，充分彰显了陈敬贤先生卓越的经商才华。他全身心投入橡胶种植、采收以及生熟胶加工，橡胶日用品产品开发、研究、制造和销售，与兄长同心协力，建成全球销售网络，助力陈嘉庚公司经济实力不断跃升。胞兄想以陈敬贤名字在新加坡存款 10 余万元，他当即婉言谢绝，而是倾其全部资产，献给教育事业。

同心同德，倾资兴学

"国弱民贫，振兴实业，培养人才，教育实利赖之。"

随着企业发展，财力充实，陈嘉庚先生与陈敬贤先生协商救国之计，深感唯有兴办教育方能救国于危难。1916 年 10 月，陈嘉庚即“商遣舍弟回梓”，筹办集美师范、集美中学。陈敬贤先生全力以赴，筹划并督建校舍。至 1919 年 2 月，先后增办集美女子小学、集美师范、集美中学和集美幼稚园。1921 年 4 月，陈敬贤先生与兄长共同捐资创办厦门大学。时任校董有陈嘉庚、陈敬贤、林文庆三人，陈嘉庚先生被尊称为“校主”，林文庆先生任校长，陈敬贤先生被尊称为“二校主”。他对厦门大学的创办与建设，贡献不可磨灭。

陈敬贤先生重视华侨教育。1919—1921 年，他当选为新加坡南洋华侨中学董事会财政并担任道南学校总理，为两校建设作出重大贡献。同时，兄长在桑梓倡设同安教育会，他发动同安侨胞认捐，带头捐款数万元，支持闽南教育事业。

他重视德育，除与兄长共定集美学校“诚毅”校训，又特别指出：“教育有智育而无德育，如人身之有肉体而无灵魂。”对于兄长倾资兴学的伟大实践，陈敬贤先生始终通力支持，“欲尽国民本职，不惜牺牲一己之安，乐以赴之”。

陈敬贤（二排左五）与林文庆校长（一排左六）等厦大和集美学校教职工合影

英年早逝，遗泽流芳

“自出共事以来，唯恨力之所不能及，而不敢稍事偷闲。”

陈敬贤先生因过度操劳，1908 年就患上咯血病。1919—1921 年，因承担庞大公司业务，在商战中呕心沥血，心力交瘁，肺病复发，兼患痢疾、胃病等症，难以肩负重任，不得不函告正在故乡倡办厦门大学的兄长南来交接。之后，他东渡日本治病，医生诊断其肺病已入三期，属不治之症，但经过治疗锻炼，身体竟有所恢复。他总结说：“世间所应尽之责任尚未了，而不存一能死之观念。”随后，他继续督建校舍，并监理陈嘉庚公司国内业务。1925 年，因病根未除，他再渡日本，期望早日恢复健康，从速回国尽心奉献。回国后，屡游鼓山、武林、匡庐诸丛林，啸傲泉野，后栖居杭州弥陀寺。1936 年 2 月 20 日，宿疾复发，兼患唇疔，医治无效，溘然长逝，享年 48 岁。

陈敬贤先生逝世后，各界悲恸。开追悼会时，收到挽幛题词等 667 件，其中不乏当时社会名人。孙中山之子孙科、国民党元老于右任、国民党高级将领何应钦等均送来悼念挽幛。邵力子先生题词“国尔忘家，公尔忘私”，对陈敬贤先生短暂而光辉的一生给予高度赞扬。

集美学校撰写了“敬贤校主追悼歌”，将陈敬贤生前督建大礼堂，改署为“敬贤堂”，立碑纪念，并编辑出版《陈敬贤先生纪念刊》。作为厦门各界追悼陈敬贤先生大会发起单位之一，厦门大学由林文庆校长带领教职员工与学生团体参加公祭，并在校刊专载《陈敬贤先生传略》；抗战胜利后，厦门大学特别将勤业楼、丰庭楼之间的教职工宿舍楼命名为“敬贤楼”，后新建 8

厦门大学敬贤亭

幢,形成敬贤建筑群;在集美楼后建"敬贤亭",立先生像,每年清明,厦大师生都会瞻仰并献鲜花,缅怀陈敬贤先生对厦门大学创办与建设作出的突出贡献。

"以兄既有是心,为弟者若不尽力,谁肯尽力!"陈敬贤先生与陈嘉庚先生志同道合,同向同行,开拓实业,倾资兴学,爱国荣乡,遗泽流芳,值得世人永远尊敬和缅怀。

黄奕住：黄君奕住　其谊可著

在厦门大学，“群贤楼”有着无与伦比的特别意义，它见证着陈嘉庚先生教育报国初心大爱落地生根。

在这座历经近百年沧桑的楼宇正厅左侧壁上，镶嵌着一块醒目的石碑，上书：“黄君奕住，慷慨相助，有益图书，其谊可著。”由陈嘉庚先生于 1931 年 6 月亲笔题写，纪念和表彰著名爱国华侨黄奕住先生的助学善举。

1921 年，陈嘉庚先生倾资创办厦门大学，黄奕住先生对校主兴学壮举充分认同，慷慨捐赠 10 万元，给予坚定支持；1927 年，他再捐 3 万元，襄助厦门大学购置图书及设备，诠释了一位商界巨子爱国爱乡、兴教兴学的赤诚情怀。

风华百年，世纪沧桑，黄奕住先生的恩义，永铭厦大史册，而他跌宕起伏的人生传奇也给世人以丰富的启迪。

祸从天降，被迫下南洋

黄奕住先生，1868 年出生于福建南安县石笋村黄姓农家，为紫云派黄守恭后人，祖先曾任高官显职，后归隐在家务农。因经济条件差、医疗水平落后，父母渴望“留住”这个男孩，以期传宗接代，为其取名“住”，乳名唤作

“阿住”。

黄奕住先生

黄奕住先生幼时曾上数年私塾,聪颖过人,之后因家贫辍学种田;12 岁时师从伯父学习理发,学成后每天挑担走街串巷,挣钱补贴家用。为一位乡绅理发时弄伤其眉角,乡绅认为被触霉头,扬言要让其家破人亡。无奈之下,年方 17 岁的他与家人商量后,变卖家田,携 36 块银圆经厦门下南洋避祸谋生。正是这次“威逼”,成就了一位声名赫赫的商业巨擘。

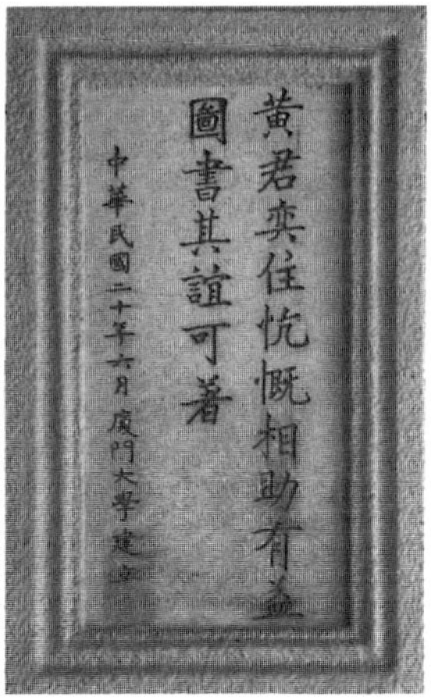

位于群贤楼的黄奕住捐赠碑刻

勤劳智慧,披沙拣金豆

到南洋后,黄奕住先生依靠为通商口岸华工剃头为生,人称“剃头住”,先后辗转新加坡、马来西亚等地,落脚印尼三宝垄,在老华侨魏嘉寿先生资助下,改行做起“货郎担”。

凭着勤劳节俭、过人的智慧胆识,黄奕住先生的生意越做越好,有了自己的杂货摊，主营各地土特产，发展成为固定店面，购买了货运马车。19世纪末20世纪初，黄奕住先生洞察糖业商机，果断入主糖业，成立“日兴行”，到各地收购蔗糖，低买高卖，获利丰厚。一战伊始，他大量收购蔗糖，战争结束后，获得空前利润，成为爪哇地区最著名的四大糖商之一。黄奕住先生乘势进入房地产、金融业，涉足银行业、保险业，逐步建立起了庞大的商业王国，成为名副其实的印尼首富。

眷念祖国，造福桑梓地

然而，荷兰殖民政府对印尼采取“敲骨吸髓”式统治。一战结束后，勒令华商缴交巨额“战时所得税”。有人建议黄奕住先生加入荷兰国籍，享受减免权利，日本领事拉拢他加入日籍，以获“保护”。他均断然拒绝，毅然返乡，誓与祖国共荣辱。

厦门大学名誉校董黄奕住先生

1919年4月，51岁的黄奕住先生将其积蓄约合2000万美元汇回祖国，结束了他侨居印尼35年的生活、事业，返回福建，定居厦门鼓浪屿。之后，他兴建了“中国第一别墅”鼓浪屿“黄家花园”，创办了民国最大民营银行中南银行，并修筑海堤、办理水陆联运、兴建新式房屋、修建上李水库、创办厦门自来水公司、统一电话公司、兴建厦门市内外公路、成立黄日兴银庄、海通船务公司、厦门全禾汽车公司等，以超前的眼光和巨大的投资，开启厦门城市现代化建设历程，为“鹭岛”成为世界著名“花园城市”和“宜居城市”奠定了坚实基础。黄奕住先生还致力于开发闽西矿产资源，筹建漳(州)龙(岩)铁路等，得到南洋华侨和闽地乡贤普遍赞誉。

心怀大爱,慈善育英才

“吾幼失学,为大憾事……为青年学子略尽吾情,弥吾阙憾焉。”黄奕住先生惦念并襄助家乡文教事业,除慷慨资助厦门大学,还在故乡南安创办斗南小学、斗南初级师范学校,学校所有经费“均由他独资供给,虽匪患频仍,不少波折,仍不忍其停顿”。他接手厦门女子师范学校,并改名“慈勤女子中学”,每年提供三分之二办学经费,直至学校因厦门沦陷被迫停办。黄奕住先生还捐建厦门同文书院教学楼,开办鼓浪屿图书馆,为推动文教事业发展作出了重要贡献。

此外,黄奕住先生还对三宝垄印尼华侨学校、新加坡华侨中学、上海复旦大学、广东岭南大学等国内外学校“倡捐巨资,累数十余万金”。他躬身垂范,教育子弟,“吾爱国爱乡之心,不后于人”。民国政府颁授“急公好义”“乐善好施”等荣誉匾额,褒奖其急危救困、造福乡邦的善心善举。

“绝不加入外国籍,依赖外人。”黄奕住先生深为自己是中华儿女而自豪。他于1945年6月15日病逝,临终之际,依然教诲子孙,继承其遗志,忠于祖国。

曾江水：
用识孝思　更多其义

“曾君江水，为尊者寿，慷慨相助图书，以富范畴题署，用识孝思，更多其义，勒石缀辞。中华民国二十年六月，厦门大学建立。”

由陈嘉庚先生亲笔书写的大字，镌刻进白色花岗岩石碑，镶嵌在厦门大学群贤主楼廊厅侧壁上，用以铭记著名爱国华侨曾江水先生慷慨资助厦门大学教育事业的善心善举。该石碑与表彰黄奕住先生助学义举的碑刻左右呼应，分列两边，足见当事人在“厦大人”心中的地位非同一般。

20 世纪 20 年代末至 30 年代，受经济危机影响，陈嘉庚先生支持厦大建设的资金出现短缺，学校经营困顿，曾江水先生毅然伸出援助之手，对陈嘉庚先生爱国兴学的壮举给予坚定支持。这份爱国爱乡、兴资助教的拳拳大爱，“厦大人”永铭心间，代代传扬。

播种橡胶，成马六甲首富

曾江水先生

曾江水（1870—1941 年），字右甘，祖籍福建厦门，出生于隶属马来西亚的世界航运枢纽马六甲。19 世纪末，曾江水先生在马六甲开设“承龙发”号，经营橡胶业，随后投资马六甲武吉亚沙汉和新加坡杨厝港，种植 3000 英亩树胶。树胶引种成功之后，种植扩展到森美兰和彭亨两州。20世纪20年代，因为橡胶制品被广泛运用，树胶种植业得到蓬勃发展，曾江水先生的资产迅速增长，一跃成为马六甲地区首富。

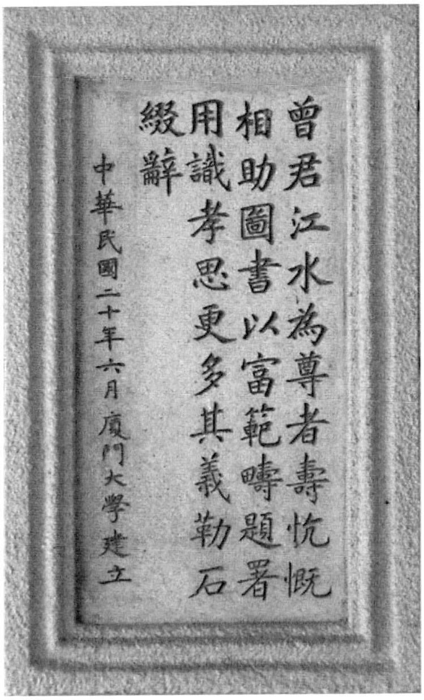

曾江水捐助碑刻

心念祖训，倡办华文教育

曾江水先生在创办实业、发展企业的同时，热心公益事业，在海外大力倡办华文教育。1912年，他捐赠1.75万元创办马六甲培风学校，从创办小学起步，之后增办中学。1935年，该校与培德学校、平民学校两所华侨学校合并，仍以“培风”作为校名，至20世纪90年代，该校依然是马来西亚规模较大的华校之一。曾江水先生还于1919年捐款50万元用作仰光华侨中学购地款，为该校创办奠定坚实基础。此外，他还捐助新加坡华侨中学、马六甲中华中学等多所学校。曾江水先生深知教育对经济、社会发展的巨大作用，大力支持东南亚多个国家和地区的华人华侨教育事业，为中华文化在海外传播提供力所能及的扶持。

情系故土，捐资救危扶困

作为卓有建树的企业家和华侨贤达，乐善好施的曾江水先生蝉联多届马六甲中华商会会长，对华人华侨企事业发展和祖籍故土公益事业进步多有饶益。他虽身居海外，却不忘家乡，热心桑梓，厦门中山医院的创办便凝聚着其爱心。抗日战争爆发后，他还带头购买战时公债，呼吁华侨、马来人、印度人共同支援中国抗战，勇力捐款捐物，筹赈中国伤兵、难民，为救助苦难深重的祖国和人民慷慨输将。

捐资厦大，支持学校图书

20 世纪 30 年代初，因世界经济危机冲击，陈嘉庚先生供给厦门大学的经费受到严重影响，曾江水先生捐赠巨款，纾解时困。厦大校史资料记载：

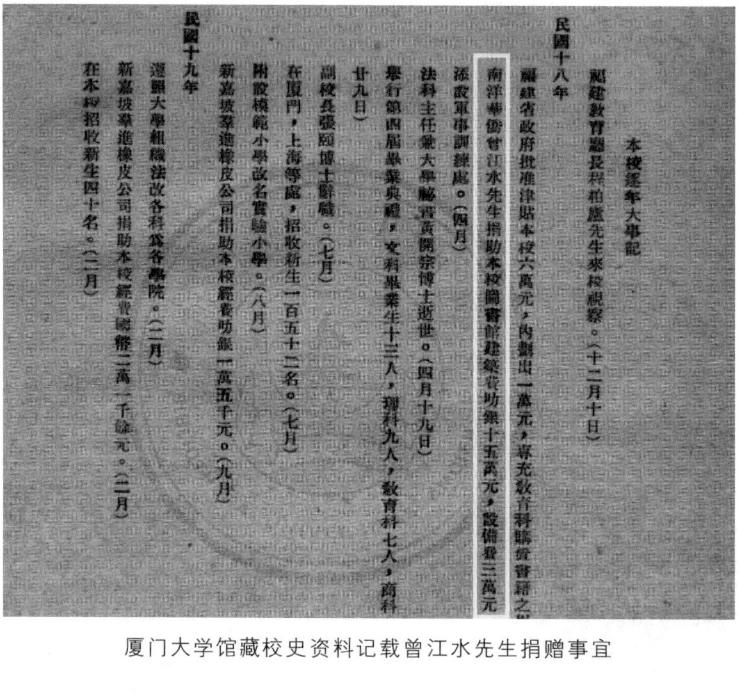
本校逐年大事記
福建教育廳長程柏廬先生來校視察。（十二月十日）
民國十八年
福建省政府批准津貼本校六萬元，內劃出一萬元，專充教育科購置書籍之
南洋華僑曾江水先生捐助本校圖書館建築費叻銀十五萬元，設備費三萬元
添設軍事訓練處。（四月）
法科主任兼大學秘書黃開宗博士逝世。（四月十九日）
舉行第四屆畢業典禮，文科畢業生十三人，理科九人，教育科七人，商科
廿九日）
副校長張頤博士辭職。（七月）
在廈門，上海等處，招收新生一百五十二名。（七月）
附設模範小學改名實驗小學。（八月）
新嘉坡羣進橡皮公司捐助本校經費叻銀一萬五千元。（九月）
民國十九年
遵照大學組織法改各科為各學院。（二月）
新嘉坡羣進橡皮公司捐助本校經費國幣二萬一千餘元。（二月）
在本校招收新生四十名。（二月）

厦门大学馆藏校史资料记载曾江水先生捐赠事宜

“民国十八年……南洋华侨曾江水先生捐助本校图书馆建设费叻银十五万元，设备费三万元。”时任校长林文庆先生在1931年8月为杨希章编著的《厦门大学中文图书目录》撰写的序言中说：“禾山曾厝垵曾江水先生，因为要纪念他的父亲范畴先生起见，数年前慨允捐助叻洋18万元，为建筑范畴图书馆经费，截至现在，已陆续汇到国币9万元左右，这一点，尤其是本校董事和同人所应当表示感谢不置的。”1933—1937年，曾江水先生被礼聘为厦门大学荣誉董事，他献智献力，为厦门大学的建设与发展作出了重要贡献。

太平洋战争爆发后，曾江水先生携家眷回到祖国，定居重庆，后因病逝世。他虽然出生于南洋，成就事业于海外，但身上流淌的始终是中华民族的血液。他为祖国的教育和民族的振兴慷慨捐输，竭尽所能。他兴学救国的抱负和兼济天下的实践，感动着厦大师生，激励着中华儿女，永载史册，代代流芳。

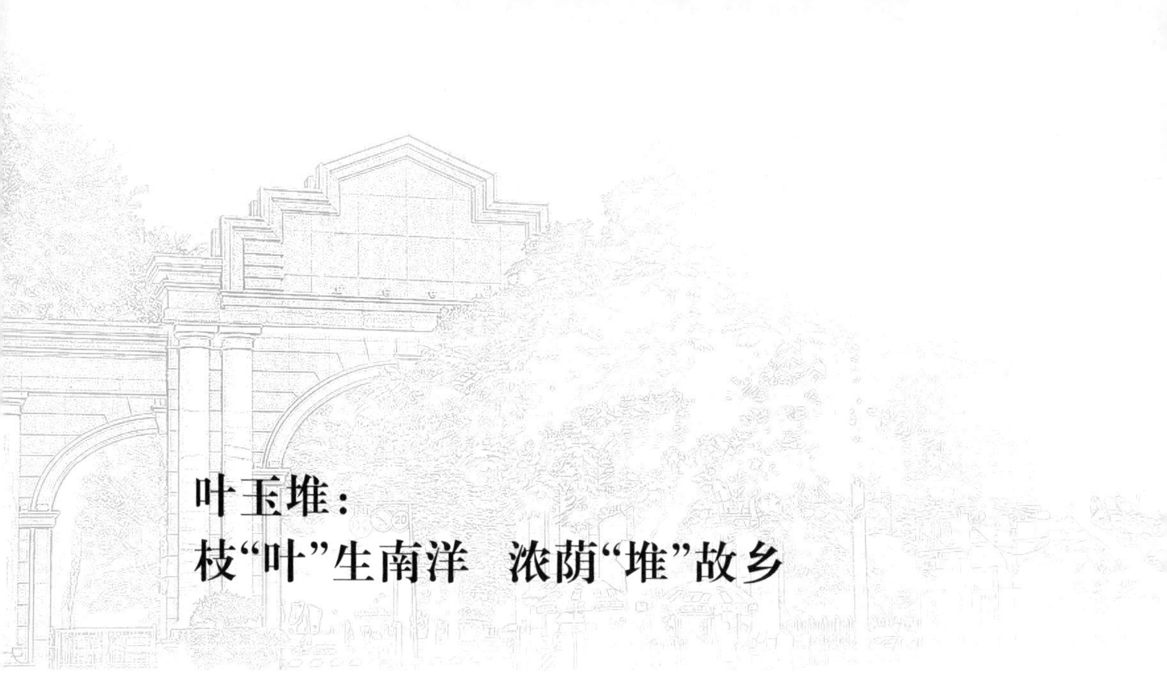

叶玉堆：枝“叶”生南洋　浓荫“堆”故乡

20 世纪初期的旧中国，外有列强环伺，内有军阀混战，黑云压城，暗夜笼罩，国势危脆，百姓倒悬。为挽救危亡，图振中华，以陈嘉庚先生为代表的海外侨贤为祖国捐款捐物，慷慨输将。在众多爱心人士中，叶玉堆先生是杰出典型。他与陈嘉庚先生相互激赏，既是感情深厚的“忘年交”，又是门当户对的儿女姻亲，更是匡扶国难、爱国荣乡的同路人！私立时期的厦门大学得到了叶玉堆先生巨资支持，其泽惠群芳的善心善举，永载厦大史册，值得世代传扬。

根生八闽，南洋开枝散叶

叶玉堆先生出生于福建省同安县，童年时在家乡读书，之后就读于南京暨南学堂，与李光前、何葆仁、林邦彦等先生是同学。生父叶大炮先生在新加坡从事建材生意，投资股票交易，曾任道南学校财政多年，与陈嘉庚先生交情笃厚。

20 世纪 20 年代，叶玉堆先生南下新加坡学习英文，父亲去世后，他子承父业，于股市中获利颇丰，家资更加殷盛。之后，精明强干的叶玉堆先生涉足财界，站稳脚跟，并于 30 年代创设振和公司，成为家喻户晓的新加坡富侨。树高千尺不离根，身为南洋富豪的叶玉堆先生对苦难深重的家乡故土始终念念不忘，报效祖国、造福乡党的信念犹如一粒质地坚韧的种子，在其内心深处扎根发芽，不断生长。

德才兼备，素有领袖气质

叶玉堆先生是南洋早期金融家之一。1912 年，叶玉堆先生与挚友李光前先生注资参股华商银行；1919 年，两位先生又联合李俊承、陈延谦、陈振传等成立华侨银行。20 世纪 30 年代，为摆脱全球经济危机困扰，在叶玉堆先生鼎力支持下，李光前先生主导合并华商银行、华侨银行、和丰银行（1917 年成立，林和坂、林秉祥、徐垂青、陈祯禄、李俊承等为主要股东）成立新的华侨银行。新行管理更加完善，财力更加雄厚，影响更加广远，不仅成功走出了经济大萧条的泥潭，而且助推福建华侨经济进入新的发展时期，也为南洋华侨回寄钱款、建设家乡发挥了独特的历史作用。这一巨大成就的取得，叶玉堆先生功不可没。

“他是每天踏入银行上班的第一个人，严于律己的结果势必会为他人树立好榜样，这种新作风果然为银行带来未曾有过的活泼气象。”熟知叶玉堆先生的叶平玉博士说，“叶玉堆个性强悍，为人却含蓄隐没，不喜宣扬，是一位天生领袖人物。”

陈六使先生、陈嘉庚先生、叶玉堆先生（由左至右）

捐资祖国，挽救民族危亡

事业有成的叶玉堆先生时时刻刻惦念着自己的祖国，作为怡和轩俱乐部会员，他始终是陈嘉庚先生爱国行动的坚定支持者。1928 年，日本帝国主义制造“济南惨案”，东南亚华人华侨义愤填膺，怡和轩俱乐部召开筹赈大会，陈嘉庚、叶玉堆两位先生各捐善款 1 万元，为筹赈活动作出表率。大家纷纷响应，至 1929 年 1 月筹赈会结束，几乎每位华侨都为筹赈会作出贡献。叶玉堆先生爱国爱乡、仗义疏财，赢得了普遍赞誉。次年，他被公举为怡和轩俱乐部副总理，地位仅次于陈嘉庚先生。

1937 年，卢沟桥事变爆发，叶玉堆、陈六使、李光前等先生立即赶往怡和轩俱乐部，敦请陈嘉庚先生出面领导新马华侨抗日救亡运动。陈嘉庚先生组织当地华人华侨成立“马来亚新加坡华侨筹赈祖国伤兵难民大会委员会”，叶玉堆先生带头倡捐国币 10 万元。陈嘉庚先生对其慷慨义举给予高度赞扬：“大约到年终，叻会（新加坡筹赈会）可筹近 300 万元国币。有此成绩，端赖叶玉堆君首捐 10 万元之提倡。”在闽帮内部筹款活动中，叶玉堆先生又捐出 1 万元。

新加坡怡和轩俱乐部旧址

1938年,南京国民政府发行公债,叶玉堆与陈嘉庚、林文田、李光前、李俊承、陈延谦等先生各自认购10万元。陈嘉庚先生还代表新马华侨特别声明,所有汇往祖国的款项均为无偿捐赠,不要兑换公债,不图任何回报。时穷节乃现,一一垂丹青,先生们的高风亮节令人感佩莫名。

热心桑梓,惠教泽润群芳

为振兴八闽教育、助力民族复兴,陈嘉庚先生倾资创办集美学校和厦门大学,叶玉堆先生给予大力支持。受世界经济危机影响,陈嘉庚先生的企业遭受严重冲击,一蹶不振,他“宁可变卖大厦,也要支持厦大”,赤诚感人至深,壮举催人进取,一大批爱心华侨慷慨相助。

叶玉堆先生自1930年10月起,按月认捐叻币375元,从未间断;1931年,他又捐款5万元以充作厦门大学发展经费,支持陈嘉庚先生,帮助其渡过难关。1926年,林文庆先生为倡设厦大公医院亲赴南洋募捐,叶玉堆先生认捐5000元予以资助。1948年,叶玉堆先生将先前参加南洋企业股份有限公司股份74900股,共计749万元,捐赠集美学校,用以修复战时损毁的校舍。“先生名誉著满闽南,立志以教育为后生造福。”陈嘉庚先生专门致信集美学村陈村牧先生,高度褒扬叶玉堆先生兴学惠教的慈心大爱。

枝“叶”生南洋,浓荫“堆”故乡。身在他乡、不忘故土的叶玉堆先生,以其博大的爱国心、炽热的桑梓情深深触动并感染着我们的心灵,他追随陈嘉庚先生捐资教育、报效国家的壮志义举,值得后人永远铭记!

李光前：光前裕后 辉耀千秋

厦门大学建校百年来，得到海内外各界众多贤达慷慨相助。有一位先生的无私捐赠贯穿于厦门大学发展的每个时期，尤其是20世纪50年代，他捐建的楼宇多达25栋，遍布思明校区，蔚为壮观。这位先生就是陈嘉庚先生爱婿李光前。他与岳丈志同道合，是新加坡有口皆碑的著名实业家、教育家和儒商楷模；他爱国爱乡，博爱济众，为祖国和南洋教育及社会进步作出巨大贡献，得到周总理亲切接见和高度赞扬。他是世界十大华商之一，也是继陈嘉庚先生后东南亚地区最杰出的华侨领袖之一，被誉为“南国之光、华社先贤”。

苦涩华年，敏而好学，奠基人生起点

李光前先生，原名李玉昆，1893年生于福建省南安县芙蓉乡（今南安市梅山镇竞丰村）。父亲经商，收入微薄，但对子女教育颇为重视。李光前先生自幼聪颖懂事，在家乡接受私塾教育，放学后替人放牛，赚钱贴补家用，深受父母疼爱。

1903年秋，10岁的李光前先生随父南下新加坡谋求生计，途中气温骤降，幸有爱国华侨陈嘉庚先生赠毯御寒，方得无恙。李光前先生的诚实与骨气也给陈嘉庚先生留下深刻印象。抵达新加坡后，李光前先生进入英印学

李光前先生

堂修英文，并利用周末到养正学堂学中文。他于1908年作为首批侨生回国至暨南学堂读书，两年后以全班头名毕业；1911年升入北京清华学堂深造，后转入唐山路矿专门学堂学习；辛亥革命爆发，清王朝垮台，学校停办，他于1912年返新，在道南学校及崇正母校任教，并兼任华文报纸《叻报》电讯翻译；后考入测量专科学校学习，兼修美国某大学函授土木工程课程，3年后，因生活所迫，辍学谋生。

10多年刻苦学习为李光前先生奠定厚实的中西文化基础。因精通中、英文，他被推荐到爱国华侨庄希泉先生创办的中华国货公司任职，不久便联系购入中国商务印书馆和中华书局出版的大批新型教科书，售给东南亚华侨学校，为公司赢得一笔不菲收入，初涉商界便展现出过人谋略。

高瞻远瞩，中西合璧，缔造商业王国

赴新13年后，李光前先生再次遇到大贵人陈嘉庚先生。1916年某天，李光前先生为陈嘉庚先生送伞避雨，次日到橡胶公司取伞，其中英文造诣令陈嘉庚先生赏识，后经庄希泉先生劝说，李光前先生成为陈嘉庚先生得力助手。

那次“跳槽”成为李光前先生商业生涯的重要转折点。在谦益公司，他负责处理中、英文函件及对外联络工作，老成持重，办事干练，迅速打通欧美市场，甚得陈嘉庚先生器重，不久便荣升为谦益公司橡胶贸易部经理。在其帮助下，陈嘉庚先生的公司事业昌隆，仅1925年树胶厂盈利就达400多万元。事业初成的他还于1920年与陈嘉庚先生长女陈爱礼女士结为恩爱夫妻，从此相伴偕老。他跟随岳父历练11年，为日后独立经商奠定坚实基础。

在商业机遇面前，李光前先生有着“当仁不让”的胆魄。1927年，一英国

陈嘉庚先生、李光前先生、陈六使先生合影(由左至右)

商人有意将麻坡1000英亩胶园以10万元低价出售,陈嘉庚先生因园内有猛虎伤人反对购买。李光前先生曾在英文报纸看到政府有意开辟公路发展麻坡的报道,便毅然筹资买下。不久,政府果然修路,园价暴涨,他以40万元高价售出,一年净赚30万元,并以此在麻坡创办南益橡胶公司。其过人谋略赢得陈嘉庚先生称赞。凭借中西融合的先进管理方式,李光前先生在商界脱颖而出,数年后便成为南洋家喻户晓的"橡胶大王"和"黄梨大王"。他又与人合办华商银行,并于1933年整合华商、华侨、和丰三家银行为华侨银行,引领银行发展成为东南亚最重要的金融机构之一,被誉为"华侨银行之父"、东南亚"金融巨子"。

二战期间,企业遭受重创,战争结束后,李光前先生重整旗鼓,至20世纪60年代末,南益橡胶有限公司所辖橡胶园已近2万亩,附属机构达35家,还经营23家有限公司,以及华侨银行、东方人寿保险有限公司等,成为举世公认的超级富豪。

抗战救国,慷慨筹赈,鼎助嘉庚先生

李光前先生与岳父志同道合,赤诚爱国,尤其抗日战争爆发后,他们协力组织华人华侨捐资筹赈祖国,贡献不可磨灭。

1928年,日寇制造"济南惨案",陈嘉庚先生号召南洋华侨支援祖国,并成立“山东惨祸筹赈会”,出任会长。李光前先生出任理事,推动抗日赈济活动,抗击日寇暴行。1937年,抗日战争全面爆发,李光前领导《南洋商报》揭露日军侵华罪行,声援祖国抗战,同时偕陈六使等爱国侨贤推举陈嘉庚先生领导新马侨胞筹赈抗日。同年10月10日,马来亚新加坡华侨筹赈祖国伤兵难民大会委员会成立,陈嘉庚先生出任主席,李光前先生率先捐款10万元,予以支持。1938年,陈嘉庚联合其他侨领成立南洋华侨筹赈祖国难民总会,李光前先生被推选为第一届常委,全面参与救国活动,与陈嘉庚、叶玉堆、李俊承、陈延谦等先生率先各自认购10万元救国公债,无偿捐给祖国。1939年,他被选为新加坡中华总商会主席,团结华商,维护权益,组织抗日,竭尽所能。1943年,日寇侵占新加坡,在美出席世界树胶大会的李光前先生被迫滞留,充分利用在国际红十字会工作之机,广泛发动侨胞捐款捐物,救济国内伤兵难民。

此外,李光前先生还是同盟会会员,支持孙中山先生领导革命运动。为纪念孙中山先生在新加坡开展革命活动,保护历史文物,李光前先生与李俊承先生等爱国侨领于1938年捐款购买孙中山先生革命活动重要据点之一的新加坡晚晴园别墅,重新修缮后献给中华总商会用作革命历史展览馆。

重教兴学,济世利人,恩泽世代流芳

李光前先生一生捐资无数,80%施于教育事业,鼎力支持陈嘉庚先生倾资办学,持续襄助厦门大学创建与发展。

自1927年开始,他便以独立资产资助厦大办学。据厦大校史记载:“至民国十六年始,承黄奕住、曾江水、叶玉堆、李光前、黄庭元、林文庆、殷碧霞诸先生及新加坡群进公司,陆续捐助各项经费,合计国币20万元。”1934年,陈嘉庚先生公司收盘,李光前先生与黄奕住、林文庆等先生,以及群进公司共同捐资10万元作为厦门大学和集美学校办学经费。1936年,陈嘉庚先生筹措16万元购买400英亩橡胶园,拟每月入息2000大洋作为厦大基金,李光前先生又捐资5万元予以支持。1950年,李光前先生捐资600多万港元,支持陈嘉庚先生修复、扩建厦大校舍,至1955年,共建成新校舍25幢,使学校建筑总面积扩增1倍。如今,建南、芙蓉、南光等楼群和上弦场均为厦大标志建筑，南光、国光、丰庭、成义、成智、成伟等大楼已成厦大经典符号。李光前先生夫妇尊像在思明、翔安校区落成，每年前往礼敬缅怀的师生、校友不计其数。

厦大思明校区李光前先生雕像

厦大翔安校区李光前、陈爱礼夫妇雕像

“钱由我辛苦得来，亦当由我慷慨捐出。”身在异国，不忘桑梓，李光前先生抗日战争期间便在南安梅山创办国专小学，1943 年建成国光中学，1952 年捐资数百万元建设梅山光前学村，将家乡打造成为驰名中外的学村典范。推动新马地区华文教育，李光前先生厥功至伟。他 1934 年接任华侨中学董事长，持续担负学校 22 年办学费用，同时兼任南益学校、道南学校、导侨学校、光华学校、侨南学校等 9 所中学和十数家会馆董事，巨资支持南洋大学、马来亚大学，慷慨捐建国家图书馆等，举凡有益于教育事业，他都竭尽所能予以支持。1952 年，李光前先生创设“李氏基金”，将慈善资金制度化，1964 年将名下全部南益股权悉数注入，规定每年股息全部用作社会公益，永久支持公益事业。

李光前先生的善心善举赢得海内外各界称赞。1957 年，他被马来亚柔佛苏丹授予“拿督”荣衔；次年，他被马来亚大学授予名誉法学博士；1962 年，他被敦聘为新加坡大学首任校长；1964 年，他被马来西亚元首授予“丹斯里”勋衔。犹如一座耀眼的灯塔，李光前先生以智慧慈善的光辉照亮人类教育的漫漫前程。

谦逊质朴，勤俭节约，树立人格高标

李光前先生真诚勇毅、谦逊宽宏、质朴无华，其道德修养仰之弥高，世人楷模。

他谦逊平易，不论达官显贵，还是普通劳工，均以礼相待。他生活极为俭朴，从不饮酒，从不抽烟，从不为自己和妻子儿女过生日；日常饮食最喜粗茶淡饭，爱吃地瓜粥配花生、咸菜；乐于到公共食堂就餐，主动了解基层生活，与普通人交朋友；出门搭乘三等座公交车、电车，曾因衣着太过朴素，被工厂门卫拒之门外。他严于律己，率先垂范，儿女们无不心悦诚服，出身富裕家庭却都自奉勤俭。

他反对以自己名字冠名楼宇、学校、医院等，即使岳父先生亲自商请也宁辞不受。他说："无论做什么事情，都不要讨功劳，一讨功劳就不对了。"新加坡中华总商会推选其为名誉会长，他坚决劝阻："我平生最讨厌者便是挂名不做事，这次名誉会长，我是绝对不能接受的。"

他热心公益，以身示范，70 岁生日当天还瞒着家人完成第 18 次献血，家人心疼不已，他却说："人家性命垂危，若没有血会马上失救，我们可以慢慢补回，要做个榜样给人家看，不然谁会献血？"把温暖留给别人，他的身体却日渐衰弱，1965 年，他因肝癌到上海诊治，医生发现这位慈悲济世的大富翁竟然自己营养不良，无不惊愕，难以置信。

1967 年 6 月 2 日，被称为"苦难者的明灯"的李光前先生终因操劳过度，癌病复发，抢救无效，在新加坡溘然长逝，享年 74 岁。狮城一片悲哀，百姓倾城出动，依依送别这位宽厚仁慈、扶危救困的鸿商巨贾，世界各地华人华侨纷纷哀悼，深切缅怀这位热心教育、造福社会的大善人。

巨星陨落，大义永续。李光前先生走了，但他的后人及他创建的"李氏基金"已传袭其款款大爱，继续广泽世人；他对厦门大学的殷殷深情和持续捐助也由其家亲眷属一脉相承，比肩增华。一代完人，英灵不泯，光前裕后，辉耀千秋，李光前先生的隆情厚谊，厦大人铭感于心，永志不忘！他的名望殊勋，垂范后人，永世流芳！

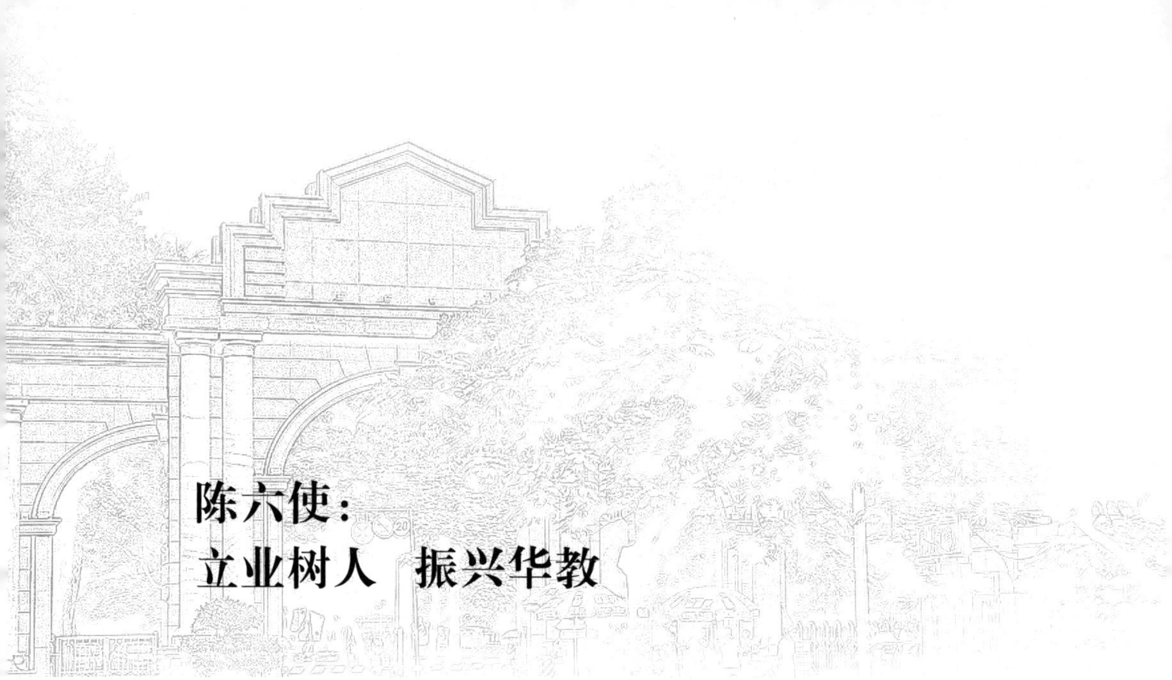

陈六使：立业树人　振兴华教

陈六使先生是南洋著名企业家、慈善家，华侨领袖。他幼时家贫，多蒙陈嘉庚先生照顾提携，深受嘉庚精神影响。创业南洋、发达实业后，陈六使先生感念陈嘉庚先生栽培，追随先生左右，参与捐资支持厦门大学创办，襄助陈嘉庚先生兴学报国，回馈社会，并创办海外第一所高等学府，在东南亚地区推动华文教育，传播中华文化，开创一代风气。

精勤耐劳，壮大南洋实业

陈六使先生，1897年出生于福建省同安县集美乡，兄弟七人，父母早丧，幼年曾在陈嘉庚先生兴办的集美学校读书，是陈嘉庚先生兴学办教的直接获益人。1916年，陈六使先生在兄长支持下，乘槎赴马，谋求生路，在陈嘉庚先生谦益橡胶公司橡胶园务工。凭借精勤务实、踏实肯干和特殊教育背景，陈六使先生得到陈嘉庚先生特别青睐，改派其到新加坡一家橡胶厂工作，逐渐从普通工人升任领导。得益于在谦益公司九年锤炼，陈六使先生聚得自主创业第一桶金。后来，他创办益和公司，发展树胶生意，业务扩展至全马来亚、泰国、印度尼西亚等地，成为星马树胶界新星。他又创办或合资经营协和树胶有限公司、亚洲联合企业公司、马来亚纸品厂、合众纸厂、亚洲保险有限公司、亚洲人寿保险有限公司等，还曾任新加坡华侨银行董事、香港集友银行董事会主席，成为东南亚地区著名华人企业家。

陈六使先生(左)与陈嘉庚先生

感念栽培，佐理嘉庚先生

陈六使先生

幼年攻读集美学校，青年就职谦益公司，创业得到赞许支持，陈六使先生对陈嘉庚先生的关爱受恩感激，对其兴学、救国等善行义举解囊相助。1933年，陈嘉庚先生企业遭遇经济危机，陈六使兄弟每月捐赠500元作为集美学校办学经费；1936年，陈嘉庚先生为厦门大学集资16万元，陈六使先生一人捐出5万元；“七七”事变后，陈六使先生发动南洋集美校友募捐集美学校基金；1939年，陈嘉庚先生倡办中华大会堂和图书馆，陈六使先生认捐所需20万经费的四分之一；同年，捐公债券100万元，以年利息6万元充作集美学校基金；抗日战争全面爆发后，陈六使先生支持陈嘉庚先生领导“南侨总会”募集善款，救济苦难深重的祖国，同时大力组织新加坡华人华侨开展民防工作；太平洋战争爆发后，他接受陈嘉庚先生建议，两次汇款共计700万元回祖国，供集美学校需要时支用；战后，陈嘉庚先生募资重建家乡，陈六使先生给予巨大支持。此外，他还助力陈嘉庚先生创办《南侨日报》，开展文化宣传。对于陈六使先生的追随和佐助，陈嘉庚先生“铭感无任”，“万分钦佩”。

倾心华教，创办南洋大学

陈六使创办南洋大学

陈六使先生是继陈嘉庚先生后对马新华文教育作出最大贡献的闽商侨领之一。1949年新中国成立后，因英国殖民地实行“剿共”政策，东南亚华侨子弟回国求学大门被彻底关闭，东南亚华人热盼在新马地区开设一所华文教育高等学府。“思办一中国式大学，试挽狂澜，冀希中华文化永如日月星辰之高悬，朗照新马以至于全东南亚”，“否则，身为华人而无华人的文化，虽为华人而不知自己的文化，这种人我们实不知何以名之！”1953年，福建会馆主席陈六使先生倡办南洋大学，慷慨认捐500万元作为建校基金，率领福建会馆捐赠500万英亩土地作为办校用地，华人社会积极响应，捐资助学热情高涨，募得新币超过千万，是华人海外兴学史上的一大壮举。南洋大学于1956年开学至1980年并入新加坡国立大学，合计为东南亚各国培育了1万多名优秀毕业生，对当地经济社会发展影响巨大，贡献卓著。陈六使先生担任南洋大学执委会主席12年，其倡办海外华文学府、推动华文教育的壮举，永垂史册。

1972年，陈六使先生因心脏病于新加坡逝世，享年75岁。“兴创学府，树业树人，期他日社会栋梁，出诸南大；领袖群伦，立言立德，数今朝风流人物，还看同安。”陈六使先生实业报国、兴教树人的光辉人生值得后人深切缅怀。

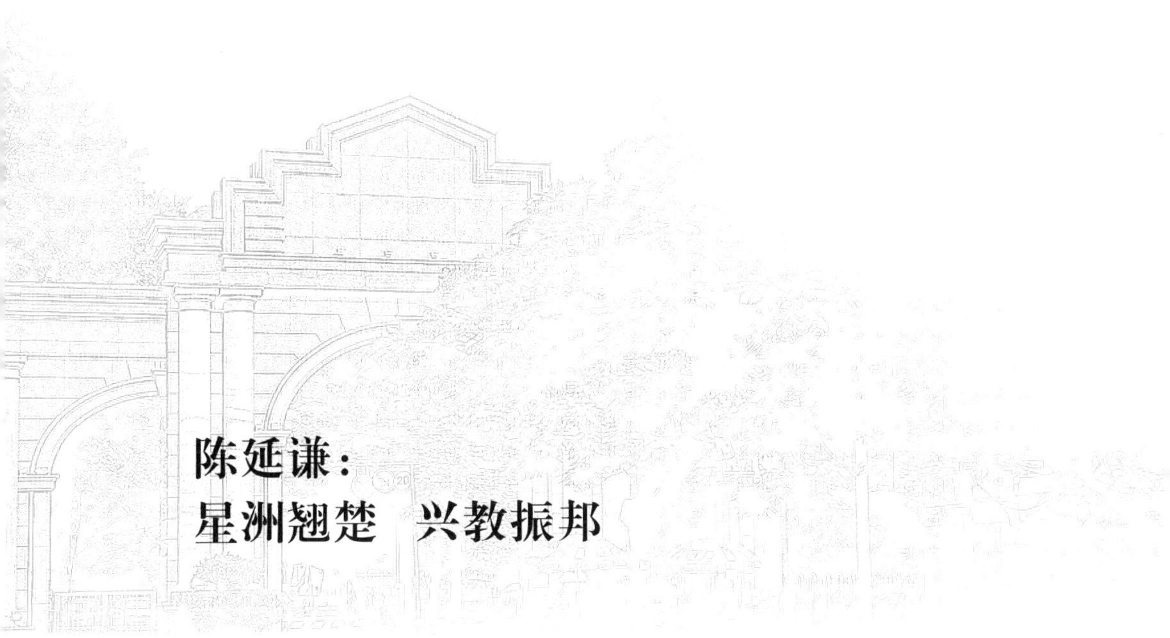

陈延谦：星洲翘楚　兴教振邦

陈延谦先生，字逊南、益吾，别号止园老人，1881 年出生于福建省同安县莲花乡，1943 年因心脏病复发与世长辞。他，10 岁入私塾，18 岁辍学，背井别乡，颠沛流离，随父南渡，谋生新加坡；他，得到陈杞柏先生（陈嘉庚先生父亲）赏识，被重点培养，渐次擢拔要职；他，是陈嘉庚先生的同乡、同志、同业和挚友，也是陈嘉庚先生救亡纾难、兴学报国的热心支持者、坚定同行人。

襄助校主，匡扶厦大

20 世纪 20 年代末，受经济危机所迫，陈嘉庚先生经营的公司收盘，支持厦大办学的经费日绌，陈延谦先生与黄奕住、曾江水、叶玉堆、李光前、黄廷元、陈六使、李俊承、殷碧霞等南洋侨贤及新加坡群进公司，陆续捐赠经费 20 万大洋，匡助厦大建设。此后，多位先生还资助嘉庚校主购买 400 英亩树胶园，每月入息 2000 大洋作为厦大基金。陈嘉庚先生《南侨回忆录》记载："该款系李光前、陈六使各捐五万元，陈延谦一万元，李俊承五千元，不敷由余凑足之。"此举力助陈嘉庚

陈延谦先生

先生渡过难关，维持了厦门大学生存与发展。1935 年，厦门大学重新组建校董会，陈延谦先生被敦聘为校董事。陈延谦先生对厦门大学的厚爱支持永载学校发展史册。

筚路蓝缕，浮沉商海

陈延谦先生眼光超前，胆识过人，智慧出众，在进出口贸易、树胶种植业、金融业等多个领域成就卓著。1909 年，陈延谦先生与友人合创裕源公司，从经营索络生意开始，扩展至土特产进出口，兼营树胶买卖，从事橡胶产业；1919 年，裕源公司因胶价暴跌拆股收盘，他全盘接收，独资经营；1922 年，又与人合组信诚公司树胶厂，获利颇厚。为避免恶性竞争，他提倡“谦益”“振成丰”“信诚”三家胶业公司合资联合，得到陈嘉庚先生大力支持。陈延谦先生深知银行业对工商业的重要性，先于 1912 年成为华商银行董事，又于 1919 年同林文庆等先生联合成立华侨银行；30 年代初，为应对世界经济不振，破局银行业亏损，他倡导“华商”“华侨”“和丰”三家银行合并，扭转了华侨经济脆弱局面。陈延谦先生还成立联合火锯公司、环球饼干公司、延年实业公司等，为日后实业救国奠定了雄厚基础。

陈延谦先生(左)与父亲陈仲歆先生

念兹在兹，匡扶国难

“谁从荒外振唐音，一卷移情海上琴。”诗人王松的诗句暗合了陈延谦先生寄居海外、砥砺经营、报效祖国的高尚情怀。陈延谦先生反对帝制、支持民主，早年曾任中国同盟会新加坡分会会长。1916年，陈延谦先生捐款1000元支持蔡锷开展倒袁护法运动。之后，他于“山东惨案”、“九一八”事变、“七七”事变后踊跃参与陈嘉庚领导的筹赈祖国运动。1938年日军侵占金门、厦门后，他发起组建同安救济会，持续数年赈济家乡难民。同年，陈延谦先生任南侨总会常务委员，协助陈嘉庚先生组织华侨华人爱国救国，呕心沥血，不辞辛劳。1940年，陈嘉庚率南洋华侨慰劳团回国考察，陈延谦先生代理南侨总会主席职务，顶住国民党压力，拥护陈嘉庚先生领导，奏响了爱国纾难的南侨琴音。

乡情不渝，捐资故土

陈延谦先生热心公益，情牵桑梓，为故乡建设与发展捐资捐物。回乡期间，发现山路盘桓，交通滞涩，他创办同美汽车路公司，督修同安至集美公路，开拓云埔至澳溪段公路；独资捐建止园小学；建造“延谦桥”“定胜桥”；捐建同安新监狱，收监匪徒恶霸，护佑一方平安。陈延谦先生还在新加坡设立同安会馆，关照同乡事业与发展，并亲自题写对联：“同为泛宅浮家，到此地留些萍踪，千里姻缘欣聚首；安若泰山磐石，睹今朝建斯华屋，百年事业话从头。”

“长夜不眠自学诗，山妻骂我老诗痴；诗痴究有诗痴趣，哪管旁人知不知。”作为实业家、银行家、社会活动家的陈延谦先生对文学艺术执着偏爱，经商闲暇，每每醉心于读书写诗听曲，与徐悲鸿、郁达夫等名家交情笃厚，曾出版诗文专著《止园诗集》。饱经风霜，初心不忘，这位宁静淡泊、矢志图强的“止园老人”是厦大人永远敬仰的人生榜样。

李俊承：爱国侨贤　抗日人杰

李俊承先生，新加坡著名华侨、银行家、慈善家、社会活动家。他，久别故土，心念桑梓，悲天悯人，接济群民；他，祖国有难，赤诚慷慨，英勇抗日，坚贞不屈；他，捐资教育，启智英才，虔诚礼佛，诗意人生。他是陈嘉庚先生挚友，20世纪二三十年代慨囊相助厦大办学，纾解时难，是闻名星马的爱国华商。

星马巨商，声震南洋

李俊承先生

李俊承先生1888年出生于福建省永春县，父亲李继如早年南下马来亚经商，事业有成，家资颇厚。李俊承先生自幼熏习传统文化，颖悟过人；17岁随父经商，天赋出众，深受父亲赏识。父亲去世后，他接掌家业，创办永兴公司；迁居新加坡，创办太兴有限公司、太安实业有限公司；收购泰丰饼干厂，添置自动化制饼机，聘请英国技师，产品畅销各地。20世纪初，橡胶需求激增，胶业蓬勃发展，李俊承先生好谋善断，在马来亚开辟荒田数千亩，播种橡胶，蒸蒸日上，1931年被公举为新加坡中华总商会会长。

事业有成的李俊承先生意识到华侨经济受制于西方金融资本,须联合华侨资金创办银行方可破局,进而积极投身银行事业。1917 年林秉祥、林秉懋兄弟开办和丰银行,李俊承先生出任总经理,在东南亚华资银行中率先开展国际业务。受世界经济危机冲击,和丰银行遭到重创,李俊承先生激流勇进,接任银行副主席,与陈延谦、李光前等先生合并和丰、华商、华侨三家银行,成立华侨银行股份有限公司,出任副董事长、董事主席,为华侨银行跻身新加坡四大银行和世界银行 500 强做出巨大贡献,成为声震南洋的著名银行家。

李俊承(右二)与李光前、李振殿、陈延谦、杨吉兆、周献瑞等南洋爱国华侨领袖,出资购回晚晴园。图为李俊承与出资侨领在刚购回的晚晴园前合影留念

胸怀祖国,抗战救亡

李俊承先生兴业海外,不忘祖国,期冀革故鼎新,挽救民族危亡,曾密会孙中山先生,资助辛亥革命;又于 1938 年联合陈延谦、李光前等 5 位爱国华侨出资购得革命旧址"新加坡晚晴园",向公众开放,纪念辛亥革命,传扬救

国理念。

日军侵华期间，李俊承先生佐助陈嘉庚先生筹募善款，全力支援抗战。“一·二八”事变爆发后，十九路军英勇抗敌，壮烈殉国，超过万人。他义愤填膺，挺身而出，发起成立“新加坡华侨救济上海伤兵难民筹赈委员会”，出任主席，倡捐祖国；“七七”事变后，他与叶玉堆、李光前、陈延谦、陈六使等先生赶赴怡和轩俱乐部，敦请陈嘉庚先生领导华侨抗日救亡，捐款筹物，强力支持国内抗战；1940年，陈嘉庚先生率“南洋华侨回国慰劳视察团”回国，他任“南洋华侨筹赈祖国难民总会”代理主席，出力输财，成效显著，为陈嘉庚先生所倚重；1942年，新加坡沦陷，日军屠杀爱国侨胞，他不幸被捕，备受折磨，宁死不屈，获释之后，抱病工作，发动佛教徒施粥施药，收容500多位难民，赈济70岁以上老人；1945年，盟军发起反攻，他领导佛教徒救死扶伤，不辞劳瘁，为正义事业公而忘私，倾其所有，是遐迩闻名的抗日人杰。

急公好义，善心善行

李俊承先生虽久别故土，却始终惦念家乡。他两次出资，修葺东关桥；遵照母亲心愿，修建通仙桥；捐资一万元，助建云龙桥；资助《永春县志》编修，支持地方文献出版；1938年，国民政府大力征兵，永春各界推选代表赴新、马等地筹款慰劳军人家属，李俊承先生慷慨解囊，热心捐扶。

捐资兴学、培育英才，李俊承先生倾力支持。在海外，他重视华侨教育，在马来西亚森美兰州创办中华中学，普惠华侨学子。1928年，中国第一个国家科学院——中央研究院诞生，李俊承先生于1938年购入救国公债10万元，作为国立中央研究院奖励发明基金，奖掖大批学人。蔡元培院长“感佩远谟，敬拜嘉惠”，躬致信函，深表谢忱。厦门大学创办初期，陈嘉庚先生所创公司遭遇经济危机，无力续持办学经费，李俊承先生钦佩嘉庚先生壮举，与其他爱国华侨合计捐款20万元，又于1936年资助陈嘉庚先生购买400亩树胶园，每月入息2000元作为厦大基金，匡助厦门大学渡过难关。其善心义举永载厦门大学发展史册。

1966年，李俊承在新加坡辞世，享年79岁。他一生笃信佛教，精研佛经，痴心诗作，曾任新加坡佛教总会会长，重建印度鹿野苑中华佛寺，创建新加坡报恩寺，有《觉园集》《觉园诗存》《印度古佛国游记》等专著存世。李俊承先生为侨乡、故土、祖国奉献一生，德泽流芳。

林文庆：
禾山巍巍怀师德　鹭水泱泱见道心

厦门大学是中国近代教育史上第一所由爱国华侨创办的大学，其建设与发展承载着陈嘉庚先生兴学报国的宏图大愿，也凝聚着众多海外侨贤的鼎力相助。作为学校第二任校长，林文庆先生放弃南洋优渥生活，奉献厦大十六载，苦心孤诣，鞠躬尽瘁，为学校成为“南方之强”奠定坚实基础。临终前，他立下遗嘱将鼓浪屿别墅和五分之三个人遗产无偿捐赠厦门大学。他是一代名医，也是南洋知名企业家、金融家和社会活动家，更是值得厦大人永久缅怀的“创校校长”。

医学奇才，商业巨子

林文庆先生，字梦琴，祖籍福建省海澄县，1869 年 10 月 18 日生于新加坡一华侨家庭，幼年父母双亡，由祖父抚养成人。他聪颖过人，曾在福建会馆所设学堂修习中国传统文化，同时学习英语，后入“学霸”云集的莱佛士书院读书，并于 1887 年获英国女王奖学金，赴英国爱丁堡大学攻读医学，成为首位获得该项奖金的中国人。他毕业后获内科学士学位和外科硕士学位，受聘于英国剑桥大学专门研究病理学；1893 年返回新加坡行医济世。他医术高明，辨证施治，名闻四方，曾为“英皇爱德华七世医学院”义务讲授药物学和治疗学，荣获该院名誉院士学位，并为大清驻星洲总领事黄遵宪治愈久

林文庆先生

患肺病，获赠匾额“功追元化”（元化即华佗），被赞“上追二千年绝业，洞见症结，手到春回”。

林文庆先生在商业领域超出群伦，是陈嘉庚先生橡胶事业的领路人。1896 年，他与陈齐贤合作试种从南美洲引进的树胶，开办马来亚第一家树胶种植园，获得丰厚收益。后来，他引荐并帮助陈嘉庚先生种植树胶，经营橡胶产业，赢得巨大成功。在南洋，林文庆先生被誉为“橡胶之父”，陈齐贤先生被赞为“橡胶艺祖”，陈嘉庚先生则被称为“橡胶大王”。林文庆先生富有超前的商业眼光，自 1912 年起，他相继支持并参与李俊承、林秉祥、黄仲涵、黄奕住、李光前等创办华商银行、和丰银行及华侨银行，又于 20 世纪 30 年代推动三家银行整合为华侨银行，还与人合办保险公司等，是新马华人金融业的开拓者和先驱者。

改革先锋，同盟会员

林文庆先生博学多闻，正义公道，三次当选新加坡立法局议员，曾任市政局委员、内务部顾问、中华总商会副会长等职，是华人社会意见领袖，深受世人尊敬。他致力于新加坡华人社会改革，发起剪辫子运动，反对妇女缠足，倡导禁食鸦片，反对一夫多妻等陋习，移风易俗，革故鼎新。他提倡女子教育，主张男女平等，认为“女子没有受教育，就等于他们所属的那个民族，有一半人是处于无知和退化的状态，那个民族也因此而不会有很大的进步”。他与人合办新加坡第一所女子学校，创刊《海峡华人杂志》，组织“华人好学会”，开设中国古典文学讲座，全面介绍中国传统文化，努力改变华人社会教育面貌。

林文庆先生在英国读书时结识孙中山先生，并成为志同道合、惺惺相惜的朋友。1900 年，孙中山先生的日本朋友宫崎寅藏被新加坡政府逮捕，幸得

林文庆先生(右一)与陈嘉庚先生(中间)等人合影

林文庆先生(中)与中华总商会成员

林文庆先生帮助而获释。1906 年,孙中山先生到新加坡组织同盟会分会,林文庆先生欣然加盟,成为孙中山先生得力助手。1912 年,孙中山先生当选中华民国临时大总统,林文庆先生一同前往南京出席,并出任总统机要秘书、军医官和政府内政部卫生司司长。孙中山辞去临时大总统职务后,林文庆先生返回新加坡,继续行医经商,从事华人教育,传扬中华文化。

执掌厦大,筑基南强

林文庆先生始终不忘身为中华儿女的血脉传统,期望挽救危亡,复兴中华,是陈嘉庚先生倾资兴学、教育报国的坚定支持者和忠实同路人。1921年,因首任校长邓萃英上任不久提出辞职,陈嘉庚先生诚邀林文庆先生接掌厦门大学。敬佩于陈嘉庚先生的爱国情怀,林文庆先生毅然放弃一切职务、优厚待遇和恬适生活,在孙中山先生嘉许下于当年6月抵达集美,开启了主政厦大16载的校长生涯。临行前,他将名下51英亩土地五分之三份额捐赠厦大设立"林文庆基金"。"林博士在南洋之事业,如数十万元之家产,与任数大公司之主席,按年酬金以万数,舍而不顾。尚有数十万之家资,委托他人,不思再经营。"其壮心义举令陈嘉庚先生感佩不已。邓萃英任职数月,厦大尚为一方待建荒地,经林文庆先生擘画,才得以成为一座规模宏大、建制齐全的高等学府,因此,林文庆先生也被称为厦门大学"创校校长"。

7月4日,林文庆先生就任厦大校长,立志将学校"办成一生的非死的、真的非伪的、实的非虚的大学"。在任期间,他确定校训,拟定校旨,厘定校歌,修订章程,绘制校徽,以"研究高深学术,养成专门人才,阐扬世界文化"为目标,强调要"使本校之学生虽足不出国外,而其所受之教育,能与世界各大学相颉颃"。他坚持自然与人文学科并重、教学与科研并重、汉语与外语并重的办学思路,参照欧美大学,改进校内设施、院系组织、课程设置,礼聘知名教授,力邀林语堂、鲁迅等大师齐聚厦大,名动一时。1926年10月,他调动全校资源,成立国学研究院,并亲任院长;语言学家林语堂、沈兼士分任总秘书和研究主任;学院还聚集了鲁迅、顾颉刚、俄国人类学家史禄国、法国汉学家戴密微等中外著名学者,是继北大、清华之后我国高校国学研究又一重地。凭着精到英文造诣和深厚国学功底,林文庆先生于1929年完成《离骚》英译,由印度著名诗人泰戈尔作序后出版面世。至1930年6月,学校共设5个学院21个系,初步奠定综合性大学学科体系。

林文庆先生任职期间,躬身亲为,殚精竭虑,顾全大局,呕心沥血,奉献16载风华岁月,累计培养本科生646人,预科生490人,办学成就卓著。厦门大学也以面向华侨、面向海洋、注重实用、注重研究等鲜明特色闻名中外,为百年基业奠定了深厚根基。

陈嘉庚(左一)、林义顺(左三)、林文庆(右一)等视察初建的厦门大学

致知无央,充爱无疆

任职期间,林文庆先生几乎将全部时间、精力、智慧与财力都献给了厦门大学和祖国教育事业,尤其陈嘉庚先生企业遇阻、学校经费受困之际,他坚忍不拔,勇力前行,一次次化解危机,彰显了教育家的担当和爱国华侨的情怀。

“自春至冬,树胶价降如流水就下,由每担百七八十元而跌至九十余元,各厂不但乏利,尚当亏损。”突如其来的世界经济危机严重冲击了陈嘉庚先生的企业,学校财政危机渐显。林文庆先生一边主持学校事务,维持学校正常办学,一边全力筹措办学费用,毅然为陈嘉庚先生分忧。初来厦大时,他家境优渥多年不领校长工资。学校受经费所困,他慷慨捐出 1927 年 8 月至 1928 年 7 月全年工资 6000 元,连同捐出夫人殷碧霞女士私蓄 1350 元,以及他本人在鼓浪屿行医所得全部诊金。为募集资金，他不惜来回奔波于南京、上海、福州、广州等多地，更于1928—1935年间三次奔赴南洋，到新、马、印尼等地凭借个人影响筹款。据1935年南下随行职员叙述，66岁的林文庆先生每天5时左右起床，9时多出发，经常沿街叩户募捐，直到深夜一时甚至二时方能休息。“我求你，请你帮助厦大，为祖国培养建设人才！”年高德劭的林文庆先生以其赤诚无私让人无比感动，筹得经费20多万元，帮助厦大渡过难关。他不顾年事已高，为厦门大学、为祖国教育走街串巷筹募善款的光辉形象让人刻骨铭心，他心系教育、大爱无疆的奉献精神感人肺腑。

执掌厦大期间，林文庆先生热心公益，情系民生。1928年，黄奕住、林谨生、吴金声等知名贤达倡建厦门中山医院，他献出南洋募款白银79000元及厦门善款合计16万元，建成门诊楼和医技楼，并兼任首任院长，为医院招贤纳士，建章立制，铺就发展之基。他还于1931年襄助筹建鼓浪屿医院，并出任医院院长，为厦门医疗事业做出了重要贡献。

文庆亭

1937年6月，厦门大学改为国立，林文庆先生辞任校长，返回新加坡。他大胆揭露日军暴行，呼吁华侨援助祖国。日军1941年年底侵占新加坡后，急需社会领袖为其服务，林文庆先生被逼无奈出面组织“华侨协会”，筹集5000万元“奉纳金”。因其遭受日军胁迫，并利用特别身份营救大批爱国华侨，英国当局在二战结束后免于对其谴责。公道在人心，无间于南北。1957年1月1日，林文庆先生在新加坡逝世，殡葬之日，新加坡政要亲临吊唁，百姓前往执绋者不计其数。他在临终前立下遗嘱，把鼓浪屿笔架山顶别墅和个人遗产的60%无偿捐赠给厦门大学。直至生命的最后关头，林文庆先生对厦门大学和祖国教育事业情深依旧。

“禾山巍巍怀师德，鹭水泱泱见道心。”为表达对这位厦大前校长的敬重与缅怀，厦门大学于 2005 年校庆时在思明校区建造“文庆亭”，又于 2008 年校庆时在“文庆亭”边敬立先生雕像。雕像身后，是一泓静谧的碧水，倒映着先生曾无比深爱、倾力奉献的美丽校园。林文庆先生的丰功伟绩和高贵精神青史流芳，勖勉后人。

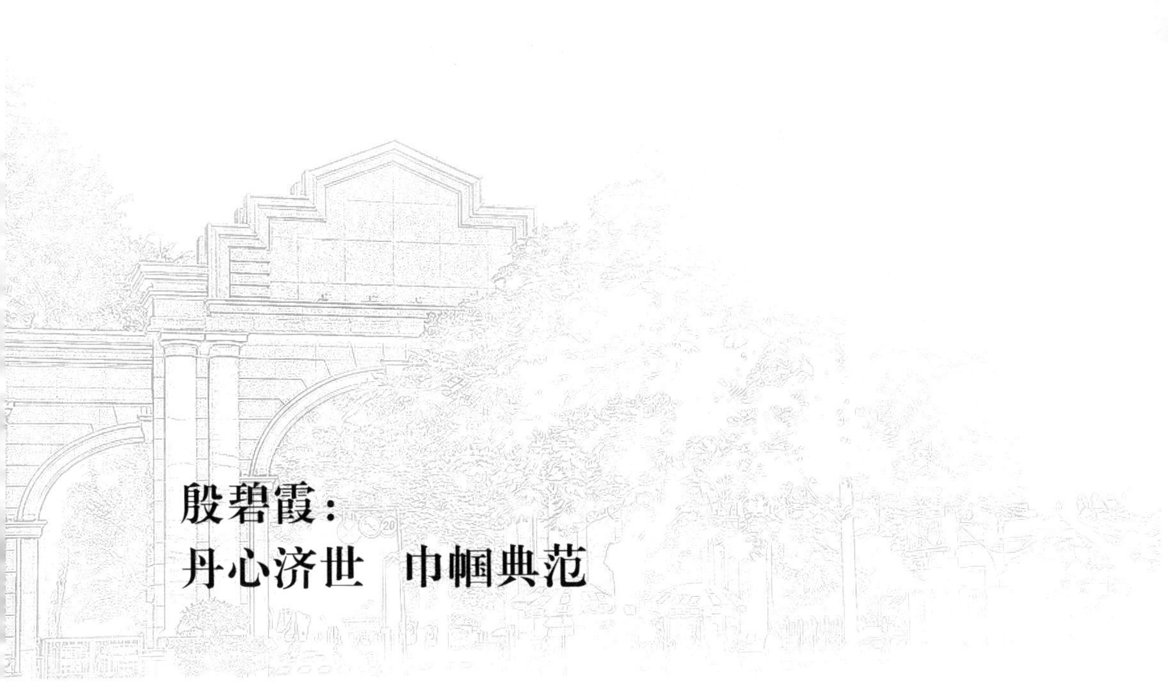

殷碧霞：丹心济世　巾帼典范

她是闽南地区男女同校的第一位女学生，也是执掌教鞭的第一位女教师；她往返于祖国和南洋，为抗战救国、赈恤黎民奔走呼号，艰苦备尝；她对社会福利和教育事业热诚襄助，不遗余力，私立时期的厦门大学遭遇经费困难，她将仅有私蓄1350元倾囊相赠。她就是厦门大学第二任校长林文庆先生夫人殷碧霞女士。

出生厦门岛　情定林文庆

殷碧霞女士，1884年7月1日生于厦门鼓浪屿，祖籍江苏常州。其父殷荣康为基督教传教士，早年移居厦门，曾创办“厦港镀造厂”和“荣康小学”；其母吴淑懿为俄籍犹太人。殷碧霞父母热衷改良社会陋习，提倡男女平等，育有子女七人。殷碧霞女士年龄最幼，8岁入学怀仁女学；14岁就读兄长殷雪村倡办的漳州中西学堂，开创闽南地区男女同校之先河；16岁进入福州美以美教会英文女学，毕业后因成绩优秀留校任教；之后返厦，就任厦门女子高等学校英文教师，成为闽南女子执掌教鞭第一人。

1908年，24岁的殷碧霞女士经兄长殷雪村介绍嫁给叱咤狮城医学界、商业界的著名爱国华侨、社会活动家林文庆博士，成为其第二任妻子，结婚庆典在鼓浪屿英国领事馆隆重举行。二人婚后育有一儿一女。女儿林月卿，毓德女中毕业后进入新加坡英国皇家学院研究音乐，曾荣获该校歌唱奖章；儿子林炳汉，1929年鼓浪屿英华书院毕业后赴英国研究汽车工程学，成为首位在英国参加汽车竞赛并获奖的中国人。

殷碧霞女士与林文庆先生

心系鼓浪屿，筑墅笔架山

故乡永远是远嫁新加坡的殷碧霞女士心中最为真挚的牵挂。她曾以林文庆夫人身份在《海峡华人年刊》发表英文版《鼓浪屿》，以优美的笔触和真切的情感抒发自己对故乡家园的无限眷恋，1909年，她更是与丈夫林文庆先生买下鼓浪屿笔架山东南麓宅基地（今笔山路5号），开启了为期13年的购地建宅工程。

殷碧霞、林文庆夫妇及女月卿、子炳汉

别墅选址笔架鼓浪屿山东南麓，面朝大海，春暖花开，契合了殷碧霞、林文庆夫妇眺望山海的向往。在这里，殷碧霞女士倾力支持林文庆先生执掌厦门大学16载，为中国近代史上第一所华侨创办的大学呕心沥血，殚精竭虑，为厦门大学成为南方之强奠定坚实基础；在这里，殷碧霞女士支持林文庆先生捐出个人全年薪俸，并将个人私房钱倾囊捐助厦门大学，还支持丈夫多次下南洋募捐善款，帮助学校渡过难关。16年里，夫妇二人遭遇诸多挫折与困顿，但始终连理同心，夫唱妇随，坚忍不拔，无怨无悔。殷碧霞女士贤良淑德，以经营房产投资为家庭提供生活保障，化解燃眉之急，享有广泛美誉。

20世纪80年代，殷碧霞、林文庆夫妇后人遵照林文庆先生遗愿将蕴涵着夫妇二人对家乡亲人满腔爱恋、对祖国教育和社会公益倾情奉献的笔架山别墅无偿捐赠厦门大学，继续支持学校教育事业。

殷碧霞、林文庆夫妇鼓浪屿笔架山别墅

丹心济世人，巾帼一丈夫

殷碧霞女士宽厚仁爱，热心社会福利事业，救拔百姓疾苦，深受世人尊敬。在兵戈遍地、山河破碎的旧中国，她的大局意识和壮心善举难能可贵，其胸怀气度更是“巾帼不让须眉”。

与林文庆先生考察欧洲后，她于1913年在厦门倡办养老院收养孤寡老人，成立保良所解救婢女；“济南惨案”爆发后，她担任筹赈会妇女部主任，积极发动筹赈工作。1930年，她先后任职厦门养老院院长和保良所所长；“卢沟桥事变”爆发后，她出任新加坡南侨筹赈会妇女部主任，筹款救济祖国伤兵难民；次年，她再次被选为新加坡华人妇女协会会长，并发起成立华人孤儿院，任首任院长；同年，她成为新马华人妇女中首位监狱视察员和青年犯罪法律顾问。新加坡沦陷后，她四处奔走劝募，赈济难民孤寡；日本投降后，她与丈夫在爱国华侨胡文虎先生支持下创办孤儿院，担任院长，救济苦难孤儿，惨淡经营，艰苦备尝。为表彰殷碧霞女士胸怀大爱、济世救民的高风亮节，英皇乔治六世于1948年为其颁授太平局绅(J.P)荣衔。1972年，88岁的殷碧霞女士在新加坡走完了其平凡而又光彩的一生。

澄江静如练，余霞散成绮。殷碧霞女士的慈爱人生和感人事迹流传在鼓浪屿的巷弄里，镌刻进厦门大学的校史中，更铭记在一代代中华儿女的心坎上。

龙溪同学会，不可忘却的历史记忆

厦门大学是一所魅力独具的大学。校主陈嘉庚先生“兴学报国”的志向、学校“自强不息，止于至善”的校训、“爱国、革命、自强、科学”的校风均已沉淀为深沉厚重的文化底蕴，在厦大学子灵魂深处镌刻下永不磨灭的精神烙印。毕业多年后的厦大校友依然心系母校，无时无刻不在等待母校召唤，随时随地准备提供一切帮助。

抗日战争期间，厦门大学西迁长汀艰苦办学，漳州龙溪同学会捐资捐物，出人出力，竭尽所能做好人员接待和仪器中转，演绎了感人至深的爱校故事，书写了广为传颂的护校情缘，成为厦大校友爱校荣校、爱国报国深情厚意的历史缩影。

抗战军兴，内迁长汀

1937 年，陈嘉庚先生因企业破产，无力续持厦门大学正常办学，将其无条件献给国民政府，学校也于 7 月 1 日由“私立”改为“国立”。清华大学著名教授萨本栋先生于卢沟桥事变前夕被委任国立厦门大学首任校长，他顶着抗战烽火跋山涉水于 7 月 26 日正式上任。然而，战火硝烟迅速蔓延至东南沿海。据史料记载，9 月 3 日，日军炮弹已在厦门市炸响。

迫于燃眉之急，厦门大学于次日迁移至公共租界鼓浪屿，借用英华中学和闽南职业学校部分校舍继续上课，重要图书、仪器、标本等随行迁移。10 月 26 日，日军占领金门岛，封锁了厦门港出海口。为给东南数省青年提供求学机会，萨本栋校长坚定认为祖国东南半壁高等教育仍需维持，毅然决定将厦门大学内迁至敌人较难进犯的闽、粤、赣交界之地——山城长汀。1937 年 12 月 20 日，厦门大学正式停课，经过三天整装，厦门大学全体师生于 24 日起正式向长汀进发。

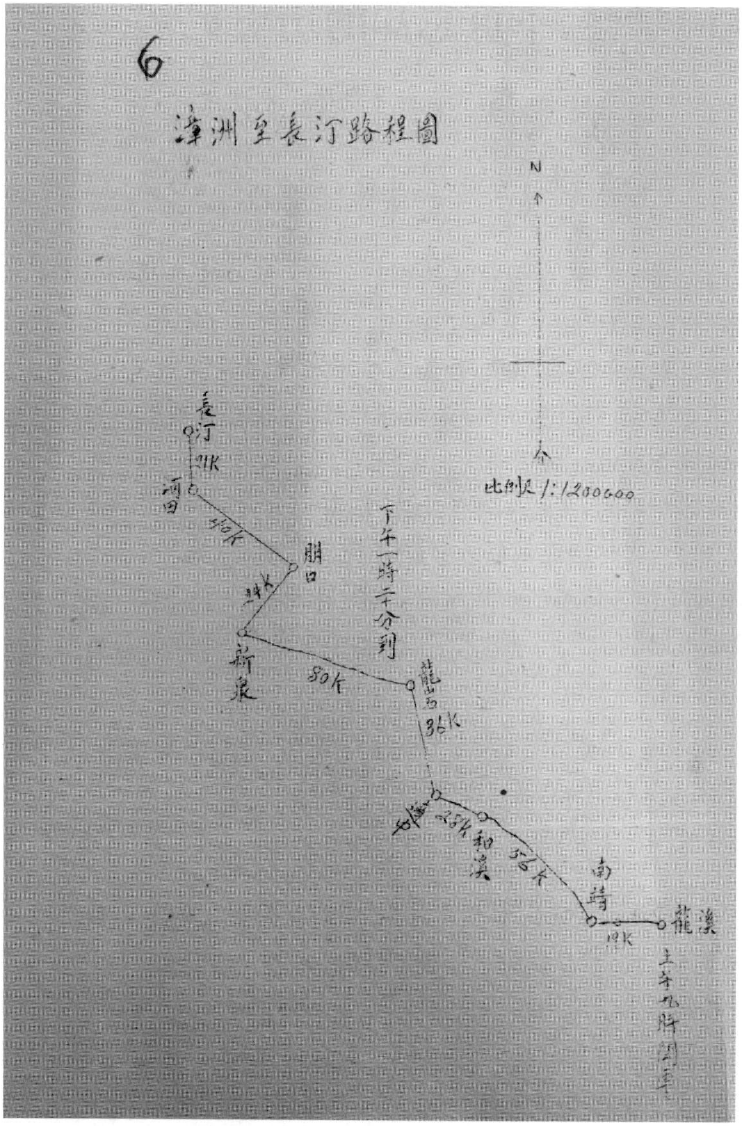

1937 年厦门大学师生经漳州至长汀路程图

赤诚襄助，山河难阻

从厦门至长汀，前有鹭江、九龙江阻隔，后有崇山峻岭横亘，道路崎岖，交通不便。厦大师生途经漳州，龙溪同学会主动承担起师生中转接待和办学物资转运工作，提供力所能及的帮助与支持，为舟车劳顿的母校师生补充给养，送上温暖。学校图书、仪器、标本等教学物资，也陆续由鼓浪屿水运至漳州，暂放后运达漳州旧桥，装上平底船，沿九龙江西溪送到水潮（今南靖金山），用卡车沿陆路运抵长汀。在厦大龙溪同学会的帮助下，239 名厦大学生和 83 名教职员工顺利抵达目的地，于 1938 年 1 月 17 日在山城复课；图书、仪器除部分暂存鼓浪屿、漳州、龙岩等地，其余 9 卡车物资也安全运达长汀。

中途转运倾注了厦大龙溪同学会大量心血。转运站设在崇正中学（今芗城实验小学所在地）。该中学 1923 年由天主教会创办，1929 年改为龙溪私立崇正初级中学。因当时不少厦大校友在此执教，厦大龙溪同学会 1936 年成立，会址便设在崇正中学。根据 1937 年 4 月厦门大学龙溪同学会换届改选报道，尹日新、吴方桂、郑鸣岐、沈君泽、陈巽中等校友当选新干事。以此推知，应是上述五位校友悉心组织，一大批漳州校友通力合作，共同完成了繁重复杂的中转任务，为母校师生和教学物资平顺抵达长汀做出了重要贡献。

情谊绵长，续写华章

厦大龙溪同学会的善心善行和崇正中学的中转运输，贡献重大，作用独特，得到陈嘉庚先生高度认可。1940 年 11 月，陈嘉庚先生视察漳州，没有入住条件更好的当地宾馆，选择住进崇正中学招待所；1950 年初，陈嘉庚先生参加新中国首届全国政协会议后又到漳州，同样下榻崇正中学招待所。他用行动传递出对崇正中学特别帮助的真诚感谢，表达了对龙溪同学会广大校友仗义相助的由衷赞扬。

陈嘉庚先生曾经下榻的崇正中学招待所

"同饮一江水，共拥一片湾。"漳州校友和漳州人民在厦门师生内迁闽西关键时刻提供的鼎力支持，铭记在厦大师生内心深处，记录进厦门大学发展史册，也为漳州市与厦门大学的长期合作和深度融合奠定了深厚情缘。站在新的历史起点上，双方在人才培养、科技创新、教育提升、文化建设、发展研究等方面不断推进实质性共建。漳州市每年吸引 50 多名厦大毕业生就业，成为深受厦大毕业生青睐的就业地；漳州校友会也称誉厦大校友会，多次荣获厦门大学全球校友会先进工作单位；厦大漳州校区、厦大嘉庚学院，大力提升漳州开发区整体教育水平；厦大积极承接漳州市企事业单位科研项目，助推漳州经济社会发展；厦大长期对口扶贫支援诏安县，助力诏安经济全产业链发展和企业转型升级；双方于 2019 年签署新一轮市校战略合作协议，开启了"共建、共享、共赢"合作新篇章，共同打造地方支持高校发展、高校助推地方建设新典范。

凤凰花开，芬芳明艳，龙溪水流，润物无声。86 年前，龙溪同学会用满腔热忱倾力帮助母校渡过难关，流传为厦大校友感恩母校、回馈母校的动人佳话。86 年来，作为地名的"龙溪"早已湮没在历史的长河，但作为厦大校友会精神符号的"龙溪"始终铭刻在"厦大人"心中，永远闪光。

情满汀州，烽火中的守护

1937 年，抗日战争全面爆发后，为赓续文脉、培育英才，沦陷区高校纷纷西迁以避战火。厦门大学却选择留守福建长汀，自强不息，艰苦办学，弦歌不辍，成为距离抗战前线最近的大学。

八年间，长汀人民竭力支持厦门大学，提供场地，捐献物资，慨囊襄助，大义无私，为抗日烽火中的厦大人提供坚强守护，与厦大师生同甘苦、共患难，合力开创了一段厦门大学发展史上具有里程碑意义的光辉历史。

缘定长汀，良有以也

选址长汀，仰仗于萨本栋校长的高瞻远瞩。对于西迁选址，萨校长曾经讲过：一是坚持东南半壁江山有大学，向敌人展现坚强不屈的精神，同时让东南数省青年有大学可上；二是既要设在敌人较难进犯的山区，又要选在闽、浙、粤、赣的学生较易通达的地点；三是要给养充足，环境较优良，以便安心读书。他坚定认为，“东南半壁的高等教育，还需要维持，所以决定不随流远徙”，“必须有一所中国的大学，屹立在敌人面前”。

选址长汀，离不开周辨明教授建言献策。他是著名语言学家，早年在鼓浪屿生活，1911 年毕业于上海圣约翰大学，后到清华大学任职，1921 年受聘执教厦大，历任文学院院长、教务长、新生院院长兼外语系主任。其父曾在长汀地区传教，拥有良好的人脉关系，熟悉周边环境。因此，周辨明教授建议迁校长汀，并受萨校长委托实地落实选址事宜。

选址长汀，有赖于长汀自身独特环境。长汀古称“汀州”，位于福建西部，南与广东近邻，西与江西接壤，为闽粤赣古道要冲，被称为福建西大门，是客家文化发源地，水路有汀江可达广东，陆路有公路与外地联通。同时，它又位于武夷山脉南麓崇山峻岭间，地形复杂，易守难攻。

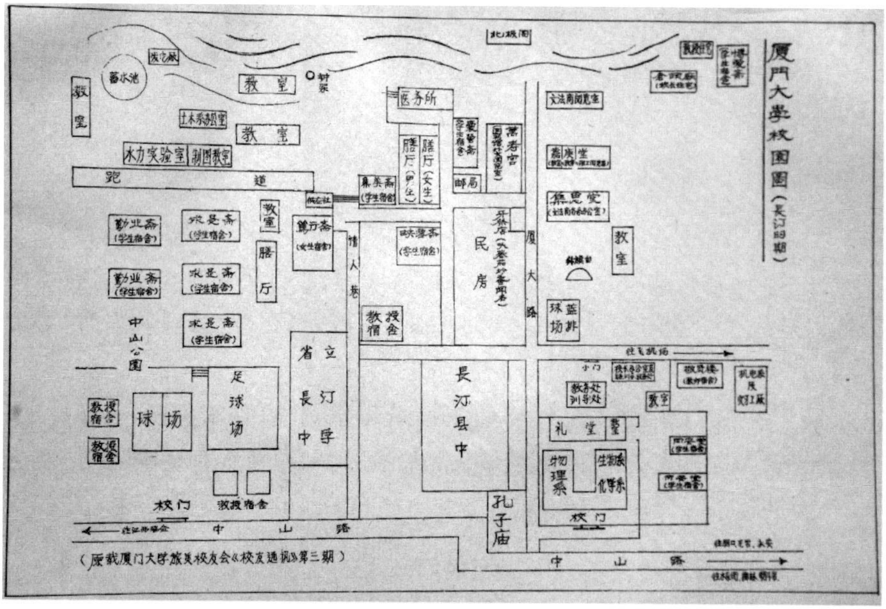

厦门大学在长汀校园平面图

综合各方因素，厦门大学选择内迁长汀。事实证明，这是一次充满智慧与胆识的战略转移，既为广东、江西、福建、浙江等地学生提供了难得的求学机会，又为厦大师生找到了可靠的庇护之所。

休戚与共，大爱无边

为给厦大师生提供较好生活学习环境，长汀人民全力提供最大支持。先是腾出驻汀行署一部分、孔庙以及大批民房作为最初校舍；随着厦大扩容，又拨出虎背山南麓旧中山公园土地57亩，在两三年间集中精力兴建起各类教室、阅览室、实验室、图书馆、实习工厂、男女生宿舍，以及篮球场、大膳厅、蓄水池、发电厂等基础设施；鉴于师生规模不断壮大，进一步拨出东门外及卧龙山麓大片土地及房屋，建成十多座教职员工宿舍，并扩建厦大医院，尽最大努力满足厦大师生学习生活之需。经过几年持续建设，厦门大学校舍连为一片，覆盖半座长汀城，气势连绵，蔚为壮观。

长汀时期的厦大教室

长汀人民还与厦大师生一起在北山山麓深挖战时防空洞十多处，并为学校提供日常所需生活物资。在长汀人民热心帮助下，厦大师生自强不息，发愤图强，学业精进，成绩斐然，形成了抗战时期优良校风、教风和学风，培养了大批栋梁之材。在长汀 8 年时间里，学校规模从内迁时 3 院 9 系，发展到 1945 年回迁时 4 院 15 系，在校生由长汀复课时的 196 人增加至 1945 年的 1044 人。厦门大学在 1940 年、1941 年国民政府教育部两次举行的全国专科以上学校学生学业竞试中蝉联桂冠，被称为“加尔各答以东之第一大学”，赢得“南方之强”的普遍赞誉。

得益于长汀人民倾情奉献，厦门大学才能在这座山城站稳脚跟，安身立命，为国育才，兴学报国，在硝烟弥漫的抗日战区高扬起一面延续中国东南教育大业之旗。

反哺感恩，情缘不朽

感念长汀人民无私关爱，厦大师生以实际行动促成长汀巨变，为这座山城留下宝贵精神财富与文化遗产。正如浩雄先生在《国立厦门大学在长汀》中所说，“初来时街市萧条，尽是一片荒凉景色，令人有避地桃源之感。可是厦大来后的两年多，面目就大非旧观了”。

改变长汀教育面貌。厦大选派大批师生到省立汀中、县立中学兼课，并提供大量图书、教学仪器设备予以支持，助力汀中办学成绩突飞猛进，每年考取大学人数居闽西各县前茅。厦门大学还支持新办一所初级中学，帮助大量农村私塾改为现代小学，在当地创办民众夜校等。厦门大学“在汀期间先后招考录取汀籍学生 100 多名”，“1946 年秋迁返厦门，将大量房产、家具、课桌和大部分仪器分赠给长汀中、小学等 26 个单位”，为长汀教育事业发展作出重要贡献。厦门大学还出版《巨图》《厦门大学文摘》《厦门大学文丛》《厦门大学通讯》《闽赣余话》等书刊，在《汀江日报》开辟副刊，并由知名教授主编《科学副刊》《经济副刊》《商学副刊》《语言文学导刊》等，促成了长汀城乡文风鼎盛。

点燃山城革命热情。《长汀人民革命史》讲道：“长汀的抗日救亡运动在厦门大学进步师生的支持、帮助和倡导下，紧密团结，密切配合，共同掀起了长汀抗日救亡运动的高潮。”厦大学生成立“救国服务团”（后为“战时后方服务团”），创办《救亡言论》和《唯力》刊物，宣传抗日救国。师生宣传队深入长汀街巷宣传、挨家挨户访问，广泛传播日寇侵华罪行，唤起民众抗战意识，得到新四军二支队首长张鼎丞、邓子恢高度赞许。“厦门大学学生还进行了大量后方服务等工作，诸如慰问军属、讲演防毒，传授救护常识等。”厦大师生让这座富有革命传统的山城焕发出勃勃生机。

营造浓厚文化氛围。内迁长汀后，厦门大学文体活动有增无减，为长汀人民带去“福利”。厦门大学组织“抗敌剧团”“铁声歌咏团”等，在城乡公演《雷雨》《日出》《原野》等话剧十几出，教唱大量革命歌曲，带动汀中剧团、县中剧团、商工剧团和长汀中小学抗敌文艺队伍争相演出，发动群众，轰动城乡。迁汀不久，厦大在校庆十七周年纪念日举行体育大会，此后赛事年年不断，还扩展到学校以外。1939 年春，学校主办全汀 3000 米公开赛跑，分军警、学生、民众三组，参赛人数达 80 余人。至 1945 年抗战胜利，厦大体育更加红火，极大地促进了长汀人民体育运动开展。

因厦大内迁，长汀引起国际社会关注，英国驻华大使馆文化联络员蒲乐道、秘书盖治、皇家空军上校奥克斯斯福特，英国剑桥大学生物化学教授李约瑟，美国地理学家葛德石等先后到访，名动一时，风光无限。

厦门大学长汀旧址

八载烽火，砥砺南强。光荣属于厦大师生，也属于长汀人民。86 年前，长汀人民献出半个县城，提供无私帮助，以宽广胸怀接纳厦大师生，护佑厦门大学浴火重生。86 年来，厦门大学与长汀人民在抗战烽火中练就的不朽情缘，在校地合作的协议签订与实践推动中得到持续升华。任凭岁月更迭，光阴流转，汀州人民的情义，历史不会忘记，厦大人更不会忘记。

萨本栋：舍身治校　炳耀千秋

站在建校100周年的历史节点，回溯厦门大学建设与发展的关键时期，总有德高为师、身正为范的“开路先锋”勇立时代潮头，引领师生劈波斩浪，奋发向前，带动厦门大学迈上新高度。其中，国立厦门大学首任校长萨本栋先生可谓东南之秀、楚璧隋珍。1937年抗日战争全面爆发前夕，厦门大学改为国立，清华大学著名教授萨本栋先生钦慕陈嘉庚先生爱国赤诚，毅然出任校长。他公忠体国，学养深厚，舍身治校，敬师爱生，质朴谦逊，鞠躬尽瘁。郑朝宗教授撰写墓志铭《萨公颂》，盛赞：“伟哉陈公，毁家兴学，公继其后，舍身治校，真可谓珠联璧合，炳耀千秋，并垂不朽者欤！”

最年轻的大学校长

萨本栋，字亚栋，我国著名物理学家、电机工程专家、教育家，中央研究院第一届院士。他1902年生于福建省闽侯县名门望族；1922年从清华学校毕业，后到美国斯坦福大学、麻省伍斯特理工学院学习，1927年获得理学博士学位；先后任职伍斯特理工学院研究助理、西屋电机制造公司工程师，发表两篇高水平科研论文，蜚声学术界；1928年回国任清华大学物理学教授，1933年、1935年出版《普通物理学》《普通物理学实验》，为我国首部汉语版大学物理教材；1935年9月应邀出任美国俄亥俄大学电机工程系客座教

萨本栋先生

授，出版英文专著《并矢电路分析》被选为国际电工丛书；1937 年 7 月 6 日受任国立厦门大学第一任校长，从此与厦门大学结下牵绊终生的珍贵情缘。

为发扬陈嘉庚先生毁家兴学爱国精神，把厦门大学办成知名高等学府，为家乡福建和祖国战后输送栋梁人才，萨本栋校长勇挑重担，义无反顾，时年年仅 35 岁，是全国最年轻的国立大学校长。萨校长坚信，陈嘉庚先生"毕生之事业、人格、精神，以及识力眼光，足为全国同胞之楷模"，"我是福建人，陈嘉庚先生为我父亲好友，我去任厦大校长，或可使厦大能更有发展"。

次日，抗日战争全面爆发。7 月 26 日，萨校长正式接掌厦门大学。9 月 3 日，厦大生物楼被日军炮弹摧毁。萨校长认为祖国东南半壁高等教育仍需维持，决定内迁长汀办学。他统筹安排，精细组织，于 12 月 24 日带领厦大师生员工西迁，历经 23 天跋山涉水顺利抵汀，九大卡车珍贵图书、仪器设备陆续到达，全校师生于 1938 年 1 月 17 日在长汀复课。从此，萨校长与厦大师生筚路蓝缕，艰苦创业，励精图治，自强不息，将厦门大学发展成为全国最优秀的大学之一，为国家建设和民族复兴培养了大量优秀人才。

"这是萨校长发的电，放的光"

"现在不是一个推诿责任的时代，所以事无大小，我都要亲为或与闻。"萨本栋校长全身心投入学校重建与复兴大业中，身先士卒，迎难而上，犹如暗夜中灯塔，照亮了厦门大学的前路，温暖了厦大师生的身心。

为做好"安营扎寨"工作，他租用长汀饭店及附近民房作为教职员宿舍；借用专员公署，修整文庙祠堂作为图书馆和实验室；亲自设计，就地取材，以树皮代替屋瓦，相继在北山之麓等处建造新校舍；还修建水库和防空洞，保障师生饮水和安全。经其精心擘画，厦大校园几乎覆盖半个长汀城。

萨本栋在校门前留影

为破解夜晚照明难题，萨校长带领几位理工科助教和仪器管理员，将其专用汽车的发动机改装成照明发电机，亲自指挥安装电路和电灯，使得光明普照校园校舍。同学们欢欣鼓舞，称赞“这是萨校长发的电，萨校长放的光”。

为保障学生饮食营养，萨校长宛如一位勤劳的主妇，精心计算着每分钱的支出。学校自行制作豆腐，提倡吃糙米饭，早餐是稀饭配一碟黄豆，中餐、晚餐是干饭配一碟青菜。逢年过节，会额外赠给每位学生一片猪肉。这在物资匮乏年代殊为不易，让学生倍感温暖。

为保障师生安全，萨本栋校长设计相互连通的防空洞。每当敌机轰炸，他总是立刻奔向教室组织疏散，最后一个进入防空洞，第一个走出防空洞。长汀山城大片民房被毁，多有人员伤亡，厦大师生安然无恙。萨校长以超人睿智、担当和周密安排力保厦大安处一方，弦歌不绝。

带头领薪“三成五”

萨本栋校长自奉节俭，克己奉公，全体教职工无不感佩。私立厦门大学因经费日绌转为国立，而国立厦门大学从教育部拿到的年度经费仅为 20 多万元，位列全国倒数第二，且不能足额领取，学校办学捉襟见肘。面对“国、省库经费迄未领到”、教职员工资无法照发的窘境，萨本栋校长带头减薪，发出布告：校长薪俸按三成五支领；教授及高级职员薪俸在 200 元以上者按六成支领；副教授、专任讲师、助教及其他职员薪俸在 101～200 元者按七成五支领；在 51～100 元者按九成支领；在 50 元以下者按全数支领。

萨校长厉行节约，号召“节约等于生产力”，“不遗弃一草一木，不虚掷片铜片铁”。他本人“常身穿布质中山服，脚着双钱牌球鞋在校内奔忙，新来的同学往往以为他是校内工友”。他住在老旧仓颉庙，一室为卧房，一室为饭厅，饭厅兼作客厅。他的夫人黄淑慎还开垦山地，种植蔬菜，尽力减少生活开支。

萨校长绞尽脑汁，利用各种渠道开拓办学资源。他坚持向教育部力陈学校办学困难，争取经费支持；依靠长汀县政府及长汀人民，获得物资支援；联络庚款董事会、闽西救济委员会等社会团体，申请辅助经费；成立厦门大学校友总会，对在校贫困生发起“献金”活动；为学生申请战区膳食贷金，增加免费生和贷金生名额；联系波士顿大学、斯坦福大学等美国高校师生，争取赞助款项。有赖于萨校长竭力周全与爱心呵护，厦大师生在长汀迸发出火热激情，废寝忘食，发奋进取。

“O 型”代课者

“抗战必胜是毫无疑问的，所以，从现在开始，我们就要准备建设人才。”萨本栋校长以“在清华的标准来办厦大和教课”，要求学生只要“未到‘最后一课’的时候”就要努力研究与学习，并将研究学术与培养技能作为“国魂所托付的事业”。

萨校长强调通识教育，主张“在量与质不能兼顾的情况下，对质的改良比量的增加尤为重视”，认为初入学学生首先要学好基础课才能学好专业课。他要求厦大名师必须为一、二年级学生讲授基础课，并亲自讲授微积分。其所编《实用微积分》受到师生欢迎，也被其他学校采用。知名教授纷纷走上基础课讲台，大大提升了教学质量。中科院张存浩院士 20 世纪 80 年代曾说：“厦大基础课的教授阵容不仅为当时国内所仅有，即使在 60 多年后的今天也是很难找到的。”

萨校长日理繁重校务，坚持为学生授课，主动承担微积分、普通物理、交流电路、电工原理等课程，每学期最多开课 5 门，每周超过 20 课时，是教师授课之最。此外，“由于师资匮乏，萨本栋被称为‘O 型’代课者，缺什么课的教师，他就代上什么课，同时他也是‘万能输血者’，什么行政岗位缺人，他就亲自兼任。”他曾代上普通物理学、普通制图学、机械制图等课程。他治学严谨，备课认真，讲课深入浅出，生动有趣，即使讲授枯燥课程，也旁征博引，条理分明，务求大家融会贯通。

人称“杀不动”

萨本栋校长治校有方。为保证厦大教学质量、培养学生学术品行，他主导制定《国立厦门大学规程》《国立厦门大学教务通则》《国立厦门大学训导纲要》等，强调“居于任何行政地位，应蹈规守法，切勿破坏行政系统”。他铁面无私，不徇私情，大家背后戏称其“杀不动”。

他严格规定入校注册时间，迟到即为逾期，一概以休学论处。由于交通不便，不少学生担心买不到车票，宁可提前步行到校。1940 级台湾校友何宜慈回忆说：“萨师办学以严格闻名。他令出必行，建立诚信。开学注册日期绝对不能融通。他是借此训练学生未雨绸缪、不存侥幸之心。”

他坚守招生规定，刚正不阿，不开“后门”。萨校长堂弟萨师煊曾说：“我们家中有几个堂弟妹多次投考厦门大学，因分数不够，照样未被录取。”驻汀国民党某军军长亲自登门，要求让其儿子免试入学，萨校长委婉拒绝，并欢迎他儿子通过考试录取后进入厦大学习。国民党海军某部司令曾写信，以录取其子为条件，将所属造船厂机械设备赠送学校，萨校长坚辞不受，绝不拿学校规章制度做交易。

他禁止安排教职员亲属到学校工作，避免裙带关系，即使自己的夫人也绝不“留情”。当时学校女生急需体育指导员，萨夫人黄淑慎是体育健将、标枪名手，又做过体育教师，但萨校长执意将其作为义务指导，取消领薪资格。萨夫人一直免费上课教学，分文不取。

“杀不动”背后是萨校长对学生的真心爱护。每当有国民党反动派抓捕进步学生，他总是挺身而出，拒绝国民党特务入校抓人，声色俱厉，决不妥协，就像一只倔强的雄鹰张开宽广的臂膀，勇敢地庇护自己的孩子。他说：“家长把孩子交给我，我就要为他们负责。”

以"铁衫"撑腰上课

萨本栋校长接掌厦门大学前曾告诉美国友人："想为福建唯一大学奠立雄厚基础。"为了厦门大学的发展，他深谋远虑，全情投入，无私无我，鞠躬尽瘁。

他动用清华母校资源，四处延揽名师，壮大师资队伍。当时厦大51名教授47位来自清华，包括施蛰存、黄开禄、林庚等众多卓有建树的知名学者。动员大牌教授到偏僻山城工作，实非易事，每一位大师"驾临"都倾注着萨校长超拔智慧和大量心血，彰显了其胸怀气度与人格魅力。

他高瞻远瞩，排除万难，完善学科体系。为适应抗战需要，培养国家急需人才，萨校长四处奔波，多方筹措，于1937年创办土木工程系（归属理学院）并兼任系主任；于1940年增办机电工程系，并将理学院扩充为理工学院；于1944年筹备航空工程系，为厦门大学1948年创设工学院奠定坚实基础。1941—1949年间，厦门大学工科各系毕业452人，为国家输送了大量栋梁之材。

萨本栋校长病中授课图（朱一雄 绘）

为不辜负陈嘉庚先生毁家兴学的报国宏愿，萨校长耗尽精力，累垮身体，患上严重胃病和风湿关节炎。1929年冰心结婚时，他是男傧相，英姿飒爽；到厦大前，他是清华网球高手，腰杆挺拔；1943年，朋友再见他时，已是"面色苍白，弯腰驼背，拄着拐杖”。有时拐杖跌落，他竟不能弯腰捡起。为撑住腰部上课，他让校医制作一件铁衫。病痛加重，卧床不起，他宁可床前授课，也不耽误学生学业。

“加尔各答以东最好的大学”

艰难困苦，玉汝于成，长汀八年，浴火重生。厦大师生在萨本栋校长带领下坚忍不拔，开枝散叶，展现了民族存亡之际的爱国操守与救国意志，取得了令人瞩目的办学伟绩。国民政府教育部1940年、1941年举行全国大专以上学生学业竞赛，这所距离抗日前线最近的大学蝉联桂冠，得到教育部全国通令嘉奖，赢得“南方之强”的普遍赞誉。

陈嘉庚先生1940年率领南侨慰劳团回国，专程赴汀看望厦大师生，对学校办学颇为满意，认为“比其他诸大学可无逊色”。英国纽卡斯尔大学教授雷立克、美国地质地理学家葛德石、英国剑桥大学生物化学教授李约瑟博士等先后到访考察，对厦大赞赏有加，称其为“加尔各答以东最好的大学”。

厦门大学办学规模不断扩大，人才培养成果显著。院系由迁校时文、理、商3学院9个系扩展到1945年文、理工、法、商4学院15个系；学生从内迁时196人增加到1945年1044人；培养国家科学院、国家工程院院士15人，美国国家工程院院士1人，大学校长6人，海内外著名专家、学者、教授、企业家数百人。这些办学成就与萨校长七年如一日殚精竭虑、呕心沥血密不可分。

1944年，萨本栋校长应邀赴美讲学，其间因身体原因三次电函请辞校长职务，终获批准；1945年，他转道英国短期讲学；抗日战争胜利后，他回到重庆，任中央研究院总干事；1948年，他当选中央研究院院士；1949年1月31日，他癌症晚期，医治无效，病逝于美国加州，享年47岁。临终前立下遗嘱，身体用于医学解剖。因厦大师生强烈要求，经萨夫人同意，萨校长骨灰完整安葬在厦大校园。

“萨本栋校长其言其行及学校员工在长汀时期的艰苦奋斗、自强不息的精神成为我后来做人做事的不竭动力。”萨校长胸怀家国、执着事业、自我牺牲的大爱精神，深深烙印在学生心里，南强学子无不感念萨校长嘉言德范，乃至毕业多年后，一大批长汀时期的校友如潘懋元、黄克立、周詠棠、纪华

厦大校园内萨本栋墓

盛、邵建寅、丁政曾、蔡悦诗、黄保欣、吴丽英等念念不忘母校栽培,纷纷为学校捐建楼宇,捐设基金,持续回馈,形成一道亮丽的"长汀现象",传为美谈。

一片公心,永鉴青史。萨本栋校长引领厦门大学在抗战烽火中挺起祖国东南教育半壁的民族脊梁,他的教育思想与办学成就是留给厦门大学和中国高等教育的宝贵遗产与精神财富,他引领厦大师生内迁长汀、艰苦办学的自强精神深深嵌入"厦大人"心中,风骨长存,千古流芳。

附录:《萨公颂》

郑朝宗 撰

公治校八年,成绩斐然,众口交颂。综其事迹,约为五端:履校伊始,即逢寇难,鹭岛濒危,朝不保夕。公乃率全校师生急迁闽西山区长汀,途遥路险,而开学必需之图书、仪器、文件、标本均得安全转移,迅速复课,可颂者一。兵燹之后,山城残破不堪,公乃亲自擘划、监督营建新校,旧房、衙署、文庙、废园广加改造,学校范围赖以扩充,学生人数较前倍增,可颂者二。不辞辛苦力肩教学重担,所授课程门数之多、分量之重甚于一般教授,又为适应国家建设需要,因陋就简增设土木、机电、航空三系延聘国内知名学者以造就人才,苦心经营,促其成长,可颂者三。注意学生品德教育,确保校内安全秩序。汀城地邻赣、粤、江、浙诸省,学生来自各地,语音不一,习惯互异,易生纠纷,公乃严地域观念之禁,校园内绝不许设立同乡会,对各地来者一视同仁，终其任期，全校翕然，可颂者四。公既悉心治校，而又严于律己，勤政之余，继以力学，子夜更深过其门者，每见室内灯火荧然，则公方在伏案治学也；抗战时期，人民生活艰苦异常，公亦自奉如常人，食少事繁，积劳成疾，遂以不起，可颂者五。赞曰：伟哉陈公，毁家兴学，公继其后，舍身治校，真可谓珠联璧合，炳耀千秋，并垂不朽者欤！

潘懋元：百岁“先生” 初心不改

八十五载杏坛春晖，期颐之寿高教芳华。2020 年 8 月 4 日上午，“潘懋元教授从教八十五周年暨新时代中国高等教育改革与发展高峰论坛”在厦门大学举行。在厦门大学即将迎来百年华诞的喜庆日子里，教育部、福建省委省政府、厦门市委市政府、民盟中央、中国教育学会、中国高等教育学会、中国职业技术教育学会、省市教育厅（局）、部分兄弟高校领导及专家学者，厦门大学校领导、职能部门和学院（研究院）代表，教育研究院全体师生及校友相聚科学艺术中心，共同庆贺潘懋元教授从教 85 周年暨百岁华诞，研讨新时代中国高等教育改革与发展。

百岁寿辰，百万捐赠

作为重要议程，大会隆重举行“潘懋元高等教育基金”捐赠仪式。该基金由厦门大学设立，为支持厦门大学教育事业，自 2006 年该基金成立以来，潘懋元先生及其亲属多次向基金捐款，累计超过 100 万元。值此百岁寿辰，潘懋元先生再次捐赠 100 万元，献礼厦门大学百年华诞，支

潘懋元先生

持母校新百年建设与发展。潘懋元先生向厦门大学赠送捐赠支票，时任校党委书记张彦代表学校接受捐赠，并向潘先生颁授捐赠证书。

潘懋元教授的“大弟子”邬大光教授还与齐齐哈尔工程学院、西安欧亚学院、泉州信息工程学院、泉州职业技术大学等四所高校共同向“潘懋元高等教育基金”捐赠100万元。基金还得到教育研究院师生的大力支持。这都是对学校教育事业发展的关心与厚爱，都是推动学校各项工作持续进步的不竭动力。

潘懋元高等教育基金捐赠仪式

八十五载求真立典

板凳甘坐十年冷，文章不写半句空。作为中国高等教育学科奠基人、著名教育家、厦门大学文科资深教授、厦门大学教育研究院名誉院长，潘懋元先生勤学善思，笔耕不辍，先后出版著作70余部，发表论文600余篇，累计超过550万字。他15岁开始教书，从小学教起，到中学，再到后来的大学，执教已达八十五载，弟子遍天下。

潘懋元先生创造了中国高等教育研究多个“第一”：创建我国第一个高等教育研究机构——厦门大学高等教育科学研究室；主编中国第一部公开出版的高等教育学专著——《高等教育学》；成为我国第一位高等教育学硕

士生导师和博士生导师。潘懋元先生对大学教育富有前瞻性的判断和论述，深深地影响了中国高等教育的变革与发展。

爱生如子，滋兰树慧

更愿意别人称呼他为“老师”，在潘懋元先生心里，“教师是最幸福的职业”，学生的成长是其最大的收获。“如果再让我选择一次，我还会选择教师这个职业，”潘懋元先生说，“我一生最欣慰的是我的名字排在教师的行列里。”

“对待学生像子女，对待子女像学生。”每到年终岁末，他总会对留校过年的学生特别关心，邀请他们到家中吃年夜饭，还会给大家发红包。有位来自农村的学生，因家庭经济困难为住宿费焦虑，闻听此事，潘懋元先生默默为其交付费用，令学生感动不已。

学生是潘懋元先生心中永远的牵挂。为帮助学生夯实科研基础，保持学术创新，自 1986 年起，他在家中创造性地开设“周末学术沙龙”。每逢周末，这一集思想、学术、生活于一体的沙龙聚会，总会吸引众多弟子“有备而来”，大家各抒己见，畅所欲言。教学相长，在师生“零距离”促膝长谈过程中，都得到了进步与提升，还增加了情感与友谊。这一独创的课外学习制度

潘懋元先生的“周末学术沙龙”

得到了广大同学普遍认可，被大家奉为“精神家园”，不少学生的毕业论文题目甚至源于沙龙研讨。潘世墨教授撰写的《儿女心目中的“先生”》文章中专门评价了这一“沙龙”，认为这是其父亲研究生教育教学的创新模式，体现了平等待人的理念，达到了交流互鉴的效果。

八十五载，桃李芬芳，百岁“先生”，初心不改。潘懋元先生以其严谨求实的治学态度、敢为人先的创新精神、诲人不倦的高尚情操、宽厚慈爱的长者风范，为全体“厦大人”树立了人生典范，是厦门大学这所百年学府的宝贵精神财富。

周詠棠：人在天堂　钱在厦大

“人在天堂，钱在厦大。我会在有生之年竭尽所能地为母校做出一份贡献。”在厦大 90 周年校庆大会上，他的发言让无数人感动！2019 年 10 月，他从台湾撰写了一封“情书”给母校，又一次感动了无数人！在母校建校 100 周年倒计时 300 天捐赠仪式上，他慷慨捐赠 300 万元，再次让大家感动不已！三次感动，一样情怀，同出一人，他就是厦门大学 97 岁台湾老校友周詠棠学长！

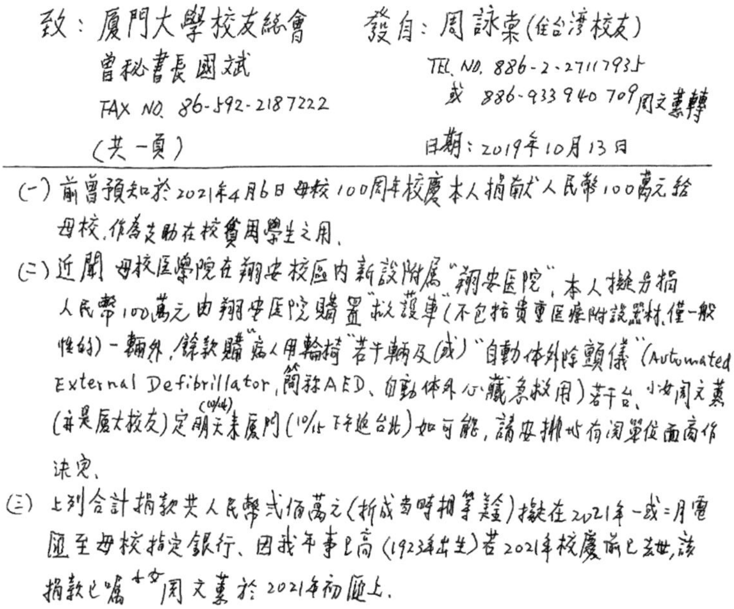

致：厦門大學校友總會　　發自：周詠棠（在台灣校友）
曾秘書長國斌　　TEL. NO. 886-2-27117935
FAX NO. 86-592-2187222　　或 886-933940709 周文蕙轉
（共一頁）　　日期：2019年10月13日

（一）前曾預知於2021年4月6日母校100周年校慶本人捐獻人民幣100萬元給母校，作為支助在校貧困學生之用。

（二）近聞母校医學院在翔安校區内新設附屬“翔安医院”，本人擬另捐人民幣100萬元由翔安医院購置“救護車”（不包括貴重医療附設器材，僅一般性的）一輛外，餘款購“病人用輪椅”若干輛及（或）“自動体外除顫儀”（Automated External Defibrillator，簡稱AED、自動体外心臟急救用）若干台。小女周文蕙（亦是厦大校友）定（10/14）明天來厦門（10/15下午返台北）如可能，請安排地有關單位面商作決定。

（三）上列合計捐款共人民幣弍佰萬元（折成當時相等美金）擬在2021年一或二月電匯至母校指定銀行。因我年事已高（1923年出生）若2021年校慶前已去世，該捐款已囑小女周文蕙於2021年初匯上。

周詠棠学长致厦门大学校友总会信件原稿

有一种情怀可以绵延一个世纪

“上列合计捐款共人民币贰佰万元(折成当时相等美金),拟在 2021 年一或二月电汇至母校指定银行,因我年事已高(1923 年出生),若 2021 年校庆前已去世,该捐款已嘱小女周文蕙于 2021 年初汇上。”

因担心等不到 2021 年厦门大学百年校庆,周詠棠学长决定提前安排捐赠 200 万元人民币给母校事宜,并特意让女儿周文蕙从台北飞来厦大商妥。新冠肺炎疫情暴发后,周詠棠学长心系母校师生安危,再次增加捐赠额度,合计 300 万元,用以购买负压医疗救护车、AED 设备(心脏突然停跳急救仪器)、医用轮椅,为马来西亚分校捐立校歌石,其余款项全部增资“周詠棠助贷学金”,提前为母校百年华诞献礼。

不经意的一场邂逅竟化作了心中的永恒。出生于 1923 年的周詠棠学长比厦门大学小两岁。“我因不愿在被日本占领的家乡宁波求学,1942 年 11 月进入在沙县的福州高中插班求学(福高因福州被日本占领而南迁)。1944 年自福高毕业后,幸运考上厦门大学机电工程系”,周詠棠学长在《对我一生影响最大的谢玉铭老师》一文中如是说。从此,学长对母校厦大的支持绵延了近一个世纪。

对母校的深情起源于时任厦大教务长谢玉铭教授。“谢老师身上有我父亲的影子,他教导我念书,也教导我要多帮助别人。”谢玉铭教授对“致吾知于无央”“充吾爱于无疆”的解释让周詠棠学长念念不忘。谢老师中学时曾就读于晋江培元中学,他在厦大时,靠教书薪水节省积蓄,为母校培元中学捐款兴建一栋教学大楼,回馈母校栽培。谢老师言传力行将“知无央,爱无疆”的种子埋在了周詠棠学长心底。

对于母校的感恩根植于厦门大学的优秀文化。周詠棠学长曾告诉香港文汇报记者:“很多人都问为什么那么爱自己的母校?我告诉他们,厦大不是光教人念书,还教会了我们如何做人。”周詠棠学长清晰地记得,在学期间,学生们都十分穷苦,校长萨本栋像勤劳的主妇,精心计算着每一分钱的支出。在学校入不敷出的时候,萨本栋校长只拿 35%的工资。尽管条件艰苦,学校管理近乎“苛刻”,每学期开学都规定注册报到截止时间,迟到即为逾期,必须休学,等下学期再办复学注册。走入社会的周詠棠感激学校的严规,让他一直保持守时习惯,丝毫不敢懈怠。

"抗战期间,厦大内迁至现今的福建龙岩长汀县。那时的厦大学生,每周一都有半个小时的周会,先唱校歌,其中有'知无央,爱无疆'的歌词,大意是知识没有尽头,爱没有边界。"周詠棠学长回忆说。他还能够准确地唱出校歌曲调,背出歌词。"知无央,爱无疆",更是成了他一生的座右铭。"母校的教诲一生受用,在台湾工作的这些年,每逢遇到困难时,我就会想起母校的谆谆教诲,内心仿佛涌起了强大的力量源泉。"周詠棠学长对母校的感恩已化作涓涓细流,情牵厦大70余载。

有一种习惯可以用一生去坚持

对母校的眷念已成为周詠棠学长一生的坚持。66岁退休后,他偶然看到"一位父亲因供不起儿子到某高校完成学业而自杀"的报道,内心极为震撼。"我不希望类似事件发生在自己的母校。虽然我的力量有限,没有力量锦上添花,只能做点雪中送炭的事,有多少力量就使多少力量,尽量帮助有需要的学生。"

周詠棠学长如是说,如是做。2006年6月,他捐赠100万元设立"周詠棠助贷学基金",这是迄今为止厦门大学唯一一项助贷学金。自20世纪90年代开始,周詠棠学长多次为母校捐款捐物,资助学弟学妹16载,发放款项923万元,泽惠学子2533人次,帮助大批家庭经济困难学生顺利完成学业。厦门大学95周年校庆之际,周詠棠学长还捐资制作了三块刻有"知无央,爱无疆"大字的校歌石,分别在思明、漳州、翔安三个校区设立。校歌石激励着一代代厦大人"致吾知于无央,充吾爱于无疆"。

福往者福来,爱出者爱返。周詠棠学长认为真正的大爱是竭尽所能去帮助身边每一个人。"我们自己幸福了,在有能力的时候让更多人幸福,其实也是一件幸福的事",父亲的言行已在女儿身上刻下烙印。在学期间领受"周詠棠助贷学金"的毕业生同学也已开始回馈母校。"没想到学校如此重视,父亲小小的善举可以激起那么大的波浪,有那么多人对他的善行有回响。"在与厦门大学校领导的亲切交谈中,周詠棠学长的女儿周文蕙发出了由衷感慨。

周詠棠学长与校歌石

有一种品格可以用生命去守护

周詠棠学长把巨款捐给了母校，回馈了社会。“我退休后因投资理财稍有获利，所有余力（保留养老所需后）帮助极需要的人或单位。协助对象不分中外，如红十字会、世界展望会，捐款给受灾害的非洲的难民、叙利亚内战的难民、蒙古国受风雪灾害的难民、受地震损害不分中外的灾民。”他虽不信教，却每年捐款给台湾天主教安老院，帮助贫困老人已有 40 多年。

周詠棠学长与女儿周文蕙

就是这位富有资财的学长，一生守护着节俭助人的品格。周文蕙回忆到，1948 年她的父亲孤身一人，拎着两个皮箱搭乘轮船到了台湾，没有任何靠山，也没钱，辛苦工作，薪水一点点积累，捐出去的钱都是辛苦所得，自己的生活非常节俭。“父亲为省钱几乎不乘坐出租车，而是搭乘捷运。他常趁面包店快打烊的时候去买便宜的面包，那时段有买一送一或者第二件五折……他的牙刷也是用到刷毛都开裂了还在用，毛巾也是用破才换，”周文蕙笑言，“我父亲不讲究穿戴。2016 年厦门大学 95 周年校庆的时候，父亲穿的衬衫是在宁波街边买的。”

饮水思源，永怀母校。周詠棠学长 2019 年在接受《台海杂志》采访时说：“虽然我已 96 岁了，但我仍经常到健身房骑脚踏车锻炼身体，为的就是 2 年后能够健康地回去参加母校百年华诞。”

嘉庚精神，薪火相传。周詠棠学长一生守护的情怀、习惯和品格，是赠予厦门大学建校百年的最美礼物！

后记

2021 年 11 月 18 日凌晨 2:52，周詠棠学长溘然辞世。知无央音容宛在，爱无疆德业长存。去世前，他特意嘱托在新加坡的同班同学徐其礼，将其新加坡信托基金总计 313 万美元全数赠予厦门大学。

2022 年 11 月 18 日，在周詠棠学长去世一周年的日子，厦门大学专门举行 1948 届校友周詠棠先生新加坡信托基金捐赠仪式，借助网络技术横跨厦大、中国台湾和新加坡，见证学长留给母校的深情厚礼。仪式上，大家深切缅怀了学长饮水思源，行大爱之举，倾资助力母校发展的无私情怀，追思学习了学长不懈奋斗的自强精神和高尚品格。厦门大学党委书记、教育发展基金会理事长张荣，1948 届机电工程系校友、周詠棠先生新加坡信托基金捐赠执行人徐其礼共同签订了捐赠协议，新加坡南洋理工大学原校长徐冠林、厦门大学教育发展基金会秘书长曾国斌依照有关规定共同鉴签。徐其礼说：“周先生实现了‘人在天堂，钱在厦大’的夙愿。”周文蕙则说：“这只是一个平凡的老校友尽自己一生的努力献给母校的礼物。”

生命有涯，大爱永恒！谢谢您，周詠棠学长！

纪华盛：攒了多年的退休金，他做了这件事

“积攒了二十几年的退休金，凑齐这100万捐了，我没有我的同学们那么有钱，希望母校不要嫌弃。本来想等到母校百年校庆的时候再捐出这笔钱为母校献礼，但是我怕等不到那一天了……”这段话来自一位95岁的鲐背老人，厦门大学1948届土木工程系校友纪华盛，他把积攒了20多年的积蓄，全部都捐给了母校。

95岁的老先生满头银发，他的故事，像是一卷铺开的长册，厚重的书墨香吸引着人靠近聆听，“厦大”这一篇章，跨越了75年。

纪华盛与夫人合影

艰苦的长汀岁月中，母校的关怀照亮前行的路

1937年，为了躲避战火，厦门大学内迁至800里外的福建山城——长汀，在最接近敌占区的地方坚持办学。从1938年抵达长汀，到1946年的8年长汀岁月中，厦大在困苦中铸就了“南方之强”。

纪华盛便是在1944年入读厦门大学土木工程系。据纪华盛回忆，厦大当时有3个专业是不需要缴交学费的，吃住也由学校承担，而土木工程专业就是其中之一。这对于家境并不富裕、求学艰辛的纪华盛来说，无疑减轻了一大负担，让他能全心投入学业之中。

“尽管在学校能吃到的只是一点儿黄豆、笋、糙米等，但我还是觉得非常满足。”纪华盛感慨道。当时的厦大办学经费有限，处处捉襟见肘，但是依旧坚持“再苦不能苦学生”。

为了保证教学研究的正常运行，萨本栋校长带头减薪，教授、讲师们的工资也几近减半，当时的许多教授，饭菜里也常常见不到油星。对于当时许多穷苦的学生来说，即便是简单到甚至有点粗糙的饭菜，能吃饱已经是很难得的幸福了。

经常有人感慨：为什么从长汀时期走过来的那一代厦大人，对母校的认同感和归属感格外地高？从艰苦的岁月中一同走过，厦大无声却饱含深情的关怀，始终是厦大人心中柔软的一方天地。

青年时期的纪华盛学长

师恩难忘，厦大老师为学生撑起了一片天

中学生纪华盛，在鼓浪屿沦陷后不愿意做“亡国奴”，不愿在日本人办的学校里求学，便与挚友一起到长汀求学。而当时厦大已经内迁到长汀，长汀中学正好在厦大旁边，厦大的一些老师、高年级学生会到长汀中学兼课，给予了当时的纪华盛良好的教育指导。之后，他便考上了厦门大学。

回忆起在长汀求学的时光，纪华盛最难忘的还是萨本栋校长。这位年轻的校长秉着“未到‘最后一课’的时候，应加紧研究学术与培养技能”的原则，为师生树立起一个榜样。

山城没有电灯，萨本栋校长拆下自己汽车的发动机改装成发电机，为师生亮灯；学生们每天吃糙米小菜，萨本栋校长逢年过节便自掏腰包赠送每位学生一片猪肉增加油水；然而他自己却患有严重的胃病和关节炎，校医不得不为带病依旧坚持讲课的萨本栋校长做了一件铁衫支撑他的腰部，让他能站着上课……

萨本栋校长心中装着的，是厦大的发展，是厦大的学生，是科研，是学术，唯独漏了他自己。为学生撑起一片天的他，最后却把自己累倒了……“萨本栋校长因胃癌病逝在美国，才47岁啊！”谈到这位大爱无疆的校长，纪华盛沉默了，怀念、感恩与遗憾交杂在一起。

爱国爱校，为了厦门这片热土上的曙光一往无前

母校、恩师的培养，让纪华盛成长为一名爱国爱校的优秀青年。他于1947年在厦大加入共产党，此后开始了革命工作，为厦门的解放作出了贡献。

1949年，当时只有118平方公里的厦门岛上挤满了大大小小的军事碉堡和十几万的国民党军队，“至暗时刻”笼罩全岛。当时的国民党军队指挥官汤恩伯非常自信，认为厦门守三五年不成问题。但他没有料到的是，星星

之火很快就要燎原！纪华盛便是其中一员。

为了探清国民党碉堡分布的状况，纪华盛等人联系了当时同为地下党人、担任工事建设监工的厦大学生，暗中复制了碉堡分布图和结构图。拿到图纸后，纪华盛买了个热水瓶将内胆取出，将图纸包在内胆外面之后再装回热水瓶内，交给组织。正是这些重要的碉堡图纸，避免了厦门解放战斗中同志的过多牺牲。谈起这些光辉事迹，纪华盛却笑着说："我其实没什么好宣传的。"

对自己"抠门"，却毫不犹豫为母校捐出全部积蓄

纪华盛学长

"我和老伴都是国家机关工作人员，收入有限，退休前家里负担重，退休后退休金逐年增长，我们也比较节约，这些钱是二十几年积攒下来的，我没有我的同学们那么有钱，希望母校不要嫌弃。"说起这些话，羞涩、遗憾的神情浮现在纪老先生的脸上，而在他的身后，是狭小客厅的陈旧摆设，是老式的热水瓶，是斑驳的墙面……

厦大关心、呵护着她的学子们，而学子们又何尝不是怀着对母校的感恩之心。

纵使求学时光短暂，但这是属于一代代厦大人一生中最美好的记忆，在漫漫时间长河之中占据着一席之地，即便过了10年、20年、30年……回忆起自己的厦园时光，回忆起厦园中的恩师、朋友，依旧是心里被填得满满的感动。饮水思源，对母校的爱与感激，化作诚挚的报恩行动。

纪华盛学长毕业75年了，而如今，他与厦大的深厚情谊，他对母校深沉的爱，以另外一种方式在厦园中延续、表达。无论过了多久，还是厦大人啊！

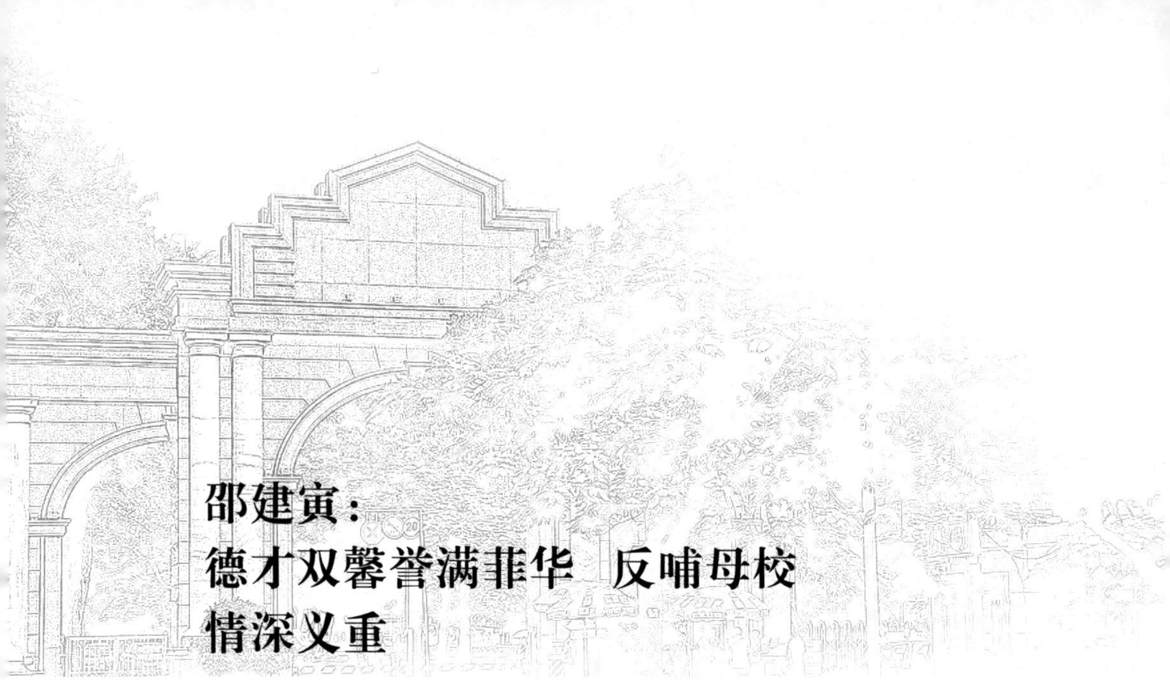

邵建寅：德才双馨誉满菲华 反哺母校情深义重

邵建寅先生是菲律宾著名爱国华侨、实业家、慈善家、教育家，是厦门大学知名校友、厦门大学菲律宾校友会理事长，也是厦门市“荣誉市民”、福建省“友谊奖”获得者，被敦聘为厦门大学、山东大学、福建师范大学客座教授。邵建寅先生一生深怀感恩之心，振兴华文教育，回馈厦门大学，情深义重，演绎了感动人心的人生传奇。

负笈厦大，感念师恩

电影《我和我的家乡》中有句台词：“在人的成长过程中，我们会被很多人改变，但很少有人能真正影响别人。”17 岁的邵建寅先生是幸运的，他 1943 年步入厦门大学机电工程系学习，便遇到了影响其一生的恩师——萨本栋校长。

萨本栋于 1937 年抗日战争全面爆发前夕任厦门大学校长，带领厦大师生内迁长汀，艰苦办学。除了主持校务，他还讲授机电工程系微积分等课程。萨校长授课内容翔实、引人入胜。邵建寅先生曾引用中科院院士张存浩校友的评价，高度赞叹萨校长：“他的授课，‘犹如一首交响曲，浑然一体，一气呵成，并层层引人入胜。’”

“早上是糙米粥，佐以黄豆二两，中午和晚上是糙米饭，青菜豆腐就把我

邵建寅先生与夫人林彦珍女士

们给养了。”抗战硝烟下的长汀物资匮乏,学校却能想办法让身无分文的邵建寅先生和同学们不为填饱肚子发愁,安心读书。回想当时的大学生活,邵建寅先生心里充满感激。为保障在校生生活,萨本栋校长只领取三成五的薪水,率领学校领导、老师节衣缩食,用省出的薪俸为学生提供免费饭食。这份浓浓的情意,温暖了青年学子的心灵。

夜晚的长汀山城漆黑一片,为给师生创造更好的晚课条件,萨本栋校长拆掉专属“座驾”发动机,改装成照明发电机,使光明普照长汀校区。萨校长舍己为人、公而忘私的高贵精神给邵建寅先生留下了难以磨灭的印象。

“萨校长往往是敌机袭击长汀时,最先站在防空洞口,指挥学生、员工进洞避难,又是最后进洞的人。”萨校长始终把学生安危装在心里,其大无畏的牺牲精神和勇挑重担的责任心在邵建寅先生心中树起一面高扬的旗帜。

追忆长汀往事,邵建寅先生心存感慨:“萨本栋校长其言其行及学校员工在长汀时期艰苦奋斗、自强不息的精神成为我后来做人做事的不竭动力。”

儒雅谦逊,尤好老庄

邵建寅先生融会文理,贯通古今,既有工科生的严谨,又有文科生的儒雅。这背后凝聚着一个家族的教育传统。

他1926年出生于厦门鼓浪屿，家族两代人出了9位教授、10位校长，是名副其实的书香门第。邵建寅先生的父亲，曾为厦门大学出纳簿记课主任，兼任林文庆校长秘书，同时还是文学院国学讲师。这一特殊家庭背景，为邵建寅先生的成长提供了厚重的人文环境，让他从小便得以接触古典文学和中国传统文化，并为其奠定了厚实的国学功底。

对学习的热爱是成就邵建寅先生的内在动因。他说："自己从小看书比较杂，看得懂的、看不懂的都看。对于那些自己不理解的，第一遍不懂没关系，接着看，到第二遍、第三遍的时候慢慢就融会贯通了。"这让邵建寅先生获益无穷。直至老年，他仍坚持每天读书至少两小时，虽因视力下降不得以压缩时间，但爱读书、读杂书的习惯始终得以保持。

从先秦文学到唐宋诗词，再到明清小说，邵建寅先生均有建树。但他最为享受的却是在品味庄子的哲学意蕴中感悟宇宙人生。"将人占有的空间与宇宙的浩瀚相比，只是渺沧海之一粟，非常微小；以人的生命与宇宙的永恒相比，只像电光石火，转瞬即逝。""人既活在宇宙之中，就应明了生命的真谛和价值。"追逐着庄周的超然物外，邵建寅先生"得而不喜，失而不忧"，在人生道路上大步向前，不断升华着精神世界。

邵建寅先生著有《中正五年——愚者一得集》《天人有爱——行云流水集》等文集，其渊博的知识、深邃的思想及一生坚持的价值观、人生观和世界观在其中得到系统呈现。

振兴华文，菲教元勋

振兴菲律宾华文教育、成为海外华文教育守望者，这似乎是邵建寅先生的"命中注定"。

20世纪50年代，邵建寅先生在菲律宾当地华文学校教书，后转行经营工商业，并大获成功，在企业界享有盛誉。但是，1976年开始，菲律宾对华文学校全面"菲化"，"华语无用""放弃华文"的论调广泛传播，华文教育日渐式微。为扶大厦于将倾，菲律宾最大华文学校中正学院董事会于1989年向邵建寅先生发出诚挚邀请。这对邵建寅先生来说是个艰难的抉择。但对教育的热爱始终是其割舍不掉的情怀,离开华文教育 33 年的邵建寅先生毅然搁置实业,出任中正学院院长。

邵建寅先生将中华传统文化和企业管理方法应用于学校治理,并提出“菲律宾华文教育的大方向应是要栽培有中华气质的菲律宾公民,使之既能保留中华文化优良气质,又能发扬中华民族勤劳俭朴、勇敢创业的优良美德,成为菲律宾的标准公民”。为菲律宾华文教育指明办学方向。

邵建寅先生为中正学院复兴作出了卓越贡献。1994 年离开中正时,学院已发展成为拥有 550 名教职工、7160 多名学生,集幼儿园、小学、中学、大学和研究所等于一体的菲律宾最大华文学校。他将五年薪俸累计 150 万元及所获“杰出校长奖”5 万元奖金全部捐出,成为不领薪俸的校长。

“我的做法都是受到萨本栋精神的鼓励。”邵建寅先生还倡立菲律宾华文学校联合会,为海外华文教育再献新猷,树立典范,荣获“华文教育终身成就奖”。

念兹在兹,反哺母校

邵建寅先生对厦门大学的求学岁月颇为怀念,对以萨本栋校长为代表的厦大师长尤为崇敬。这种怀念和崇敬化为他持续反哺母校的具体行动。

他捐资倡立“萨本栋教育科研基金会”,并捐资 400 万元建设萨本栋微机电研究中心大楼,取名“亦玄馆”,深切缅怀萨本栋校长。“捐建此楼,一以纪念萨故校长毕生尽瘁科技教育之丰功伟绩,庶几后辈知所效法;一以寄望厦大人独有的务实勤劳之淳朴校风及不畏艰巨之长汀精神,能发扬光大,代代相传。”邵建寅先生在亦玄馆奠基仪式上动情地说。

邵建寅先生于母校 90 华诞捐资 80 万元修缮大南七号楼,作为“校友之家”,取名“怀贤楼”,又于母校 96 周年校庆捐赠 120 万元,增资“怀贤楼扩充基金”。他设立“谢玉铭奖学金”“朱家炘奖学金”,勉励青年学子“恪守校训,紧抓中华文化之根,不负母校和恩师的化育之功”。他还积极动员身边友人及旅菲华侨襄助厦大教育事业,菲律宾企业家洪文炳先生捐资 432 万元人民币建设厦大祖营楼(嘉庚四号楼)就是典型代表。

邵建寅先生特别关注母校机电工程学科的建设发展。1998 年,他与何

2017 年邵建寅先生捐赠厦门大学 120 万元

宜慈、葛文勋、苏林华等校友作为代表，与母校洽商机电工程系复系事宜。1998 年 10 月，机电工程系获准复系；一年后，物理与机电工程学院组建成立。

邵建寅先生在《天人有爱——行云流水集》中设立“厦大情怀”专章，阐述自己对母校师长的深切怀恩，对母校建设发展的满心期许。“文集中最令我感动的是邵学长对厦大的爱，他的这种情感毫不掩饰地流淌在文集中。”他的爱校情结令时任厦门大学校长朱崇实教授深感敬佩。

邵建寅先生多次表示，希望能出席厦门大学百年校庆，与母校师生、各界校友欢聚一堂，畅叙情缘。这也是厦大师生的共同期待。然而，这一共同的愿望未能实现。百年校庆前夕，这位耄耋老人与世长辞，驾鹤西归。厦大师生沉痛缅怀，广大校友深切哀悼。

邵建寅先生情怀家国，心系母校，德才双馨，大爱绵绵，是“厦大人”杰出代表，世人永远敬仰。

丁政曾、蔡悦诗伉俪：爱校情殷　殊足矜式

丁政曾、蔡悦诗伉俪

在厦门大学，有一种情感跨越百年，那就是厦大学子对嘉庚先生的满怀崇敬；有一种行动传承百载，那就是厦大校友对嘉庚精神的赞颂弘扬。虽已毕业多年，天各一方，“厦大人”依然通过各种途径不断回馈母校，而为母校捐建楼宇就是其中重要的“颂恩”方式。在思明校区，有两栋建筑共同见证着一对校友伉俪的善心善举，镌刻着他们捐资兴学的永恒大爱。这两栋建筑就是“建文楼”和“颂恩楼”，这两位校友就是丁政曾先生和蔡悦诗女士。

同窗厦大，缔结连理

丁政曾先生与蔡悦诗女士同为厦门大学学子，因蔡悦诗女士一次特别抉择结缘，成为守护一生的伴侣。

丁政曾先生，1925 年出生于浙江湖州一个书香门第，其父丁毓峻先生博

古通今、学养深厚，其母钱仪卿女士知书达理、秀外慧中。丁政曾先生自幼接受良好教育、天资聪颖、学习优异、超出群伦；先后就读扬州小学、上海民立中学、福建永安中学及福州英华中学；之后考取厦门大学，攻读会计系，学习刻苦，成绩突出，曾获上海文化基金会现代文化奖，1948年顺利毕业；随即前往台湾，就职于台南麻袋厂，后至香港太平洋搪瓷有限公司任职会计；两年后入职香港太平洋贸易有限公司，深受领导赏识，被派驻泰国、印尼等地开拓东南亚市场、推广国际贸易，奠定了其从商根基。他德才兼备、忠厚诚实、宽容有度，逐步成长为驰誉商界、名重侨社的爱国华侨实业家。

丁政曾、蔡悦诗伉俪

蔡悦诗女士，1927年出生于福建晋江，其父蔡建文先生壮年时侨居菲律宾，蔡悦诗女士幼年教育启蒙于马尼拉曙光小学；1937年随父母举家移居上海，1945年躲避战乱，南迁福建，就读于泉州培英女子中学；后考入厦门大学外文系，后转入教育系学习，1946年暑假后迁回上海沪江大学，因始终眷念厦大生活，苦熬10天后决然退学，续读厦门大学。据大学室友回忆，她思维敏捷、聪颖过人、才华横溢，主修教育，辅修英语，中、英文基本功都颇为扎实，常有女同学请她辅导英语；同时，她书法隽秀，飘逸舒展，文笔畅达，言词隽永，为时任语言老师黄典诚教授格外赏识，每次著文均得高分，引得同学艳羡。

因再次回到厦大读书，蔡悦诗女士与丁政曾先生得以相识、相知、相恋，并于1952年喜结良缘，步入婚姻殿堂，组建幸福家庭。“后来到厦门大学才认识丁政曾，那个时候我要是不回来，现在不晓得是哪一家的老太太了。”蔡悦诗女士后来接受采访时曾经幽默地表示。

齐心创业，比翼颉颃

丁政曾先生与蔡悦诗女士结婚以后感情融洽，夫唱妇随，齐头并进，协力开拓出一片广阔的商业天地。

1960年,丁政曾先生被任职公司派驻日本大阪公司,拓展业务,为期一年;1961年,转往泰国曼谷市,在其岳翁蔡建文先生集资开设的幸福纺织染厂有限公司担任副经理,负责营业部门和建厂事宜,从此进军纺织企业界。1972年,丁政曾、蔡悦诗夫妇集资兴建开源纺织有限公司,走上独立创业之路。丁政曾先生运筹帷幄,蔡悦诗女士掌管财政,夫妇二人通力协作、优势互补,审时度势、多谋善断,百折不挠、奋力拼搏,在商业大海的风波里破浪前行,凭靠一贯的良好信誉赢得客户信任,站稳脚跟,产品远销世界各地,备受顾客欢迎、同业称道。

创业成功的丁政曾、蔡悦诗伉俪与香港华孚制衣厂有限公司合作,在泰国曼谷市投资创设华泰制衣厂(大众)有限公司,又联合其弟蔡志伟、蔡志云投资泰国太平洋金融、美固玻璃纤维等10多家企业。之后,贤伉俪的投资范围不断扩大,遍及家禽、家畜、农场、饲料、石油化工、水泥、轮胎、玻璃纤维、高尔夫球场、土地开发及建筑等众多行业,在多个领域开枝散叶,结出丰硕成果,享誉国内外商界。创业有成后,丁政曾、蔡悦诗夫妇念念不忘祖国建设与发展,多次返回大陆进行商贸考察,与两位弟弟联合在山东淄博设立中外合资鲁泰纺织有限公司,还在石家庄、上海等多地投资创办仿瓷塑料厂,积极带动当地经济发展和民生改善,以实际行动建设桑梓,回报祖国。

夫妻同心,比翼齐飞。丁政曾、蔡悦诗伉俪在事业上珠联璧合、相辅相成,取得令人赞叹的商业成就。丁政曾先生曾经说过:“干大事,于理方面我领先于碧娥,于情上碧娥领先于我。”蔡悦诗女士也曾回忆说:“政曾敬业乐业,这是与他相识的人公认的。他心算神速,所有筹划都在脑子里盘算,从不用笔记录。我常说他是头我是手,我们配合得颇为默契。”

饮流怀源,爱校楷模

厦门大学是丁政曾、蔡悦诗伉俪情牵一生的精神家园。关注、回馈、支持母校是二人几十年的自觉习惯。

1989年,丁政曾、蔡悦诗伉俪为母校设立“蔡建文资深教师奖励金”,嘉慰教书育人超过40年的在职教师;1991年,贤伉俪返校参加厦大建校70周

厦门大学建文楼及楼志

年庆典，为母校合捐 140 万港元，支持学校建设与发展；得知母校教职员工尚缺文化娱乐场所，又于 1992 年捐助 400 万港元，为母校建成教职工活动中心大楼，并以父亲蔡建文先生之名冠名“建文楼”，大大改善全校教职员工健身休闲环境，也为学校举办展览提供重要场地；1996 年，蔡悦诗女士回校参加母校建校 75 周年纪念活动，并为“建文楼”奠基，偶闻学校正在筹建嘉庚楼群，便与丁政曾先生认捐计划建设 18 层的三号楼主楼，并接受吴伯僖教授建议增加为 21 层，“一方面表示迎接 21 世纪到来，一方面迎接‘211 工程’”。当时丁政曾先生身患重病，更兼东南亚金融风暴席卷泰国，夫妇二人尽管处境艰难，毅然捐赠 2000 万港元，为母校建成最高建筑“颂恩楼”，弘扬嘉庚校主倾资兴学大爱精神。该楼卓然挺拔，巍然耸立，从根本上改变了学校办学条件，是厦大校园新的标识性风景。为彰显丁政曾、蔡悦诗伉俪热心教育、回馈母校的高贵精神，学校为两座大楼树碑立传，并邀请知名校友邵建寅先生撰写“楼志”，永远铭记贤伉俪对母校教育事业作出的重大贡献。

厦门大学嘉庚楼群及颂恩楼楼志

1998年，蔡悦诗女士在泰国组织成立厦门大学泰国校友会，被推选为第一届主席，后任名誉常务主席，并通过多种渠道，动用各种人脉，不断壮大校友队伍，增进校友和母校间的沟通，在海外大力宣传厦门大学。2001年4月6日，蔡悦诗女士作为海外杰出校友代表在厦大建校80周年校庆大会上致辞，她说：“学校中A、B等的学生把他们的智慧财富献给母校，提升母校声誉；C、D等的学生献上金钱给母校改善教学环境和增添先进设施。一所大学正如一部电脑，A、B等学生是软体，C、D等学生是硬体。两者相辅相成才能发挥最佳效用。”她的话语得到全场强烈共鸣与热烈掌声，她和丁政曾先生爱校荣校、爱师敬师的光辉事迹引起广泛关注，赢得普遍赞誉。

利益社会，情暖人间

“施舍比收入更有福。”这是丁政曾、蔡悦诗伉俪心中的信念，也是一以贯之的坚守。他们淡泊名利，自奉俭朴，将企业所得利润大半用于慈善事业，博施济众，造福社会。

为纪念父母生前热心教育、乐善好施的可贵精神，除为母校厦门大学捐建楼宇，夫妇二人还为福州英华中学捐赠教学设备，为泉州幼师捐建吴淑贞观摩厅，在祖国多地捐建校舍，均以父亲蔡建文先生、母亲吴淑贞女士雅名冠名。

为感谢丁政曾、蔡悦诗夫妇对教育事业的卓越贡献，厦门市政府在嘉庚公园内尊师重教丰碑上为其镌刻金色大名，以垂后人。丁政曾先生于1992年荣膺山东省淄博市荣誉市民称号。夫妇二人于1996年双双荣获厦门市荣誉市民殊衔。“慈悲济心灵，善德存大爱。”丁政曾、蔡悦诗夫妇还为泰国社会慈善事业作出杰出贡献，共同荣获泰国皇冠勋章、白象勋章等殊荣，备受各界尊崇褒扬，为华人华侨增添光彩。

“倘若时光真能倒流，我愿意旧事重演，再次选读厦门大学。因为我爱我的母校，那里有我所熟悉亲切可爱的师友，还有萦纡脑际诉说不尽的赏心乐事。”怀着对母校的恋恋深情，丁政曾先生和蔡悦诗女士分别于1999年5月25日和2008年5月31日在泰国与世长辞。厦大师生为失去两位德高望重的优秀校友无比悲痛！

“木本水源，裕后光前。爱校情殷，殊足矜式。”丁政曾、蔡悦诗伉俪“回馈母校，嘉惠员工，善莫大焉”！他们留给母校的宝贵财富和深沉大爱，犹如一座巍巍丰碑，永远屹立在“厦大人”心中，激励后人砥砺奋进、自强至善！

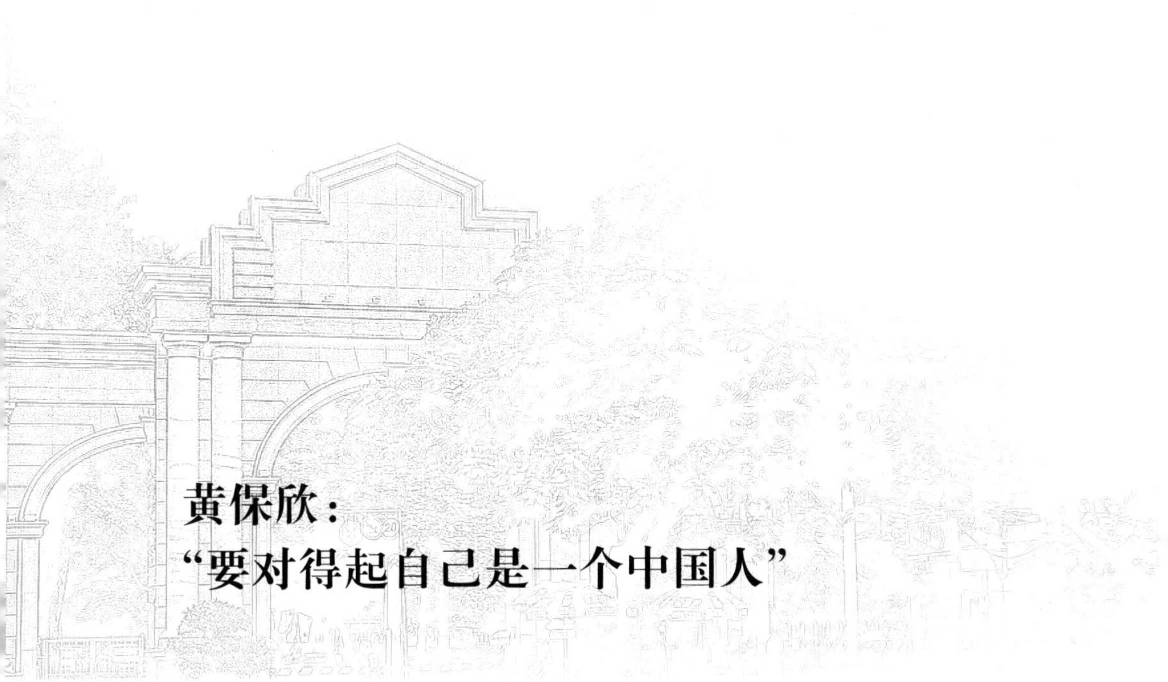

黄保欣：“要对得起自己是一个中国人”

在美丽的厦大校园，“一主四从”、布局齐整的“嘉庚建筑”格外醒目，是学校百年楼宇文化经典标识。建成于2001年的嘉庚楼群雄伟挺拔，楚楚有致，是学校21世纪建筑典型代表。其中的一号楼为“保欣丽英楼”，由厦门大学1945届校友、香港政企领袖黄保欣先生慷慨捐建。他一生恪守“要对得起自己是一个中国人”的信条，自省、自觉、自律、自强，躬身践行“嘉庚精神”，演绎了爱校、爱乡、爱港、爱国的光辉人生。

负笈厦大，创业香港

受家庭和周边环境影响，黄保欣先生幼年时便怀有报国为民的抱负。他1923年出生于福建省惠安县下埔村，父亲是西医医生，母亲是农民，家中有一个姐姐、一个妹妹、七个兄弟，兄弟间排行老大。据他回忆，父亲“读了很多进步的书，像邹韬奋办的杂志，我也从小看”。“九一八事变时，我上小学，老师让每个学生画一张东三省地图，让我们要记得东三省，要把它收回来。”他从小成绩优异，1934年从时化小学毕业，进入泉州培元中学，之后12个学期中的10个学期，成绩均列榜首。1941年，他考入国立厦门大学，攻读化学专业，在山城长汀接受严格而规范的科学训练。

厦门大学的优良校风和“自强不息，止于至善”的校训成为影响其一生的精神基因，为其创业、从政奠定坚实基础。1945年，黄保欣先生毕业，次年一月与厦大校友吴丽英女士结为伉俪，1948年赴香港定居，学习和思考经商之道："之前，我工作的公司很小，做一些土特产等等东西。我是念化学的，一直觉得这些跟自己的专业没什么关系，就想，既然已决定要做生意，就要做自己在行的。"1958年，他与朋友合资建立联侨企业有限公司，从事化学品生意，业务包括塑料工业、电池工业、橡胶工业、搪瓷工业等原料供应，随后转型主打以塑料为主的贸易及制造业务。凭借在厦门大学所学知识，他做足市场调研，率先引进先进技术，向厂商提供技术性数据和市场情报，其塑料注塑机占据全港近70%市场，成为最权威供货商。黄保欣先生还将其"独家信息"公开与商界同行共享，经常带领香港塑料生产商到国外参观考察，帮助塑料原料商和生产商建立密切关系。1974年，香港塑料原料商会成立，黄保欣先生被公举为商会主席。任职15年间，他领导塑料从业者齐心协力，共同将塑料产品打造成香港三大支柱产业之一，赢得"塑料原料大王"美誉。

黄保欣先生

"做生意第一要讲信用，不要掺假，答应的事情就要做到。还有就是财务健全，我从没有钱开始做生意，从来不在财务方面出问题。"黄保欣先生诚实守信、大公无私，同行业者交口称赞。

建设港九，辉耀政坛

人生总会面临各种选择，也常常因选择而不同。企业经营如日中天的黄保欣先生将企业全权交由妻子经营，选择弃商从政，服务国家和香港社会。因此，他的企业错失过多次黄金机遇期，他本人也与富豪排行榜失之交臂。但他始终没有后悔，全身心投入公众事务，造福百姓，成就卓越，影响深远。

黄保欣先生

1962年,香港中华厂商联合会改选,他被选为会董;1972年,他以香港中华厂商联合会代表身份被委任为香港贸易发展局委员及工商业咨询委员会委员。经其提议,香港贸易发展局同法国谈判,为香港产品成功打开法国市场,更在法国设立办事处,并成功推动法国商界到香港投资兴业。1979年,他获任香港立法局非官方议员,工作近十年间为香港经济、教育、廉政等方面建设与发展作出重要贡献。1977年,他受任香港廉政公署防止贪污咨询委员会委员。

香港新机场兴建凝聚了他大量智慧与心血。1989年,香港港督卫奕信宣布"玫瑰园计划",决定耗资超过1700亿港元兴建香港新机场,引起社会巨大反响,不少人认为这是"英国人要掏空我们的钱"。黄保欣先生与一批爱国人士坚定认为机场"建好以后,对香港有利,而且是英国人无法带走的"。1991年,他获任新机场及有关工程咨询委员会主席,负责监督工程计划实施;1995年,又被委任机场管理局首任主席。他在原计划先建一条跑道的基础上,果断提议"提早兴建第二条跑道"并获批。1998年4月,香港新机场主体工程在预算内如期竣工,有效增加了跑道容量,确保新机场客流畅通无阻。1999年3月,香港新机场被选为20世纪世界十大工程之一,向世人证明了黄保欣先生的远见卓识和杰出工作。而他却只是谦逊地说:"这是香港人努力的成果,是所有人的光荣。"

1993年,香港城市大学理工学院授予黄保欣名誉工商管理学博士学位,称赞其"自从投身参与公务起,他经营的企业错过了这段时间里出现的许多机会,在进展上没法达到应有的速度。但是,他所致力于管理的是比工商业务还要广泛的香港事务,香港人都为有这样一位公而忘私的市民感到荣幸"。香港特区第五任行政长官林郑月娥赞扬他"领导才能出众,作为机场管理局首任主席,为香港国际机场发展成为今天的全球航空枢纽奠定了良好基础"。黄保欣先生爱港敬业,造福民生,贡献突出,声誉卓著。

赞襄母校，造福桑梓

热爱母校、捐助母校，感恩桑梓、回馈桑梓是黄保欣先生永存心底的绵绵情义，事业有成后，他通过多种方式襄助母校建设，助力家乡发展，滴水涌泉，令人敬仰。

黄保欣先生的爱校情怀犹如一曲铿锵赞歌，感召着“厦大人”奋发向前。1981 年，黄保欣先生率香港校友团回母校参加厦门大学 60 周年校庆，巡礼厦大校园，实地了解母校发展态势。为支持母校新世纪新发展，他于 2001 年捐资 500 万港元(约 630 万元人民币)为厦门大学建设嘉庚楼群一号楼，学校感念其拳拳盛意，特以其夫妇雅名为大楼冠名“保欣丽英楼”。该楼共计 6 层，建筑面积 6500 平方米，现为管理学院教学和办公场所。2011 年，88 岁的黄保欣先生再次亲临厦大 90 周年校庆大会。他在致辞中说，自己和夫人于 4 月 6 日在香港《文汇报》刊登《厦门大学六十周年纪念歌》，热烈祝贺厦大校庆，以期重温 20 世纪三四十年代抗日战争时期母校内迁闽西“烽火书声不绝”的汀州岁月，激励厦大人永远“自强不息，止于至善”。黄保欣先生曾两度出任厦门大学旅港校友会理事长，生前一直兼任旅港校友会荣誉会长，其美德与伟绩是厦门大学育人成果的典范。

厦门大学保欣丽英楼及楼志

黄保欣先生心怀大爱，品德高尚，不忘家乡哺育，热心公益事业，大力兴学助教，堪为世人楷模。他先后为家乡捐资建成张坂中学骆柿实验楼、张坂镇锦溪小学教学楼、张坂镇卫生院保欣楼、惠南中学黄润苍教学楼、泉州培元中学黄润苍教学楼、保欣广场等，深受家乡父老爱戴与景仰。为表彰黄保欣先生造福桑梓的爱心义举，福建省人民政府专门为其立碑铭记，以彰后人。

报效国家，垂范世人

黄保欣先生曾任香港特别行政区基本法起草委员会委员、全国人民代表大会香港特别行政区筹备委员会委员、全国人大常委会香港特别行政区基本法委员会副主任、第九届和第十届全国人大代表等要职，坚定支持香港回归，拥护"一国两制"，报效祖国，无私奉献，为香港社会繁荣稳定和国家现代化建设作出重要贡献。

爱国是黄保欣先生内心深处最鲜明的底色。早在 1949 年 10 月 1 日新中国成立时，香港飘起两面五星红旗，其中一面就是由他挂起的。"那个时候胆子也蛮大，当时也没想会那样突出，后来在北京谈到挂旗的问题，港澳办的人证实，说当时是两面旗。"黄保欣先生回忆。20 世纪 80 年代初，中英政府将香港回归祖国的问题提到正式议程上来，立法局就英国要不要把香港归还中国等问题展开辩论。"我告诉英国人，在经济上，我或许可以妥协，做做中间人，但在政治上，在香港主权上，我只有一个立场：我是中国人。"黄保欣先生坚决主张"香港本是中国的领土，必须归还中国"。有人提出以"主权换治权"，希望主权回归后，英国对香港的管治权再保留 30 年，黄保欣先生坚决反对，并强调："当年，中国人民为了夺回失地与日本侵略者进行浴血奋战。今天，当英国人统治香港的期限结束的时候，没理由再让中国人继续蒙受历史遗留下的耻辱。历史的错误一定要纠正。"

1985 年，香港特区基本法起草委员会成立，黄保欣先生任委员，参加政治、经济两个小组工作，并担任经济专题小组港方召集人。1982 年，国家决定建设大亚湾核电站，因距离香港仅 50 公里，香港人普遍反对。为稳定人心，支持国家发展战略，黄保欣先生四处奔走，献智献力。"我是立法局议员，有机会发言，刚好我的第四个女儿在美国，是物理学博士，那时候，她的工作就是在一个建设核电厂的大公司里当工程师，所以提供很多核电数据给我，我讲起来就头头是道。"黄保欣先生说，"大亚湾核电安全咨询委员会由香港和内地共同组成，委员会在1988年夏天成立，我又出任了主席。"经过多方努力，大亚湾核电站顺利投产，成为伟大工程，造福整个社会。

香港回归是令黄保欣先生引以为豪、永生难忘的大事。1997年6月30日晚，他在滂沱大雨中参加了英国方面的告别仪式、告别宴会、中英交接仪式、行政长官宣誓、立法会宣誓成立等过程，回到家中已是凌晨3时。7月1日一早又搭乘飞机前往北京，接受全国人大常委会委任其为香港特别行政区基本法委员会副主任职务，随即开会建议人大常委会表决通过将《基本法》附件三列入在香港特别行政区实施的全国性法律，完成香港特别行政区法律依据。有香港记者问他"为什么这样爱国"，黄保欣先生说："我和你们背景不一样。土生土长的香港人或者那些在香港长大去国外念书再回来的香港人是很难理解我们这种经历过抗战从内地去香港的人的情感的。"

面对人生多种角色转换，黄保欣先生说："在心里是一样的，做一个中国人，尽量为国家服务，希望国家好。念大学的时候，战争时期，吃饭也不要钱，学费也不需要交，什么都不要钱，国家培养了我们，所以我们觉得是欠了国家一辈子，应该要还的。回过头来看，就是要对得起自己是一个中国人。"2009年，黄保欣先生第三次到北京参加国庆典礼，他慨叹说："有机会亲自参加三次国庆庆典，看到现在有个强大的国家，很满足了。我是中国人，自觉对祖国负有责任。我要为祖国民族事业多做些有益的工作，报效祖国。"1998年，香港特别行政区授勋黄保欣先生"大紫荆勋章"，表彰其毕生为香港社会作出的重大贡献。2015年，中共中央、国务院、中央军委联名为其颁发"中国人民抗日战争胜利70周年纪念章"，表彰其为中国抗战胜利作出的历史功勋。

2019年7月22日凌晨，黄保欣先生怀着对祖国无限赤诚辞别人世，享年96岁。哀讯传来，社会各界深切悼念，厦大师生无不悲恸，学校领导率团专程前往香港出席追思送别会，为黄保欣先生扶灵，送这位可敬可爱的厦大老校友最后一程。黄保欣先生毕生践行"要对得起自己是一个中国人"的信念，报国志坚，家国情深，足堪垂范！斯人已去，风范永存！

热爱母校、回馈母校，热爱祖国、报效祖国是厦大校友绵延百年的基因传承。在厦门大学校园，一片片砖瓦，无不诉说着感动的爱校故事；一座座楼宇，无不见证着深沉的爱国情怀。

黄克立：克爱克威　立德立言

历经晚清、民国、抗战胜利、新中国成立以及港澳回归等重大历史时期，这位“世纪老人”以陈嘉庚先生为人生楷模，是首批香港特别行政区最高荣誉——“大紫荆勋章”获得者；他的名字刻在厦门大学建筑的外墙上，熠熠闪光，更刻进一代代“厦大人”心坎里，代代传扬；他就是厦门大学优秀校友，香港商界巨擘、政界领袖——黄克立先生。黄克立先生勤勉、精进、执着、奉献，几十年如一日，追求并践行着心中的信仰，书写波澜壮阔的人生篇章。

行政：精勤奋发，拔乎其萃

黄克立先生1910年出生于福建泉州，1936年毕业于厦门大学经济系，因其品行出众、才智过人，深得陈嘉庚先生赏识，毕业后即被聘为厦门大学会计主任。这一职位把握着全校除校长外的所有开支，同时负责同当时国民政府洽谈经费事宜，关系学校正常运行，责任极为重大。虽然工作时间不长，但黄克立先生用出色的成绩回馈校主的期望与重托，赢得萨本栋校长的肯定与赞赏。

随后不久，抗战全面爆发，日寇南下，1938年5月10日登陆厦门，攻陷鹭岛，战火几乎烧遍闽南大地。“苟利国家生死以，岂因祸福避趋之”。时值壮年的黄克立先生活跃在闽南抗日前线，曾任福建同安县县长、福建省合作

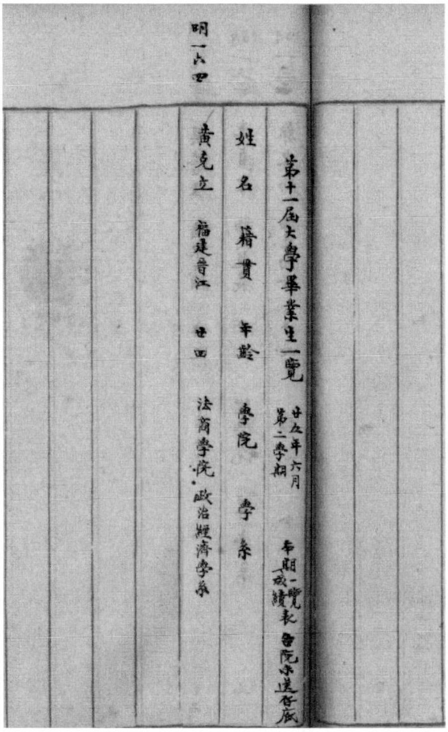

第十一屆大學畢業生一覽 廿五年六月第二學期

姓名 籍貫 年齡 學院 學系

黃克立 福建晉江 廿四 法商學院·政治經濟學系

厦门大学校史档案记载的黄克立资料

供销处总经理、福建省政府顾问等职，为祖国抗战事业作出重要贡献。

抗战胜利后，黄克立先生加入接受台湾光复中国政府代表团，参加日本交还台湾仪式，感受到台湾同胞为回到祖国怀抱而欢欣鼓舞的动人场景。因精通英语和闽南话，年仅35岁的他参加台湾光复重建工作，先后担任台湾省长官公署财政处副处长、台中市市长等公职，为台中市市政建设和台湾省土地改革发挥过关键作用。

黄克立先生曾任政协第六届全国委员会委员、政协第七至九届全国委员会常务委员，还曾担任香港特别行政区第一届政府推选委员会、香港特别行政区筹委会委员等，德高望重，为香港顺利回归和稳定、繁荣、发展作出了卓越贡献。

经商:良谋善断,闪耀商界

1947 年“二·二八”事件爆发后,台湾政局混乱,黄克立先生携家人离开台湾返回大陆,途经厦门前往香港,经陈嘉庚先生举荐,在香港集友银行工作,坚决谢绝被委以重任的“好意”,请求“随便给个职位,等做出成绩的时候再考虑”。黄克立先生从副经理秘书做起,后因副经理染病而主持日常工作,并助推公司业绩实现飙升。

因陈嘉庚先生信誉卓著、有口皆碑,南洋侨商汇款回国大都选择集友银行。主持副经理工作后,黄克立亲自到民信局拜访侨商,促膝交谈,关心企业发展,建立良好关系,半年后,银行侨汇从每月 30 万元骤增至 500 万元。黄克立先生用出色的业绩赢得领导和同事的一致称誉,正式出任集友银行董事副经理,专门负责侨汇工作。

此后,伴随着香港经济快速发展,黄克立先生的商业才能得到进一步发挥。20 世纪 50 年代,创办香港海外信托银行,出任副董事长兼常务董事,并任香港工商银行副董事长、泛印集团及澳门国际银行副董事长等职。60 年代后期,又向证券业和工业进军,创办永固纸业有限公司和大正证券有限公司,出任董事长,成为声名赫赫的香港商界巨子。

荣校:饮水思源,泽裕后昆

“钱财是今天有、明天有,十年有、二十年有,也可能一下子会变没有。但是学问和国家的前途永远是排在第一位的。”在政界、商海均颇有建树的黄克立先生,身在香港,情系母校,为支持厦门大学教育事业慷慨捐资,大力襄助。

据《厦门大学报》(第 296~332 期)记载,黄克立先生早在 1981 年便捐 10 万多港元,购买电脑、打字机赠送母校;1987 年,又捐 300 万港元设立“黄克立基金”,并应聘为厦门大学财政金融系客座教授;1989 年,以基金增值部分近 14 万元,购置印刷设备赠送母校;1991 年,又向母校捐赠 400 万港元,兴建“厦门大学会议中心”。为感谢黄克立先生赤诚爱校之心，学校将大楼命名为“克立楼”。

建成于1994年的“克立楼”，建筑面积5000多平方米，楼高7层，一至三层为会议室，四至七层为客房，与逸夫楼毗邻呼应，配套使用，为学校举办各种会议、开展学术交流提供了良好条件。

27年来，“厦门大学会议中心”“克立楼”已成为无数“厦大人”心中的经典符号，大家铭记于心的，不仅是那栋饱含爱心的雄伟大厦，更是黄克立先生对厦门大学的一往情深。

克立楼

爱国：诚意正心，矢志报国

“人而无国，何能生存？”陈嘉庚先生的至理名言和爱国壮举深深影响、感召着黄克立先生。抗日战争期间，黄克立先生被陈嘉庚先生长子陈济民聘为集美实业有限公司总经理，为祖国抗战输送药品、物资，源源不断，共同为抗战事业竭尽所能。20世纪80年代，他亲自出任香港重信投资有限公司董事长和河联投资有限公司副主席,以投资内地为重点,支持改革开放,在财政金融、文化教育及海峡两岸关系等方面献智献力。

“爱国是没有办法改变的,国家任何时候都比家庭重要。”爱国是根植于黄克立先生内心深处的情结。作为香港回归的坚定推动者,黄克立先生多次向中央提出中肯意见,全力支持特首工作,为香港回归祖国做出卓越贡献。黄克立先生1997年被授予首批香港特别行政区最高荣誉勋章——大紫荆勋章,2019年,已经去世的黄克立先生荣获中共中央、国务院、中央军委颁发的“中国人民抗日战争胜利70周年纪念章”。“我现在想的最多的事情,就是如何尽自己的努力,促进祖国统一大业早日实现。”港、澳回归祖国后,海峡两岸和平统一便成了黄克立先生心中最大关切。

黄克立先生在践行爱国信念的同时,时刻不忘教诲儿女要“为国家服务,为我们的人民服务”。受其言传身教,长子黄宜弘博士果断放弃国外优渥条件和优厚待遇,毅然回到祖国工作。黄宜弘博士曾在美国深造获电子机械工程博士学位及法学博士学位,回港后,首次建立香港联合交易所电脑交易系统,也是迄今为止服务香港贸易发展局年期最长的董事。他曾任香港特别行政区第九届与第十届全国人民代表大会代表、香港特别行政区立法会议员等公职,护持正义,信念坚定,是爱国爱港中坚人士,于2003年获香港特别行政区政府颁授金紫荆星章。黄宜弘博士妻子梁凤仪博士为全球华人社会知名作家,是第十一届、第十二届全国政协委员。她始创财经小说,洋溢着爱国情怀,并对香港回归祖国前及过渡期间香港政情、商情、人情与爱情进行记录,永留印记。1994年,黄宜弘博士被敦聘为厦门大学客座教授,梁凤仪博士被敦聘为厦门大学中文系客座教授。薪火相传,大爱绵延,父辈对母校、对祖国的深厚情谊在儿女们身上得到进一步传扬和升华。

黄克立先生(中)1997年获大紫荆勋章

“陈嘉庚先生是一个真正的爱国者，对我的一生影响很大。”一生追仰陈嘉庚先生的爱国景行与高风亮节，黄克立先生演绎了属于自己的传奇人生。克爱克威，立德立言；斯人已去，风范长存。

新加坡“李氏基金”：薪火传承　泽惠苍生

提起新加坡“李氏基金”，你可能会感觉陌生。若是通过互联网检索，除了各大百科上的简短词条介绍，鲜有相关宣传报道。但对于厦门大学而言，“李氏基金”和其背后运筹帷幄的李氏家族成员，在学校波澜壮阔的百年办学历程中，慷慨输将、捐资兴学，为校园建设和学科发展作出了重要贡献，其不可磨灭之功勋，是学校发展历史过程中又一座丰碑，每一位厦大人都心怀感念。

李光前先生

新加坡“李氏基金”由新加坡著名企业家、厦门大学校主陈嘉庚先生爱婿李光前先生于1952年创办，其子李成义、李成智、李成伟昆仲继承先辈厚德家风，捐资兴教，踵事增华，竭尽所能为新加坡、中国等地教育和慈善事业孜孜奉献。

慈善义举，家族传承

作为“华侨旗帜，民族光辉”陈嘉庚先生的爱婿，李光前是陈嘉庚倾资兴学、捐资报国的最得力襄助者。他秉承“取诸社会，用诸社会”的宗旨，与岳父陈嘉庚先生同心同德，创办实业，教育报国，资助文教和科学研究等社会公益事业。

1951年，已有“世界橡胶大王”美誉的李光前，为纪念父亲设立了“李国专助学金”。一年后，李光前将“李国专助学金”正式更名为“李氏基金”，并将其所创建的南益集团部分股份充实进基金，专门用于资助教育、文化、医药、社会福利等领域的公益事业。1964年，李光前又将自己名下的南益集团股权全部捐献给了“李氏基金”。至此，“李氏基金”占了南益集团48%的股权，成为南益集团最大的股东，每年所得的股息则全部作为永久的慈善公益用途，“李氏基金”能够以深厚财力为根基，专注于社会公益事业，促进社会的发展和进步。

李光前辞世后，他乐善好施、兴学助教的精神仍在延续。其哲嗣李成义、李成智、李成伟一同继续主持以家族名义运作的“李氏基金”，李氏昆仲三人继承先辈善德，捐资兴教，比肩增华，持续助力教育和慈善事业，将基金建设成为新加坡最大的慈善基金组织之一，为新加坡当地的教育、医疗和文化事业作出了重要贡献。如2003年，“李氏基金”为新加坡国家图书馆捐赠6000万新元；2004年，“李氏基金”捐赠5000万新元，用于建立新加坡第三所公立大学——新加坡管理大学；2011年1月，“李氏基金”向南洋理工大学医学院捐赠1.5亿新元，用于建立李光前医学院，这是截至当时企业或慈善团体对教育机构捐款总额的最高纪录。除了这些，“李氏基金”还向其他医疗、教育、科技、文化等事业提供了不计其数的巨额款项。

情系桑梓，回馈家乡

自1980年起，“李氏基金”先后捐资给集美大学、华侨大学、南安梅山光前学村、泉州华侨历史博物馆及其他中国公益事业。1991 年 12 月，李成义、李成智、李成伟昆仲又和马来西亚著名实业家、慈善家李成枫先生一起，在自己的家乡福建南安倡导成立了芙蓉基金会，以期促进家乡文化教育、医疗卫生及其他社会公益慈善事业的发展。30 多年来，“李氏基金”通过芙蓉基金会持续支持家乡公益事业，累计捐赠总额超过 3 亿元人民币，其中 70%以上用于教育事业。

在兴办公益事业过程中，李成义、李成智、李成伟昆仲总是把家乡事业放在优先位置安排，他们说：“家乡是我们的家乡，我们当然要出力来帮助家乡的进步。”“期望乡亲同心协力，为繁荣我乡作出更大贡献，使我乡百尺竿头更进一步。”泉州光前医院、李成智公众图书馆、李氏家风家训教育基地、南安市工业学校，李成义、李成智、李成伟昆仲都非常关心，且一一应承，在父亲李光前福泽深润的地方，留下了三兄弟的慈善足迹，为家乡科教文卫事业的发展作出了李氏家族的重要贡献。

2010 年 5 月 17 日，福建省政府授予李成义、李成智、李成伟昆仲“福建省捐赠公益事业突出贡献奖”。2011 年 11 月 10 日，泉州市政府授予三兄弟“泉州市捐赠公益事业功勋奖”。2013 年 12 月 27 日，第六届世界南安青年联谊大会暨慈善城市公益活动上，南安市委、市政府授予三兄弟“南安慈善家”荣誉称号。

李成义

李成智

李成伟

捐资兴学，助力厦大

自校主陈嘉庚创建厦门大学之日起，捐赠与感恩文化便与这所学校共生共存，感恩是厦大人重要的文化养成，捐赠是厦大人重要的行为习惯。

李光前鼎力支持、持续襄助厦门大学创建与发展。自1927年开始，他便以独立资产资助厦大办学。1934年，陈嘉庚公司收盘，李光前与黄奕住、林文庆等，以及群进公司共同捐资10万元作为厦门大学和集美学校办学经费。1936年，陈嘉庚筹措16万元购买400英亩橡胶园，拟每月入息2000大洋作为厦大基金，李光前又捐资5万元予以支持。1950—1955年间，李光前捐资80多万美元，支持修复、扩建厦大校舍，建造了建南楼群、芙蓉楼群、国光楼群、丰庭楼群等校舍和公共设施25座，使学校建筑总面积扩增1倍。

厦门大学医学院楼群（从左至右依次为成伟楼、成义楼、成智楼、爱礼楼）

自1994年起，在李成义、李成智、李成伟昆仲领导下，“李氏基金”先后慷慨捐资人民币1.7亿元，修缮建南楼群和石板路面，使校园旧貌焕然一新；捐设助学金，为家庭困难学生解除求学后顾之忧；资助厦大举办高水平学术会议，提升科学研究水平。特别值得一提的是，“李氏基金”捐资翻修厦大医院门诊大楼“成伟楼”，捐建李光前医学院、陈爱礼国际护理学院，相关工作正按照“李氏基金”意愿有序开展。可以说，改革开放以来，“李氏基金”和李氏兄弟成为厦门大学新时期发展最为坚定的续航者和保障者。现如今，漫步在厦门大学校园，“李氏基金”的身影随处可见：建南楼群前的李光前雕像已然成为厦大师生悟校主初心、扬感恩大爱的重要依托，“南光”“国光”“丰庭”“竞丰”“成义”“成智”“成伟”等建筑均已成为厦大思明校区的经典文化符号。此外，感念“李氏基金”对于学校医学学科发展的重要贡献，厦门大学特将翔安校区医学院的实验教学楼和行政办公楼分别命名为成伟楼、成义楼、成智楼和爱礼楼，并在医学院楼前树立李光前、陈爱礼夫妇雕像。

新加坡“李氏基金”，秉承“取诸社会，用诸社会”之宗旨，弘扬“急公尚义、乐善好施”之精神，用实际行动诠释了嘉庚精神在新时代的动人内涵，其深情厚谊和光辉业绩将为每一位厦大人所铭记，并将淡泊名利和慷慨解囊的奉献精神传承并弘扬下去！

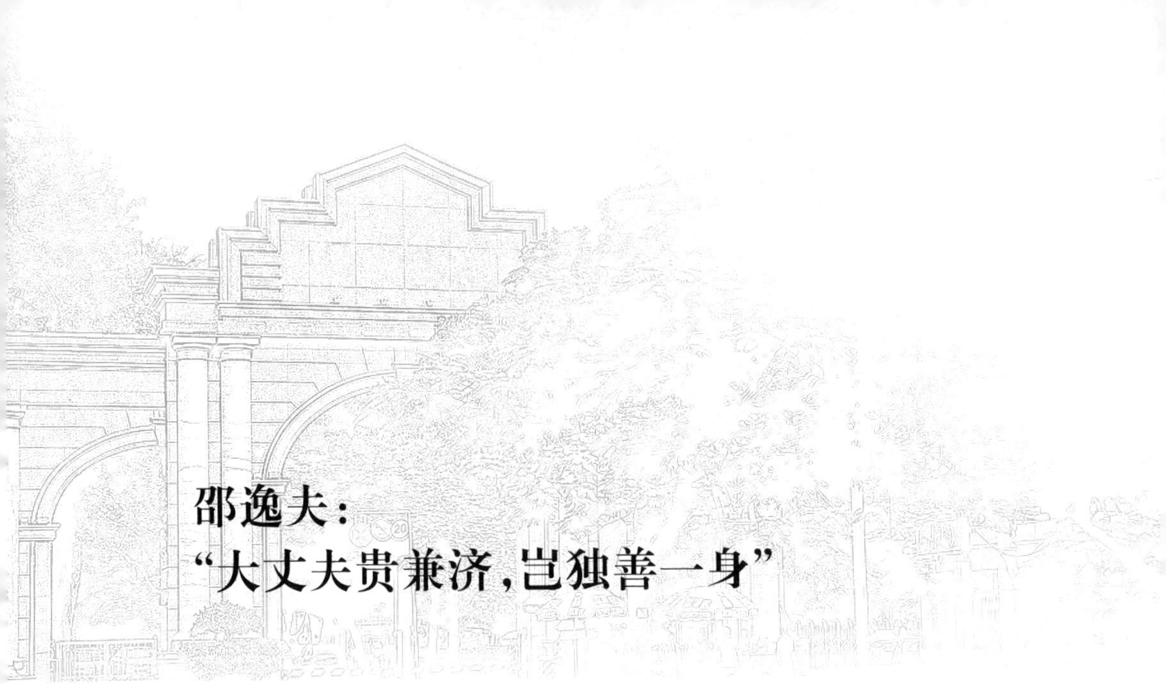

邵逸夫：“大丈夫贵兼济，岂独善一身”

在天上，他是一颗熠熠闪光的星，中国科学院将紫金山天文台发现的第2899号行星以他的名字命名。在地上，他是一位年逾百岁的老人，持续捐赠公益慈善事业超过100亿港元，惠及内地250余所高校，捐资遍及31个省、自治区、市。他就是香港电视广播有限公司荣誉主席、邵氏兄弟电影公司创办人之一、著名娱乐业大亨、慈善家邵逸夫先生。厦门大学芙蓉湖畔，也有一座宏伟建筑由邵逸夫先生慷慨捐建，那就是厦门大学国际交流中心“逸夫楼”。它不仅凝聚着邵逸夫先生对厦门大学的关爱与深情，也镌刻着他对祖国教育事业的突出贡献，更见证着他造福社会、报效国家的光辉人生。

家道中落，玉成商业奇才

邵逸夫先生，1907年11月出生于浙江宁波镇海一富商家庭，原名邵仁楞，字逸夫；出生三年后随父母举家迁往上海。其父邵行银（号玉轩）在上海开设了颇具规模的“锦泰昌”颜料号，经营漂染、财务等生意，期望创办实业，改善社会民生，挽救民族危亡。邵逸夫先生在五兄弟三姊妹中排行第六，他天资聪颖，深受父亲影响，中学就读于美国人开办的“青年会中学”，英文功底扎实，为后续事业发展奠定基础。

邵逸夫先生曾说过：“宁波人从小就立志做大事，而这大事就是经商，注定了忙碌。我取名逸夫，就是想闹中求静，安安逸逸度过一生。"经商是他从小立下的志向，人生却未如他名字那样"安逸"。因家道中落，邵氏业产只剩一栋上海老宅和一家上海剧院。但跟随父亲耳濡目染，他已学会经商之道，兼受"娱乐业"熏陶，与家中兄弟均对"娱乐业"有着异于常人的热爱。长兄邵醉翁更是买来一部电影摄影机，成立"天一影业"，出任制片人兼导演，妻子陈玉梅领衔主演，二哥邵邨人做编剧，三哥邵山客主管发行。还是中学生的邵逸夫先生任职"伙计"，从摄影、编剧到导演，他刻苦钻研，不久便对电影制片各个环节谙熟于心。公司拍摄多部卖座影片，引人艳羡，其他公司合力排挤，迫使上海乃至南洋大戏院不得播放"天一"电影，史称"六合围剿"。

邵逸夫先生

为化解危机，18 岁的邵逸夫先生随从三哥邵山客南下新加坡、马来亚，开拓南洋市场。他们创造性地推出流动放映车，提供送货进村服务，跑遍东南亚穷乡僻壤，逐步站稳脚跟。1930 年，"邵氏兄弟公司"在新加坡成立；两年后，邵逸夫先生制片导演的粤语电影《白金龙》上映，开创了中国电影从无声到有声的新时代。1937 年抗日战争全面爆发前夕，邵氏兄弟在上海和南洋已拥有 110 多家电影院和 9 家游乐场，建立起拥有完整电影发行网的电影王国。抗战全面爆发后，公司遭受重创被迫停业。直到 20 世纪 50 年代回到香港主掌邵氏公司，这位电影领域的商业奇才迎来属于自己的海阔天空的发展机会。

回忆那段多苦多难的时光，邵逸夫先生却满怀感恩，他说："在那样艰苦的生活中，我学到了许多东西，这些东西让我一辈子受益。如果我不经历这一段生活，不会有今天。"

律己秋气，缔造影视王国

抗战胜利后，邵逸夫先生的电影梦想再次复燃，他多次考察国外电影产业，决心从头再来，并于1957年回到香港，买下“父子公司”清水湾地皮，兴建邵氏影城，成立“邵氏兄弟（香港）有限公司”，掀开了波澜壮阔的影视新天地。

邵逸夫先生高度重视人才引培。他将电台主持人邹文怀招至麾下担任宣传经理；成功签约电懋影业头牌女星林黛；大胆起用邵氏导演李翰祥，影片《貂蝉》《江山美人》《梁山伯与祝英台》等票房大卖，频获大奖。他注重发掘新人，参与筹办香港小姐选美活动，为冠亚季军提供试镜机会；开办南国电影训练班，造就黄霑、罗文、王羽、罗烈、郑佩佩、陈鸿烈等优秀电影人；提拔张彻为制作主任，开创香港新派武打片先河，为中国乃至西方同类电影树立典范。从默片到有声片，从黑白到彩色，从时装到古装，再到黄梅调、武侠片，邵氏电影用持续创新引领潮流，至20世纪70年代中期，公司全球连锁戏院230多家，影城物业居亚洲商业影城首位，被誉为“东方好莱坞”。70年代后期，随着多家电影公司兴起，邵氏影片票房缩水，邵逸夫先生将重心转到新兴电视行业。邵氏影业减产、出租或卖出院线，直至1987年正式停产，但其1000多部经典作品却化作永恒记忆，长留人们心中。

邵逸夫先生有着超人的商业眼光。早在1965年，他便与利孝和、余经纬及英美资金，投得香港免费电视牌照，两年后正式启播香港电视广播有限公司（TVB），任职常务董事，后于1980年接任董事局主席。他将邵氏电影公司“明星”理念带到TVB，重金挖来当红歌星、影星汪明荃，通过无线艺人培训班培养出周润发、苗侨伟、汤镇业、黄日华、刘德华、梁朝伟、周星驰、郭富城、刘嘉玲等顶尖明星及一批杰出导演。至20世纪90年代，TVB成为首个唯一能覆盖海峡两岸暨香港、澳门的华语电视媒体，所创《上海滩》《精武门》《楚留香》《大时代》《射雕英雄传》《天龙八部》等剧品长盛不衰，红遍全球。“有华人的地方，就有邵氏电影和香港无线电视的节目”，邵逸夫影城被誉为华语影视圈的“少林寺”。

“成功之道在于要努力与苦干，并要对自己的工作有兴趣，运气只是其次。”邵逸夫先生说，“我做人的态度是要把每件事都做好，即使是最细微的部分，也要彻底做好，一样事情不做到十全十美，我绝对不放松的。”这是他一生的操守，也是成就其影视伟业的底蕴。

心怀大爱,慈济天下苍生

“人们都说赚钱难,但懂得将钱用在最适当的地方更难。”邵逸夫先生说,“中国要强大,关键在于教育及培养人才,将赚到的钱捐献在教育事业上,做一些实际的事,是我最大的心愿。”事业发达的他胸怀国家,不忘桑梓,捐巨款支持国家建设与发展,尤其在教科文卫等领域贡献卓著。

邵逸夫先生于1973年始设邵氏基金会,大额捐赠世界各地福利事业,自20世纪80年代开始每年捐资1亿多港元支持内地发展。灾难面前,邵逸夫先生当仁不让,2008年向四川汶川地震灾区捐款1亿港元,2009年向台湾八八台风灾区捐款1亿新台币,2013年向四川雅安地震灾区捐款1亿港元……据统计,他生前用于扶贫济困、捐资助学、公益慈善的捐款累计超过100亿港元,在内地兴建教育、医疗项目超过6000个,遍及31个省、自治区、直辖市,以“逸夫”二字命名的教学楼、图书馆、科技馆及文化艺术、医疗设施

厦门大学逸夫楼落成典礼

等超过3万座，遍布大江南北，成为地域标志。1991年，厦门大学建校70周年之际，邵逸夫先生捐资500万港元建设的厦门大学国际学术交流中心“逸夫楼”落成。该建筑共有7层，面积6500平方米，为学校学术交流提供极大便利与帮助。1993年，他再次捐赠9万港元，支持厦大办学。

“创业、聚财是一种满足，散财、捐助是一种乐趣。”邵逸夫先生坚信：“宽容和做善事是一把健康钥匙，是生活幸福的良药。”为推动科学研究，邵逸夫先生于2003年创立“邵逸夫奖”，每人奖励100万美元，褒扬在数学、生命科

厦门大学逸夫楼

学与医学及天文学三个领域卓有成就的世界各地科学家，该奖项被称为“东方诺贝尔奖”。他还设立奖学金计划，资助亚洲学生到欧美大学攻读深造；向英国牛津大学捐赠300万英镑，成立中国研究所；在美国旧金山开办以其首任妻子黄美珍命名的老人中心，支持当地公益事业。

“我的财富取之于民众，应用回到民众。”邵逸夫先生的爱心奉献赢得普遍赞誉，得到各界褒奖。1977年，英国女王伊丽莎白二世为其册封“爵士勋衔”；1990年，中国科学院将2899号行星命名为“邵逸夫星”；1991年，美国旧金山市将每年9月8日定为“邵逸夫日”；1998年，香港特区政府为其颁发“大紫荆勋章”；2008年，中华人民共和国民政部授予其“中华慈善奖终身荣誉奖”，赞扬他长期致力于慈善事业的高贵精神。

2014年1月7日，邵逸夫先生驾鹤西归，享年107岁。遵其遗愿，丧礼

从简，社会各界、全球华人通过各种方式致敬哀悼。邵逸夫先生以跨越百年的努力践行了"一个企业家的最高境界是慈善家"的信条，为"丈夫贵兼济，岂独善一身"作出最好注解，创造了中国影视业不朽传奇，树立起一座爱人济世、爱国报国的巍巍丰碑。巨星陨落，浩气长存，邵氏基金将延续其拳拳大爱，继续为人类慈善事业奉献力量。他的光辉事迹和崇高精神流芳百世，遗爱千秋。

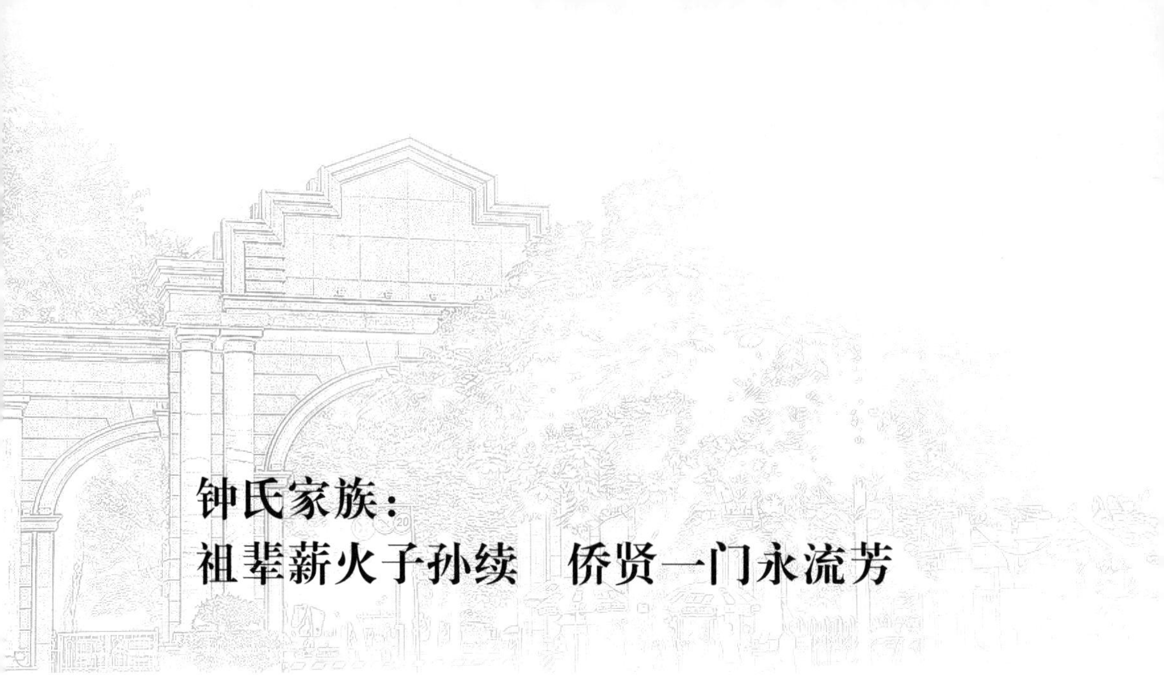

钟氏家族：祖辈薪火子孙续　侨贤一门永流芳

自1921年建校起，以校主陈嘉庚先生“倾资兴教”为内核的捐赠精神便融入厦门大学的文化底蕴，滋养了无数学子，激励着无数社会贤达，他们将这种捐赠精神接续传承、踔厉奋发，在厦门大学百年发展史中谱写出众志成城、聚爱成河的绚丽篇章。其中，以爱国华侨钟铭选先生祖孙三代为代表的钟氏家族就是杰出的榜样典范。

钟铭选：研桑心计，公益行善

厦门大学嘉庚主楼群坐落在思明校区芙蓉湖畔，其中五号楼“钟铭选楼”就是为了纪念钟铭选先生爱国爱乡的义举，由其子女捐建而成。钟铭选先生作为钟氏家族的重要领导人，对于家族的建设和成长有着巨大的意义，而他本人也极具爱国之情，一直坚持回报桑梓。

钟铭选，福建省安溪县新溪里善坛乡（今官桥镇善坛村）人，早年南渡新加坡经商，后回国定居于厦门，经营首饰生意，与堂亲开设振华银楼，事业经营得颇为顺利发达。随着时局变换，钟铭选将新加坡和中国香港选作商业据点，在两地续办金融业，并开办股票、房地产、建筑、旅游等行业。不论身处何地，钟铭选始终不忘自己的故土家乡，满怀感恩之心，尽心竭力回报故乡。

厦门大学钟铭选楼

1927 年,厦门安溪公会发起创办“安溪民办汽车路股份有限公司”。钟铭选闻讯后积极参与筹建工作,踊跃投资认股,并任该公司董事,为建成安溪县历史上第一条公路——安溪至同安公路(今省道 206 线)作出重要贡献。抗日战争期间,厦门沦陷,社会动荡,人们生活极端困难,钟铭选慷慨解囊购买大量粮食救济父老乡亲,避免了饿殍遍地的惨状。1946 年春,他又积极筹款、多方奔走,参与创办了泉州地区最早的侨办医院之一“官桥依新医院”,并担任医院董事长打理医院运营,极大提升了当地的医疗条件。

新中国成立后,钟铭选继续捐资助力家乡兴办公益事业。几十年间,他修路建桥,在家乡修建了多座桥梁和乡间道路,有力改善了当地居民的外出交通条件;他兴学建校,先后出资兴建了善坛小学、赤岭小学新校舍,并为蓝溪中学捐建一批校友楼;他还心系公益卫生事业,捐建官桥医院病房楼,添置救护车,完善了医院的各项基本设施。

1985 年,钟铭选在香港病逝。他的遗孀及子女不忘其遗志,弘扬家风,继续在家乡兴办公益事业,为家乡的发展贡献力量。

钟江海、钟明辉昆仲：子承父业，赤子丹心

钟江海、钟明辉昆仲是钟铭选先生的哲嗣，他们从小受父亲的耳濡目染，在他的引领下踏足商业，在金融业、房地产业都有所成就。此外，他们也继承了钟铭选的赤子爱乡之情，传承先辈遗风，始终心系家乡公益事业，又一次无私奉献出了钟氏家族的力量。

钟江海、钟明辉昆仲自幼就在父亲的影响下培养出了敏锐的商业嗅觉，早在20世纪三四十年代，他们便分别前往上海和香港等地开设银庄，涉足金融业，逐渐形成规模。随后，兄弟几人在香港经营起了当时鲜有人涉及的房地产业，在他们的努力下，创立了港澳地区实力雄厚的地产集团，家族产业鸿犹大展，骏业崇隆。如今在香港尖沙咀的闹市区，屹立着一座老牌的五星级酒店——凯悦酒店，而其前身正是由钟江海和钟明辉兄弟兴办的、曾举办第一届香港小姐选举的总统大酒店。商业上取得的巨大成就，为钟江海、钟明辉昆仲投身公益事业筑牢了基础。

钟江海、钟明辉昆仲在父亲爱国爱乡、仗义疏财的言传身教下，将济世精神发扬光大。如今的安溪县很多地方都能看到以其父钟铭选命名的建筑和工程设施。安溪的"铭选中学"在筹办之初，遇到资金困难，钟江海、钟明辉昆仲获悉后，慷慨捐资捐物，使得学校得以顺利完工。学校建成后，兄弟二人还多次捐资助力学校发展，先后支持学校建成科技大楼、综合大楼、塑胶跑道运动场等建筑及设施，极大助推了家乡教育事业的发展。现在的"铭选中学"已经成为一所远近闻名的重点中学，每年为各大高校输送众多优秀人才。而钟铭选先生早年捐办的官桥医院，也在钟氏昆仲的不断资助下，成为一所先进的现代化医院，兄弟二人先后多次捐建楼宇大厦、添置医疗设备。2004年，为了感谢钟氏家族为家乡作出的巨大贡献，福建省人民政府为钟江海、钟明辉昆仲颁发"福建省捐赠公益事业突出贡献奖"金质奖章，并为其立碑表彰。

钟江海、钟明辉热爱公益，积极投身教育事业，与厦门大学也有着不解之缘。在嘉庚楼群筹建之初，钟江海、钟明辉和钟琼林昆仲共同慷慨捐资740多万元用于五号楼工程建设，为纪念其父钟铭选先生急公好义、乐善好

1995 年 11 月侨亲钟江海、钟明辉接受省政府“兴医利民”奖匾

施的精神,特将其命名为“钟铭选楼”。钟氏昆仲子承父业,支持教育事业发展的故事,令厦大师生动容,全体师生无不感念其对于高等教育事业慷慨解囊、无私奉献的捐赠精神。

钟宝珠和钟宝玉姐妹:一门侨贤,慈济厦大

钟氏家族的第三代以钟氏姐妹钟宝珠和钟宝玉为代表,受家族长辈的影响,一直致力于造福桑梓、回馈社会,热心参与各项公益活动,为社会建设添砖加瓦。

1994 年 5 月,为感念母亲,钟宝珠和钟宝玉等七姐弟联合捐赠 60 万港元,在厦门大学西村校门修建了“钟林美广场”,广场上最引人注目的是一双展翅欲飞的翅膀雕像。这座雕像集书籍、白鹭、波浪等多种厦门特色意象于一体,寓意着厦大学子在知识的海洋中弄潮翱翔。

2001 年 4 月 6 日,钟宝珠作为钟氏家族的代表出席了嘉庚楼群落成典礼。嘉庚楼群是厦门大学跨入新世纪的标志性建筑,它的背后是钟氏家族精神的践行和传承,时代在变,人也在变,但珍贵的精神是不变的,无论是厦大精神还是钟氏精神,都在发展中不断丰富其自身内涵,凝聚力量。

钟林美广场与钟铭选楼,在改革开放的不同时期,见证了厦门大学发展

厦门大学“钟林美广场”

的历史进程，留下了钟氏家族捐资兴学的不朽印记。钟铭选先生在当时人心动荡、朝不保夕的年代，仍不忘乡恩，牢记乡情，慨然捐资。其大气，其风度，犹令后人称赞。钟江海、钟明辉继承嘉庚精神，始终心怀家乡，传承祖辈意志，倾资助学，而以钟宝玉、钟宝珠姐妹为代表的钟氏后人更是不忘祖辈大义，将奉献社会的精神薪火相传。钟林美广场与钟铭选楼，不仅象征着钟氏家族无私奉献的动人善举，更代表着扶贫济困、助人为乐的中华传统美德永不消逝！

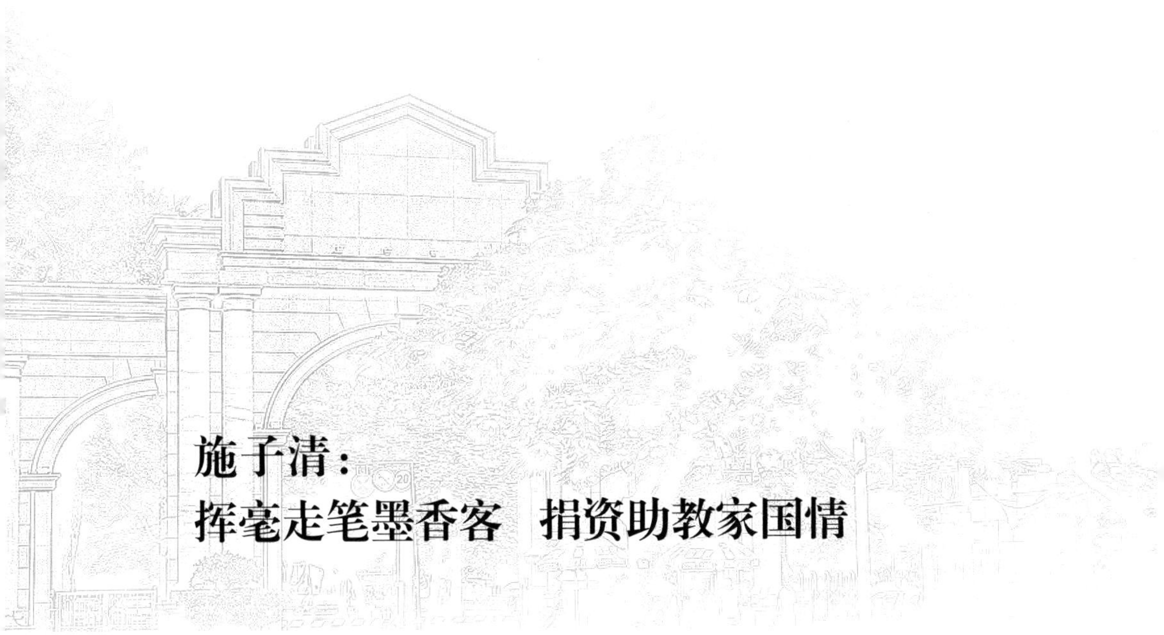

施子清：挥毫走笔墨香客　捐资助教家国情

在厦门大学，设有一项专门用于资助中青年教师出版学术专著、教材，参加各类各级学术会议的“中青年教师培养基金”。自设立以来，该基金为年轻师资力量的培养作出了积极贡献。这一基金的捐赠人，便是香港著名企业家和社会活动家、恒通资源集团有限公司董事局主席施子清先生。

施子清先生是享誉商界的企业家，是胸怀家国的社会活动家，人在香港，心系内地；施子清先生是蜚声文坛的书法家和诗人，数十年的积淀，铸就了变幻多姿的笔墨；施子清先生是香港银紫荆星章获得者、太平绅士，先后担任政协第八届至第十一届全国委员会委员、第十一届全国政协文化文史和学习委员会副主任、第九届全国工商联副主席、中国书法家协会顾问、香港分会主席、中国文学艺术界联合会第十届荣誉委员等职。

几近半生的沉浮，锻造出他清新典雅、古朴大气的人生文章。

幼承庭训，结缘书法志不移

1939 年，施子清出生于福建省晋江市，其父是一名乡绅秀才，正是在这样一位饱读诗书、文采斐然的父亲的教导和熏陶下，孩童时期的施子清便接受了严格的蒙学训练。然而不幸的是，施子清 9 岁的时候，父亲英年早逝，施母便承担起了教育孩子的重任，她时常递给施子清一碗水和一支笔，嘱咐他去红墙上写字，这激发了施子清对写字的浓厚兴趣，常常是捧着一碗水，拿着一支笔，蹲在墙头，在红砖上认真地勾画着一个又一个字。一天下来，水干了，背湿了，字也变得愈来愈苍劲有力，像夹缝中野蛮生长的小草，焕发着勃勃生机。多少年以后，施子清回忆起这一段过往，心里满是对母亲的感激与怀念。

施子清先生

上了小学后，习字的机会愈发多了起来，颜真卿、柳公权、赵孟頫的字帖无一不被这半大孩童临摹得有模有样，小小年纪的施子清在各个书法比赛中拔得头筹。中学时期的施子清，虽然因为课业等原因，练字的机会慢慢变少，但他对于书法的热爱不减反增，年少的他时常跑去书店阅读诗文、研习名家字画集，路过街边商户也要驻足片刻，仔细欣赏门上的对联。青葱时代的这段习字、看帖经历，不仅支撑着施子清的艺术梦想，更让他意识到兴趣和坚持的重要性，为他日后在文艺界和商海发展打下了坚实基础。

施子清对书法的热爱随着时间的推移愈发浓厚，即便后来从商议政，每天仍要在笔墨纸砚中沉浸两个多小时。他曾这样说道：读书也好，做事也好，做生意也好，要一步一个脚印，我们对传统的东西都要继承。正因有着这样一份坚持才铸就施老硕果累累的人生辉煌。书法名家曾这样评价施子清的书法："健劲跌宕，变化多姿，现出豪迈爽飒的风致。"

施子清书法作品

除却书法，施子清的古典诗文同样脍炙人口，所作的诗词时而奇幻瑰丽，时而古典质朴，引经据典，感时抒怀，一叹三咏，余味悠长。其代表作《武夷忆旧》更是在诗坛广为流传：

位尊八闽甲东南，情动江郎岂等闲。
流碧清凉连九曲，泛秀灼烁耀千山。
武夷精舍依然在，朱子宏文万世传。
感慨每多缘旧梦，何时随棹任盘桓。

在文学创作方面，施子清的散文专著《雪香集》、诗词专著《雪香诗抄》等都为当代文坛不可多得的雅作。香港著名作家张文达在《雪香集》的序中这样评价道："有写景，有抒情，有咏物，有记事，有评论，不论山川大地，品评历史人物，感叹历史沧桑，指点人间百态，皆以古典诗词贯穿其中，乃具珠玉纷呈之美。"更让人赞叹的是，施子清曾著作《书法经纬》一书，讲述了从甲骨文时期开始的中国书法的发展与演变，字里行间，向读者展现了中国书法的源远流长，博大精深，为中国书法的发展作出了自己的贡献。

只身赴港，栉风沐雨求发展

1957 年，施子清只身一人来到香港，先在"中华同乐会"下属学校教书。虽然当时每月薪水只有 90 元，他仍要从中拿出 50 元去当时的联合书院中文系读书。回忆起这段半工半读的艰苦时光，施子清说，初来香港社会融入时虽然辛苦一点，但经过几年的学习，自己大开眼界，更加明了只有不断提高自身、丰富知识财富，才能生存。就这样，他一边教书一边学习，最终顺利拿到了文学学士学位。或许是家庭教育的缘故，年纪尚轻的他懂得语言在文化传播过程中的重要性。1960 年，21 岁的施子清创办了香港集美侨校。建校伊始，他便明确地为学校定下教育理念"传承文明，开拓创新"，教育方针"爱国、爱乡、爱港"。集美侨校推广普通话，不仅为居港的移民子弟提供了求学上进的途径，也在一代居港同胞心中种下了情系家国的种子，同时还获得了大家的支持，三年时间学校在读学生便超 600 人。

1967 年，施子清从一名"教书先生"转型为企业家。他的从商之路是从做推销员做起，一步一个脚印，逐渐扩大到独立从事进出口贸易。如今施子清领导的恒通资源集团有限公司已经发展成为以进出口贸易、纺织工业、房地产、证券为主的多元化集团公司，下属子公司或分号达 50 多家，遍布海峡两岸以及新加坡、韩国、美国、加拿大和日本，已然成为香港纺织业的龙头企业，年销售额超过 20 亿港元。

在个人事业稳步发展的同时，施子清时刻关心着国家的建设发展，竭尽所能为家乡为国家贡献自己的一份力。改革开放以来，施子清积极参加内地投资建设项目。自 1985 年起，他先后在上海、江苏、福建等地投资创办 10 多个工厂企业及大型房地产项目，项目总投资额数亿元，推动了内地城市化进程，并且创下两个全国"第一"的纪录：全国第一个土地成片开发项目——泉州成洲工业区；全国第一个由开发商自己提供按揭预买家的楼盘。施子清还积极响应国家号召，投身基础设施建设，先后与北京、河北、湖南、江西、福建等地有关方面合作，投入巨资修筑桥梁隧道、国道公路等基础建设工程项目。一条条路，一座座桥，它们体现的不仅是城市与乡村的连接，更是这位久居香港儒商的满腔爱国爱民之情。

2019 年 10 月 1 日，施子清受邀前往北京参加庆祝中华人民共和国成立 70 周年大会，他在接受采访时说道："新中国成立 70 年，国家繁荣富强，军事力量不断增强。长江后浪推前浪，无论是香港还是整个国家，都应该有更多的年轻人站出来，为国家发展而努力。"

热心公益，儒商风采尽彰显

书法家、作家、企业家，这些响当当的名号还不足以概括施子清的全部成就，他还是一位乐善好施的社会活动家。在商场上大展宏图的施子清，对家乡的教育事业更是牵肠挂肚。

1987 年，他在家乡晋江捐资 283 万港元设立"施子清教育基金会"，用以资助和奖励清贫教师、优秀学生和出国深造人员；1994 年，他捐资 100 万元在长汀一中新建一座科学楼；1995 年捐赠近 400 万元在华侨大学建立教学大楼"敬萱堂"，设立"施子清教师学术著作出版基金"等；1997 年又捐赠 100 万元成立"厦门大学中青年教师培养基金"。1999 年以"施子清先生教育基金会"名义捐赠 100 万元给北京大学，作为发表于《北京大学学报》上的师生优秀论文的现金奖励。“小时候，我很喜欢读书，特别能体会穷困人家培养子女的苦心。因此，想资助教育，让更多人有机会读书。”除了慷慨解囊、兴学育人，施子清还捐资320万元为家乡建立了一座“晋南医院”以及支持其他“希望工程”项目。滴水成渊，施子清近年来累计捐助金额超过千万。

捐资兴学、襄助家乡之余，施子清还先后担任厦门大学旅港校友会名誉会长、厦门大学中文系兼职教授、华侨大学董事和客座教授、福建中医学院客座教授、集美大学常务校董等职，积极为家乡教育事业献计献策。

施子清用自己的汗水闯出了属于自己的一片新天地，功成名就时，反哺社会、造福民生、回馈桑梓，为国家争光，让人敬佩！

儒者，礼也，柔也，闲也，达也。一代儒商施子清，有泼墨挥毫的雅量，有指点江山的豪情，有沉浮商场的容量，更有博施济众的情怀。所谓“知者乐水，仁者乐山；知者动，仁者静；知者乐，仁者寿”，施老古稀之年，不忘初心，家国情怀，自是吾辈之楷模！

王少华：少华时光四十载　漂洋过海仍念厦

位于厦大西村的王清明游泳馆外形酷似一张卧躺的白帆，坚定地指向天空。王清明游泳馆的捐赠者便是厦门大学1974级经济系校友王少华女士。几十年以来，王少华坚持慈善事业，多次向母校捐款，并先后参与多个慈善项目，建立多个教育基金。

少年到壮年，始终与厦大相依

王少华有多个头衔：香港大庆集团有限公司副董事长、厦顺铝箔有限公司副董事长、厦门大学旅港校友会荣誉会长、中国妇女发展基金会副理事长、厦门市政协常务委员会委员等。可在盛名之下，内心中她仿佛还是数年前那个在厦大修习的女生。

王少华学长

王清明游泳馆是由王少华女士捐赠并以其父之名命名的。每次谈到王清明游泳馆，她总是会笑着回忆起芳华之时于厦大发生的趣事：当年，学校组织了一次校级游泳比赛，地点在厦大白城旁边的海水游泳池。按照赛

厦门大学王清明游泳馆捐赠仪式(左六为王少华)

程规定，游泳混合接力赛每个班须有一定数量的女生报名。但王少华所在班级中，会游泳的女生少之又少，为了让班级能够顺利参赛，并不擅长游泳的王少华毅然报名，拼尽全力完成了比赛。比赛结束以后，观战的同学笑着告诉她："我们看着你就快沉下去了。"每每回忆起这段在厦大游泳的奇妙往事，王少华总会开怀大笑。

在厦大的四年时光里，王少华留着双马尾辫的清瘦身影时常出现在建南大会堂前的白色围栏旁，出现在上弦场错落的石阶上；她会在清晨时环校园一周晨跑，而后在台阶上迎着朝阳与海风晨读；她会时常与三两好友在芙蓉湖边的小径散步，在黄昏的余晖里谈论青春梦想……种种青葱过往都沉淀在王少华的心里，绘成岁月静好的少年时光，融进她深沉而隽永的气质中。

王少华品格行事耀眼而不夺目，鲜明却不张扬，她为厦大捐赠的其他项目也是如此。前有捐赠人民币500万元建设王清明游泳馆，后又为感念恩师葛家澍教授，王少华于厦门大学会计学科创办90年之际，捐赠人民币350万元设立"厦门大学葛家澍奖助基金"。还有，王少华专门倾资100万元，用于支持《我的厦大老师》编辑出版工作。这是国内高校中第一本由校友主笔讲述校友心中老师的感人故事集，也是厦大师德师风的生动写照和精神文化的厚重沉淀。王少华说："感谢《我的厦大老师》让广大校友有机会提起笔来，对已经仙逝的老师表达深切的缅怀，对健在的老师说说感恩的话语。老师们当年朴实平凡的话语，在学生心中留下了难以磨灭的印象。老师们的言传身教，带给了学生无穷的榜样力量。"

厦门大学王清明游泳馆

同学间的相识、恩师们的教诲让少华无法忘记母校予以自己的一切。尽管毕业后移居香港数十年，王少华依然情牵厦大。在接任厦门大学旅港校友会理事长一职后，她多方奔走、积极筹措，为旅港校友会在寸土寸金的港岛买下了一个永久办公处所，为在香港的厦大人提供了一个真切的温馨家园。自此，香港校友对母校的思念有了收藏之地，漂泊之际，内心也有了温暖的港湾。2007 年，王少华和香港校友一同倡议设立厦门大学旅港校友扶困助学基金，旨在为福建老区与山区考入厦大的部分贫困新生提供支援。在王少华等热心校友的支持下，2018 年旅港校友会向厦大马来西亚分校图书馆捐赠《四库全书》全套 500 册；2020 年，旅港校友会又联合澳门校友会共同向武汉、鄂州、厦门等地 10 家医院捐助 4100 个脉搏血氧仪，支援新冠肺炎疫情防控工作。

事业步正轨，与社会责任同行

对于现今荣誉加身、事业有成的王少华来说，事业上的成功并非一帆风顺水到渠成，而是王少华夫妇数十年如一日，兢兢业业，紧握机遇，一步一个脚印顽强拼搏出来的。

已有32年发展历史的厦顺铝箔，以良好的业绩为不少厦门人所熟悉。多年来，厦顺铝箔深耕高档铝箔领域，成为行业的领跑者，拥有世界上最先进的铝箔专业生产线。同时，也积极向铝箔的上游产品——高精铝板、铝带发展，形成了具有鲜明厦顺专业特色的新兴高精铝板、带、箔产业链，成为集生产、研发和销售于一体的国家高新技术企业。

身为厦顺铝箔的副董事长，王少华却丝毫不见张扬，总是以一副带着笑容的和善面容待人接物。当他人问及其经营企业的秘籍时，她总会笑称：唯有坚持工作。几十年如一日，在她的潜意识里，已经把坚持工作变成了一种习惯。

厦顺历年得到国家和行业无数奖项，包括“中国铝箔企业十强”“全国重点高新技术企业”“全国外商投资双优企业”“中国名牌产品”等，王少华说，最令她骄傲的是厦顺得到“支持中国妇女发展事业最具有社会责任奖”。厦顺在企业高速发展的同时，不忘企业的社会责任，在“中国妇女发展基金会”内成立“厦顺小额循环贷款”扶贫基金，持续向项目注资，实践了慈善事业从单纯的“输血”到转为帮助建立“造血”机能的现代慈善公益理念。厦顺捐赠1000万元人民币购置的100辆“妇女健康快车”，至今还奔驰在甘肃、新疆和宁夏的土地上，为偏远地区的人民送去健康知识和医疗服务。

2020年初，面对突如其来的新冠疫情，厦顺铝箔第一时间组织了抗“疫”捐款，用于慰问厦门援鄂医疗队员家属。而在厦门本地抗“疫”的关键时期，王少华夫妇再次以厦顺铝箔的名义向厦门市慈善总会捐赠人民币100万元，定向用于同安区抗击疫情相关工作。王少华说，她虽人在香港，但心系厦门，希望发挥力量为抗“疫”助力。

与社会同心，以慈善反哺

在事业有成的同时，王少华积极投入社会服务，曾任香港多个社团领导，主持了许多社会工作。她先后担任了厦门市政协常务委员会委员、全国妇联执委、中国妇女发展基金会副理事长、香港福建社团联会副主席、香港厦门联谊总会第十一届理事长、港区妇联特邀代表联谊会首届会长、港澳界别委员召集人等多个重要职位。在任期间，她以女性企业家的身份特质，充分发挥了勤恳敬业的创业精神、服务社会的奉献意识、与时俱进的企业家精神以及成功女性身上特有的细腻优雅，在香港妇女界以及其他领域卓有成就，成为一位受人尊敬的社团领袖。尤其是在第二故乡厦门的发展建设上，王少华与厦门政协港澳界别委员齐心协力，为厦门市经济建设发展，积极投入调研，建言献策，不遗余力。几年来港澳界别小组多次获得厦门市政协“优秀界别活动小组”“优秀提案”等嘉奖，她本人也先后荣获“优秀政协委员”“厦门市荣誉市民”“厦门市十大时代女性奖”等荣誉。

2001 年以来，王少华在为高校捐资兴学之余，开始慢慢投入妇女发展基金会的慈善事业中。2019 年夏天，王少华随“港区妇联特邀代表西部考察团”前往宁夏考察“大地之爱・母亲水窖”项目实施情况。“这是我生平第一次踏足西部干旱地区，亲眼看到滚滚黄沙的贫瘠土地上，人们是如何为了改善严重缺水而艰苦抗争的情景，在心中引起巨大的震撼。”先后几次前往西部贫困地区的经历使王少华深切感受到贫困地区的妇女儿童更需要各界的关爱与积极援助，从设立“贫困女大学生助学金”到捐赠“妇女健康快车”，从捐建“母亲水窖”到设立“母亲小额循环贷款”项目基金，她参与了中国妇女发展基金会大部分的慈善公益项目。因为在妇女、儿童和青年服务等领域作出了诸多杰出贡献，王少华获得了香港特别行政区政府颁发的铜紫荆星章。

“一个人年轻时为事业打拼，当事业有成时，就可将时间和经验用来服务社会。”王少华在一次采访中坦言道。从资助高校到援助女性群体，王少华女士始终关爱着国家的下一代和社会弱势群体，为慈善事业源源不断地输送血液。她表示，希望在慈善公益事业的队伍里，有更多的优秀女性加入进来。女性参与公益慈善活动，既是引领慈善风尚、承担社会文明进步和道德建设的责任，同时也使自己的生命更有意义、更具风采。

王少华曾说："大学教育的意义在于它同时赋予我们独立思考的能力，教导我们客观地对待事物，厘清混乱的思想，弄清复杂的社会，树立正确的价值观，从而跨越专业技能，在人生的道路上走得更远。"结缘四十载，王少华将她在厦大学习、感受到的一切都沉淀在了岁月中，以一份沉静而长久的坚持来回报。而她的韶华年间，则成了镌刻在厦大百年时光中的一簇青花。

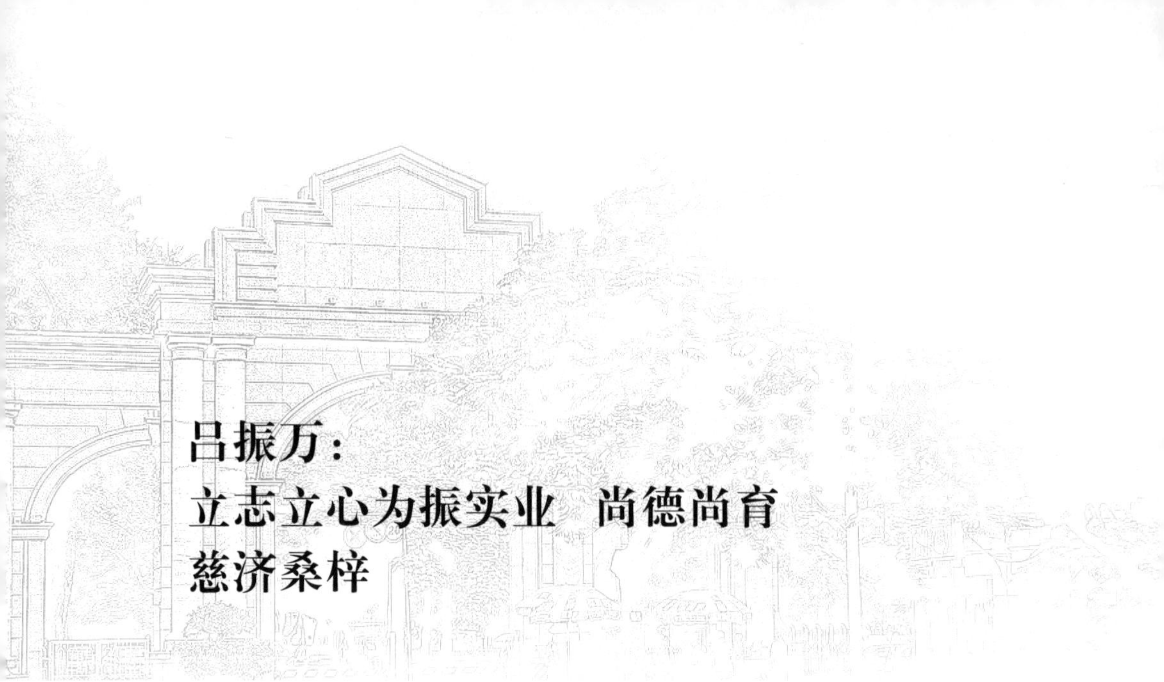

吕振万：立志立心为振实业　尚德尚育　慈济桑梓

生长于凤凰花开的故乡，发展于紫荆花绽放的香江，著名华侨、爱国实业家吕振万先生兴资立业，造福桑梓，为祖国的建设不断添砖加瓦。秉承陈嘉庚先生爱国重教之精神，吕振万先生积极投身于教育事业，捐资兴学，为我国特别是福建省的教育事业作出了重要贡献。他曾任厦门大学旅港校友会名誉会长，担任厦门大学客座教授，并在厦门大学捐资100万元设立“吕振万出版基金”，为期10年，每年10万元人民币。他关心、支持厦门大学以及厦门大学旅港校友会的建设与发展，备受海内外校友和各界人士尊重与赞誉。

慧眼独具，抓住发展时机

“那个时候我许过愿，长大以后我一定要赚很多的钱，帮助乡里人摆脱贫穷和落后。”出生在福建一个贫困小镇的吕振万先生并没有被限制视野，反而慧眼独具，对自己的人生奋斗方向有着清晰的见解，自小就在心里埋下了爱国爱乡的种子。中学时代，他就读于泉州培元中学，年纪虽轻，却格外关注国内外局势，特别是经济领域的发展趋势。中学毕业后，立志要实业救国的吕振万先生毅然报考了中国朝阳学院（1950年并入中国人民大学）经济系，为今后驰骋商海、实业救国打下了坚实的基础。

吕振万先生

除了对国内外风云变幻的整体形势有着深刻认识，吕振万先生的慧眼独具还体现在他的经商事业上。1946 年，吕振万先生从中国朝阳学院经济系毕业，凭借自己扎实的经济理论基础和商业投资眼光，他选择了极具发展力的香港作为个人事业的起点，大刀阔斧地开拓了属于自己的一片商海。年轻的他大胆地进入纺织业，开工厂、建货仓；当香港进入经济高速增长期时，他更是抓住大好时机，将业务向工业、商业、房地产、货仓、金融等新领域持续拓展，成为香港多家大型集团公司的董事会主席。除了抓住香港这一经济发展沃土，他还在日本、东南亚等地投资并收获了众多成果，成为当时屈指可数的商业大亨。可以说，吕振万先生用自己扎实的经济学知识和灵活的发展投资眼光，成功打造出了属于自己的商业之路，建设了属于自己的商业巨轮，打拼出了自己精彩的人生。

不忘初心，投身祖国建设

在个人事业突飞猛进的同时，胸怀实业救国雄心壮志的吕振万先生时刻牵挂着国家发展。20 世纪 50 年代，西方国家对新中国还处于敌对状态，采取了全面封锁和禁运的政策，国家经济建设发展举步维艰。在这样的时代背景下，吕振万先生通过多种途径大胆地同内地进行贸易往来，极大缓解了内地物资匮乏的局面，成为当时为数不多的同内地建立贸易关系的华商之一。到了改革开放之初，他马不停蹄地将投资和实业中心转入内地，投入国家建设的新征程。1980 年，在旁人的不解和港资的观望浪潮中，吕振万先生通过合并改组的形式建立了全新的南益织造公司，他领导的香港南益集团也成为改革开放后首批进入内地的港资企业之一。

1981 年，南益集团在吕振万先生的家乡南安水头镇，以一幢 800 平方米的简陋车间做厂房，办起了南丰针织厂。办厂初期，环境和条件都十分困难，厂里只拥有115台针织机和150名员工，员工专业技能素养亟待提高，管理制度亟待规范。但他经常鼓励员工主动克服环境阻力，鼓励大家“要让全世界最好的毛衣出自你们的手”。经过几年奋斗，南丰针织厂生产的毛衣合格率达到国际规定的99.6%，畅销十几个国家和地区。“有困难要克服，这个厂一定要办好，我等了这么多年，才有了这样的机会。”吕振万先生想要建设家乡的渴望和决心可见一斑。

1991年，吕振万先生在南安水头独资开发建设的1800亩蟠龙工业综合开发区破土动工，这是福建省首家外商独资成片土地开发项目。经过9年的辛勤建设，一个新型的、具有侨乡特色的外向型工业小城镇拔地而起，一片片荒坡地建设成了一座座工厂和花园式住宅区，项目被誉为外资开发区建设的“先行者”、带动家乡经济发展的“助推器”。

励才树人，捐资兴教办学

“扶贫先扶智，兴企当兴学，育才不分地域”，这是吕振万先生始终秉承的教育主张。他十分重视人才教育，认为人才是经济发展的根本，要走“教育人才科技经济发展”之路，将兴资办学、培育人才视为人生宗旨。

自1990年起，吕振万先生先后在南安多个贫困山区捐资400多万元，兴建教学楼25幢，建筑面积近2万平方米。“家乡百业待兴，教育更应先行。捐赠教育事业，此乃先辈之嘱，吾人之最大乐事，望众先生能给予协助，确保教学大楼品质优良，造福后代。”吕振万先生曾在一封写给所捐学校领导的亲笔信中这样写道。

除了在家乡捐资兴学、大力建设教育基础设施，吕振万先生还广泛设立教育基金，用于奖励和支持内地教育事业的发展。他不仅在厦门大学捐设出版基金，还相继于中国人民大学、武汉大学、北京师范大学附属实验中学、厦门一中、漳州一中、泉州培元中学等院校设立奖教金、奖学金，并担任了中国人民大学、厦门大学、武汉大学、福建师范大学等多所知名高校的客座教授。

据不完全统计，几十年来，吕振万先生先后捐资超2亿港元，在全国各地的147所学校捐建教学楼170多座,继承、发扬、光大了陈嘉庚先生爱国重教的传统。2000年12月19日,《福建日报》将其与陈宝琛、陈嘉庚、梁披云等社会贤达评为“八闽四大杰出教育家”。2004年,福建省人民政府授予其“福建省捐赠公益事业特别突出贡献奖”。吕振万先生还先后三次荣获福建省人民政府颁发的捐资办学金质奖章。

“德莫高于兴学,善莫大于育人”。对于厦大人而言,留下深刻记忆的不仅是“吕振万出版基金”在学术科研、文化传播等领域中发挥的重要贡献和积极作用,更是吕振万先生心系祖国、心系桑梓、无私奉献的大爱精神。心怀报国志,吕振万先生有火一样炽热的情怀,天空一样高远的思想,大海一样广阔的胸怀,为家乡、为国家的教育事业和公益事业作出巨大的贡献,在乡梓大地树起一座丰碑。

吕振万先生年少时立志:“生长在中国,时刻记住自己是一个中国人,我有个愿望,一旦事业有成,定要效仿南通状元公(张謇),一在家乡捐资办教育,二在国家投资办厂,以尽绵薄之力……我还会朝这条路走下去,捐资办学、投资办厂,为国家的现代化建设贡献一分力量。”他践行了自己的承诺,他的精神值得我们所有人学习!

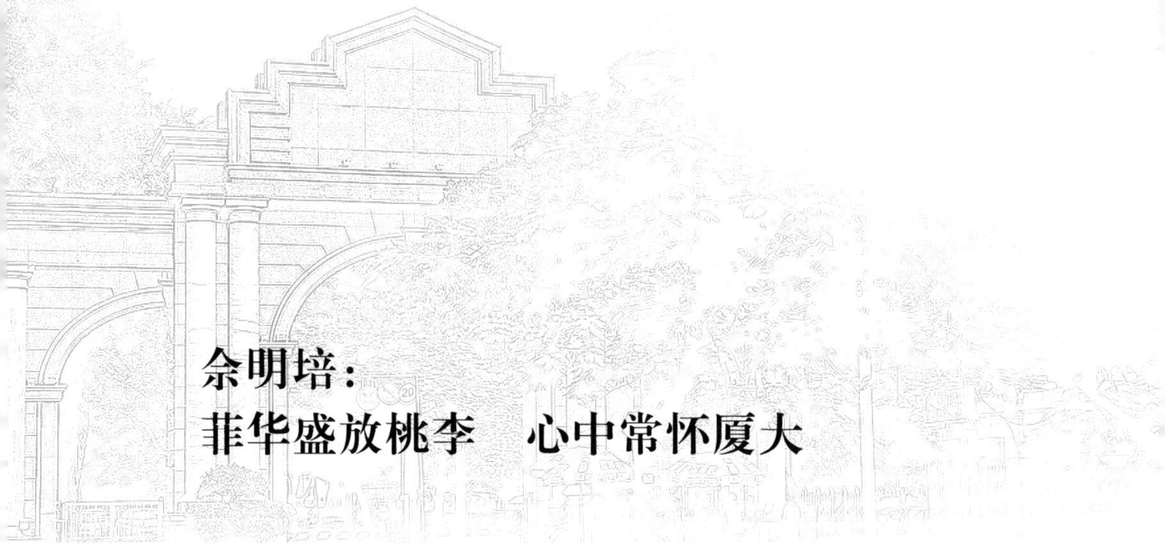

佘明培：菲华盛放桃李　心中常怀厦大

在厦门大学演武体育场西侧，坐落着一座现代化的综合体育建筑——明培体育馆。这座体育馆是由菲律宾著名华人企业家、社团领袖、厦门大学海外教育学院1957级校友佘明培先生及其夫人佘施淑好女士，在20世纪80年代慷慨解囊捐赠人民币210万元建设而成的。从1990年开始，这里见证了厦大学子挥洒汗水、孕育出强健体魄。建筑物外观的四根支柱斜向而上，吸引着人们的目光，既体现了博大崇高的厦大“四种精神”，也象征着德育、智育、体育、教育的四育并重。

饮水思源兴教育，抛砖引玉建明培

佘明培1933年生于福建晋江永宁，3岁随父母移居菲律宾。他自幼家贫，高中辍学，浮沉商海，故而倍惜学习机会，1957年进入厦门大学海外函授学院（现海外教育学院）中国语文专修班学习。

“穷则独善其身，达则兼济天下”，佘明培正是这样的企业家，在事业辉煌、资财日盛之时，他首先想到的是一起从贫穷中挣扎过来的乡亲和故土。他努力发展故乡的教育事业，尽心竭力，几度慷慨解囊，在为故乡的陶青学校修建新校舍时，佘明培所捐善款即占资金总数的一半。同时，他还致力于弘扬发展菲律宾华文教育事业。由于菲律宾当地华文教育基础比较薄弱，

明培体育馆

授课教师薪水很低,眼看着菲华文化衰弱,佘明培心中十分难过。于是他主动出资,以“雁门佘氏宗亲会”之名,每月固定补助宗氏子弟中从事华文教育的教师。

在他的影响下,菲律宾其他宗亲会也纷纷仿效,逢年过节,便给予华文教师以物质奖励。佘明培关心华文教育,在菲律宾颇负盛望。他不仅参加了菲律宾新联工会,被公推为理事长,为加强中菲友谊而努力,还先后担任了菲律宾晋江港边同乡会常务理事、旅菲雁门佘氏宗亲会名誉理事长、三民学校董事长等,为联络乡土情谊、弘扬华夏文明,不辞劳心劳力,热诚赞助。

1985 年,佘明培重返母校厦门大学参访游览,在漫步校园时,听闻学校尚缺一所正式的体育馆供师生强身健体,毅然答应出资兴建。回菲律宾后他便驰书厦大,信中说:“以敝人及内子施淑好之名义献捐人民币外汇券一百万,以作为在母校校园建一室内体育馆之费用,为故国教育、体育事业的发展,为母校的建设和发展,稍尽绵力。”佘明培还专门邀请好友诗人兼建筑师云鹤设计外观,在建筑材料上坚持选用进口铝锌钢板。面对厦大师生的夸奖他自己却谦虚地表示:“我所奉献的,实在是区区小数。我也仅仅是以此来表达我抛砖引玉的一点心意。”

佘明培为菲律宾华人树立了捐资祖国、振兴教育的新楷模。令人肃然起敬的是,他是首位向厦门大学捐赠超过百万元的海外校友,也由此掀起了菲律宾华侨捐资兴学、助力厦大发展的蔚然之风。

佘明培、佘施淑好伉俪来校参加明培体育馆奠基仪式

守初心护人民自由，勤奔走作中菲桥梁

佘明培之子佘日彰曾回忆父亲“一直致力于改善中菲友好关系，为加强中菲邦交耗尽心力”。

1975年中菲建交前夕，佘明培与一群志同道合的青年创办了菲华青年友好协会，并承担起领导的重任，奔走于社会各界，为推动当地社会团结作出了积极贡献。值得一提的是，他还为促成台湾地区大专院校菲律宾校友破冰之旅访问大陆，竭尽所能地完成穿针引线和铺路搭桥工作。

《菲华时报》作为当时华社主流的华文报纸，支持菲律宾承认一个中国，鼓励华人热爱菲律宾，促进华人融入当地主流社会。1986年科拉松·阿基诺总统执政后，受菲律宾政治时局影响，《菲华时报》的经营也受到严重影响。为了坚守该报创刊宗旨，力求做“热情维护自己自由的人民精神的千呼万唤的喉舌”，佘明培毅然加入《菲华时报》，与菲律宾籍华人企业家李南文合作经营报纸，在动荡的时局中坚持中立的观点，并对当时台湾当局对菲律宾华人社会的干预提出了激烈批评。

为了促进中菲文化的全方位交流，佘明培还与一群菲华青年商人组建了“长城影业菲律宾有限公司”，代理引进中国电影，并将菲律宾电影出口到中国，为中菲友谊大厦添砖加瓦。佘明培所作的不懈努力，如同搭起一座桥梁，交流了中菲两国电影文化成果，增进了两国人民之间的友谊。20 年后，重访菲律宾的中影公司前总经理胡健在《与佘明培老友对话》一文中写道：“在你长眠之地谈心的愿望，今天终于如愿以偿。忆当年，我们都还年轻，为中菲友谊大厦添砖加瓦是我们共同的心愿。”

“我的根，总是在中国”

佘明培虽身居南洋，却始终不忘故土。他生前曾多次表达过这样的观点：“不论走遍天涯海角，不论加入哪一国籍，我的根，总是在中国。能为中华民族的文明教化尽一分心意，那是我最大欢乐。我之所以奉献微资，动机在乎抛砖引玉，鼓励更多海外侨胞、海外华人，以实际行动关心祖国的建设事业。”

桂华山楼

1991 年，厦门大学建校 70 周年大会上，佘明培等 8 位对厦大教育事业作出重大贡献的海内外知名人士受到表彰，被福建省人民政府授予“乐育英才”金字匾额、金牌和证书。

佘明培爱国爱乡、热心文教、乐善好施，他的遗孀佘施淑好及其家人继承其遗愿，成立了“佘明培纪念基金会”，定期拨款回馈社会，不断热忱捐助教育设施。基金会不仅在菲律宾捐设了“佘姓华文教师奖励金”，还鼎力支持菲律宾华教中心的华语师资队伍“造血计划”和文教事业。1998年，厦门大学“萨本栋教育科研基金会”成立，佘氏家族慷慨解囊，为基金筹措善款；2012年厦门大学91周年校庆典礼上，佘施淑好领其子女慷慨捐赠600万元，再为厦门大学翔安校区兴建了一所现代化游泳馆——佘明培游泳馆，以此支持学校的建设和发展，并作为对佘明培先生的纪念。此外，自2004年起，佘施淑好便捐资参与了东南亚地区陪伴照顾癌症病患的团体活动；2007年，佘氏家族捐建了福建师范大学新校区行政大楼“佘明培楼”；2015年，应福建省教育厅之邀，佘施淑好又捐资支持修建了福建山区的10所小学。佘施淑好曾这样说：“帮助别人是一种快乐，看到人家的进步就很高兴。”

厦门大学翔安校区佘明培游泳馆

一座座楼宇无不倾注着浓浓大爱，一片片砖瓦无不镌刻着殷殷深情，一项项基金无不承载着款款热忱。我们要记得，这一切全因在遥远的那一端海岸，曾有一个人默默遥望故乡、回馈社会。

他，名叫佘明培。

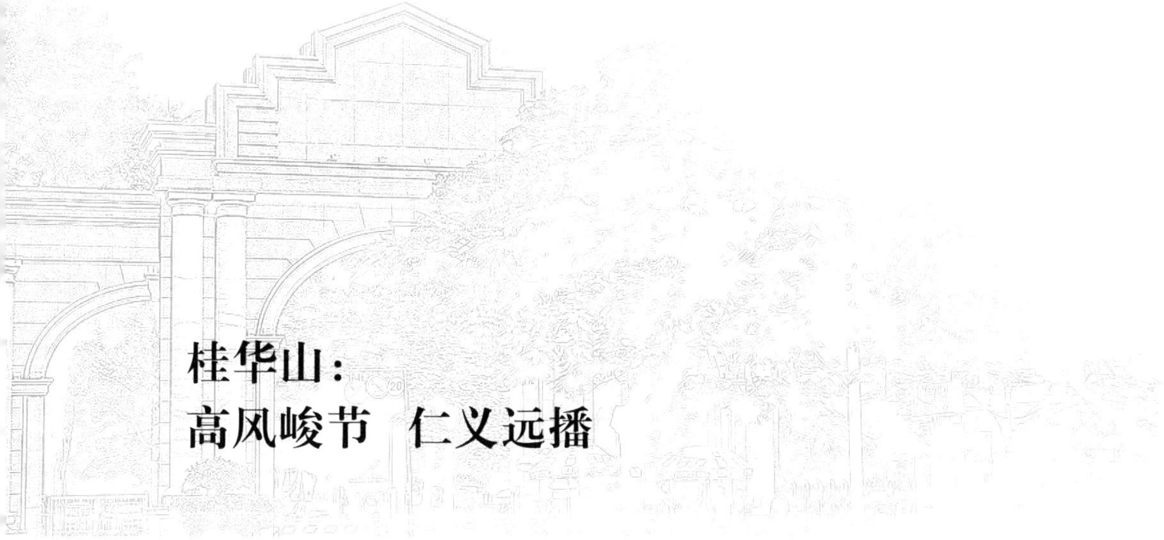

桂华山：高风峻节　仁义远播

厦门大学建校百年来，得到社会各界人士接续襄助，铸就了一道大爱传承的亮丽风景。在众多爱心捐赠者中，有一位先生的深情厚谊已绵延家亲三代，这位先生就是菲律宾著名爱国华侨领袖、银行家、企业家、慈善家桂华山。

下南洋，白手起家

桂华山先生，字峻嵩，1896 年生于晋江安海，幼年曾就读私塾，又转学新式学校，成年后在泉州“炳记”行任会计。1918 年闯荡南洋，赴菲律宾马尼拉市谋生，先在蔡浅戈公司任职，后与人合资开办中华商业有限公司，大力推销国货，业务蒸蒸日上。又与好友在新加坡合资创办南洋影片公司，在东南亚各地设分公司，曾任马尼拉中华国货商会主席、华侨出入口商会主席、中华商业有限公司董事长兼总经理、菲律宾岷里拉中华商会董事、菲律宾华侨教育会理事等职。

桂华山先生

抗日战争胜利后，桂华山先生回到上海发展

实业，创办华侨投资建业有限公司，在香港集资从事酒家和银行投资业务，先后担任兰富酒家董事长、海外信托银行董事长及香港工商银行董事长，并担任过香港保良局、东华三院总理。

救国难，舍身忘己

生逢乱世，家国动荡，受其父熏陶，桂华山先生早年便热心革命事业，与革命党人交往甚密，进而加入革命党组织，参与辛亥革命和反帝运动，在“二次革命”反袁活动中，事机不密，被通缉追捕，避难家乡安海，幸得解脱。1925 年，上海发生“五卅惨案”，桂华山先生被推选为菲律宾侨团组建的临时救济会副主席，为募集善款支援上海工人罢工奔走呼号。1932 年，桂华山先生和菲律宾侨领许友超等赴香港拜会十九路军军长蔡廷锴，敦请并支持蔡廷锴率军入闽，主持政务，剿匪安民。抗日战争初期，桂华山先生在菲组建援助抗敌委员会，大力募捐支援祖国抗战。1938 年，厦门沦陷，菲律宾总商会发起救济家乡难民运动，桂华山先生被推选为代表，不辞劳苦，赴香港与胡文虎共商救济难民大计。

1942 年，日军占领菲岛后，桂华山先生不幸被捕，入狱 18 个月，惨遭酷刑，备受折磨。身陷囹圄，桂华山先生毅然赋诗：“连绵苦雨自朝朝，惨绝羁囚骨未销；剩有此心未肯死，时输热血鼓愁潮。”舍身忘己、大义凛然的气概充盈其间。

助厦大，薪尽火传

桂华山先生敬慕陈嘉庚先生兴学报国义举，热心支持厦门大学教育事业。1982 年，先生得知厦大已接受联合国有关机构赠予的两部电子显微镜，尚需专门实验楼，慨然捐赠 100 万港元建成电镜实验楼。为感念先生为国树人善行，学校将该楼命名为“桂华山楼”。2012 年，因消防需要，学校将电镜实验楼拆除建设绿地，将原电镜实验楼旁另一实验大楼改为电镜新楼，并冠名“桂华山楼”。

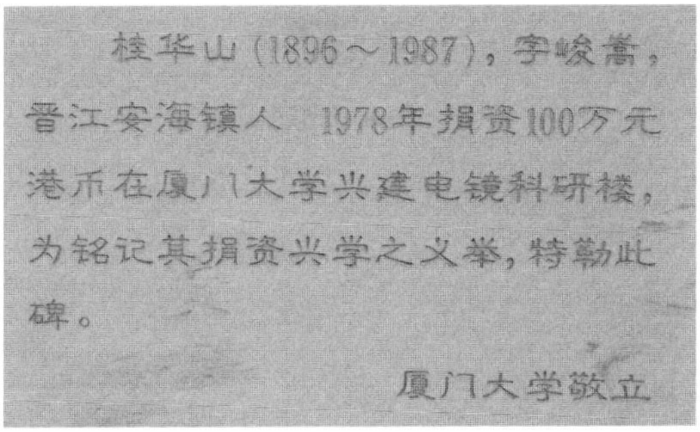
桂华山（1896～1987），字峻嵩，晋江安海镇人。1978年捐资100万元港币在厦门大学兴建电镜科研楼，为铭记其捐资兴学之义举，特勒此碑。

厦门大学敬立

厦门大学敬立碑刻感恩襄助

桂华山先生捐助厦门大学的爱心感染着家亲眷属。2017年，先生女儿桂曼丽女士和外孙桂清泉先生在厦大捐设“中华咏恩励学金”，奖掖公共卫生学院、环境与生态学院、能源学院及国际关系学院品学兼优的本科生。2020年12月，桂曼丽女士捐赠12万元充实“中华咏恩励学金”。情牵厦大，三代续传，这份殷殷善心、款款深情，永远铭刻于厦大发展史册。

桂华山先生对祖国教育事业最为挂怀，除捐资厦门大学，又于1976年捐资40万港元在香港兴建“桂华山中学”，还于1981年捐资50余万港元在家乡创办安海幼儿园，安海镇乡贤以桂华山先生夫人林德惠女士芳名冠名园楼，以表彰其热心桑梓、育才兴国的美德善举。

1987年3月9日，桂华山先生病逝于香港，享年92岁，有《菲律宾狱中回忆录》《桂华山八十回忆》《桂华山九十忆述》等佳作存世。虽仙逝30余载，但桂华山先生的高风峻节流芳后世，代代传扬。

许自钦：实干兴邦　福荫后世

若谈起“自钦”二字，厦大人首先想到的一定是芙蓉湖畔那栋现代气息浓厚的建筑——自钦楼。纵然每一个厦大学子都曾在此驻足停留，或为其时而传出的悠扬琴声，或为其多次承办学校重大活动的宣传海报。却鲜有人知道这栋楼名字的由来。作为福建省内高校第一个功能最齐全、设备最先进的学生活动中心，自钦楼是由旅菲爱国华侨许自钦先生捐资200万元兴建的一座现代建筑。

在菲律宾，许自钦先生的名字为华人社会所熟知，他不只在商界建树颇丰，在侨社团体中亦长期发挥着爱国爱乡的热忱之心。在慷慨付出、奔波努力之余，还运用其影响力感召乡侨挚友，不愧为一位实干的带头人：百利保险有限公司董事长、88金融公司董事长、RKP商业公司董事长、菲华工商总会荣誉理事长、菲律宾许氏宗亲总会永远名誉理事长、菲律宾烈山五姓联宗总会名誉理事长、菲律宾各宗亲会联合会名誉主席……这些沉甸甸的名号没有成为许自钦的压力，反而是促使其不断飞速成长的动力。

巍巍华宇，福荫广被。“自钦”二字不仅是许自钦先生其名的表征，更是其力行善事、助学不倦品行的写照。

漂洋万里，艰苦创业，弹指六十载

向海而生的人们，于未知中求生存。大海既塑造了他们务实勤劳、勇于

许自钦先生

冒险的性格特点，也赋予了他们“尽人事，听天命”的豁达态度。

许自钦的父亲在中国出生，小小年纪就远渡重洋到菲律宾“讨生活”，后在马尼拉华人区开了一家杂货店，并在此地定居下来，与妻子育有五儿五女，许自钦在家中排行第六。1945年，许自钦先生年幼时，父亲就不幸去世，母亲凭借一己之力艰难抚养一众子女。

迫于生活的压力，许自钦在外祖父母家成长，在半工半读中依然接受良好的教育，精通菲语、英语、汉语和闽南话。中学毕业于菲律宾中正学院，大学毕业于马波亚工程学院，获得化学工程学士学位。求学期间，许自钦在一家华人开办的布厂兼职打工，赚取学费和生活费。毕业后到保险公司求职，由于聪明好学、勤奋努力，许自钦很快挖掘了人生第一桶金，也丰富了人生阅历和经商经验。

20世纪60年代，许自钦与朋友合资创办了一家保险公司，这一做就是25年。1990年，因缘际会，许自钦买下百利保险有限公司，从此自立门户。由于诚信经营、管理有方，市场不断扩大，百利保险很快成为行业中的佼佼者。据2017年菲律宾保险署的报告，百利保险的综合实力在行业内排行全国第六。1996年，许自钦先生被母校马波亚工程学院校友总会评选为“年度最杰出的企业家”，同年也被菲律宾中正学院第十届校友会选为“优秀校友”；2005年，许自钦先生被菲律宾警察总局西区分部颁赠“英雄奖”，被菲律宾消费者协会评为“杰出商人”……

六十载弹指一挥间，人生的高光时刻、低谷波折，许自钦全都经历过。生活在给予他无限的考验之后，也赐予他生活的智慧。多年在保险业深耕的经验不仅让他积累了众多人脉，也深切体悟了一个道理：既然人生际遇像大海般波涛起伏，变化莫测，既然“无常”才是日常，那么“欢喜就好”。

许自钦先生(左二)与家人及同事合影

肩扛重担,联结华侨,一片赤子心

作为企业家的许自钦,除了在商业领域颇有建树,更是勇于承担社会责任,为社会公益事业奉献自己的一片赤子之心。

创立公司之后,他一方面经营企业,另一方面积极参加当地宗亲社团活动,先后担任世界许氏宗亲总会名誉理事长、菲律宾许氏宗亲总会永远名誉理事长、菲华工商总会荣誉理事长、菲律宾烈山五姓联宗总会名誉理事长兼决策委员、菲律宾各宗亲会联合会名誉主席,并曾担任菲律宾 Raxa Sulayman 扶轮会会长、菲律宾 Raxa Sulayman 基金会董事长,为菲律宾的教育、公益事业等作出了积极的贡献。

不论担任何种公益职务,许自钦都尽职尽责,不辞劳苦,关心民众,服务社会。2004 年 2 月,许自钦当选菲华工商总会新一任理事长。彼时的菲华工商总会还只是一个年轻的菲华社团,在许自钦的带领下在短短几年间扎根挺立,并成为在菲华社会有一定影响力的侨社新军。菲华工商总会的成员来自金融、制造、房地产开发、银行等各个业界,遍及菲律宾各大省市。该会以服务华人社会及菲律宾主流社会、增进族群融合为宗旨,为旅菲华人华侨争取正当权益、积极推动工商企业发展、促进经济繁荣做出多方面努力。

一棵幼苗要长成参天大树尚需经历风雨、静待时日,许自钦上任初期也倍感肩头的重负与压力,但他并未知难而退、虚以应付,而是很快确定了自己的目标诉求。呼吁社团间成员要加强沟通、彼此包容、形成合力,共同为侨界服务,提升华人在菲律宾主流社会的地位。许自钦回忆道,当时的菲华工商总会还没有办公场所,被形容为"无根的浮萍",几经努力下,终于成功购置了会所。而许自钦在其中出钱出力,会员们有目共睹。

"作为理事长,我要做的事分为两个部分,就是对内继续做好服务侨社的工作,对外走出去加强联络,特别是加强与菲律宾主流社会的联系和融合。"为此,许自钦从上任伊始就东奔西走、四处出击,多次与中国发达城市谋求合作。在菲律宾接待来访的各国考察团,推动菲律宾经济社会发展,取得亮眼业绩。正如外界所评价的一样,基于其本身丰沛的学问修养与超常的人际关系,许自钦在担任理事长期间尽力将菲华工商总会黏合成为一个有力的群体,并且发光发热。时隔多年后再次回忆起当年往事时,许自钦却只是淡然称"自己不过是努力去做而已"。

心系教育,难忘乡音,拳拳故乡情

闽南人移居海外的历史悠久,数千年来移民者在东南亚各大城市聚居,从事着这些城市日常需要的各种营生。集市和街市不断聚集着人气,各种各样的宗亲会、同乡会、同业会纷纷成立,成了人们怀旧叙旧的所在,并逐渐形成了初具规模的华侨社区。

祖居地和姓氏文化是海外华侨华人斩不断、忘不了的强韧纽带。随着中国改革开放与经济发展,20 世纪八九十年代,越来越多的海外华侨得以回到故乡拜祖省亲。

虽然生于菲、长于菲,并在海外见识现代文明的许自钦,不仅志在给故乡带来现代的理念,更成为故乡修建祠堂、编修族谱的积极推动者。位于晋江市龙湖镇石龟村的石龟瑶林许氏家庙,是旅菲石龟许厝同乡的祖庙。该庙历史悠久,几百年来多次修整、重建。到了近代,在风雨侵蚀下,许氏家庙损坏在所难免。为此,1986 年石龟家乡派代表往菲倡议重建。1990 年,时任旅菲石龟许厝同乡会理事长的许自钦，会同许良汉、许书业、许启明、许书疋等乡侨，主持发动募捐重建，重建后的石龟瑶林许氏家庙体式依旧，面貌却焕然一新。

自钦楼

不仅如此，许自钦亦心系高等教育事业发展。同为爱国华侨，有感于陈嘉庚先生的办学爱国精神，1992 年，他在厦大捐资兴建了一座现代化的学生活动中心——自钦楼。随着学生活动不断增多和对场所功能要求的增加，厦门大学斥资对自钦楼加以改造以适应学校事业的快速发展。2008 年 4 月 6 日上午，举行自钦楼改造工程竣工仪式，自钦楼的捐建者许自钦、林丽明伉俪和时任校领导朱崇实、辜芳昭、张颖、邬大光以及校友总会副理事长黄良快共同为自钦楼改造竣工剪彩。

改造后的自钦楼典雅大气，兼具现代风格，加固了建筑结构，重新装修了外墙并更新了内部设施，使用面积近 3000 平方米，比改造前增加了 600 多平方米，各项功能更加完善。此外，学校还投入了 150 多万元，对自钦楼周边道路进行了整修，并利用周边空地建造学生活动广场。通过对广场整体景观的设计，自钦楼与芙蓉湖周边嘉庚风格建筑更紧密地融合在一起。改造后的自钦楼极大改善了学生活动场所条件，也为厦大校园又增加了一道亮丽的风景，成为学生开展科技学术、社团文化、娱乐体育活动的重要场所，在推动校园文化建设和营造校园文化氛围等方面发挥了重要作用。

为了铭记自钦楼建设和改造的历程，学校特别勒石以志。碑文如下："菲律宾菲华工商总会理事长许自钦、林丽明伉俪儒商成业，力行善事，助学不倦，福荫广被，称誉海内外久矣。1992 年，许氏贤伉俪慨捐厦门大学学生活动中心，巍巍华宇，令厦大学子得一游艺健身、交友敦义之嘉会。许氏创始之功，堪称楷模。2008 年，厦门大学校方拓基增宏，更彰校主嘉庚培育全才之雅愿。前有许氏倾个人之力兴举，继有校方斥资襄成，官私合力，洵为典范。”

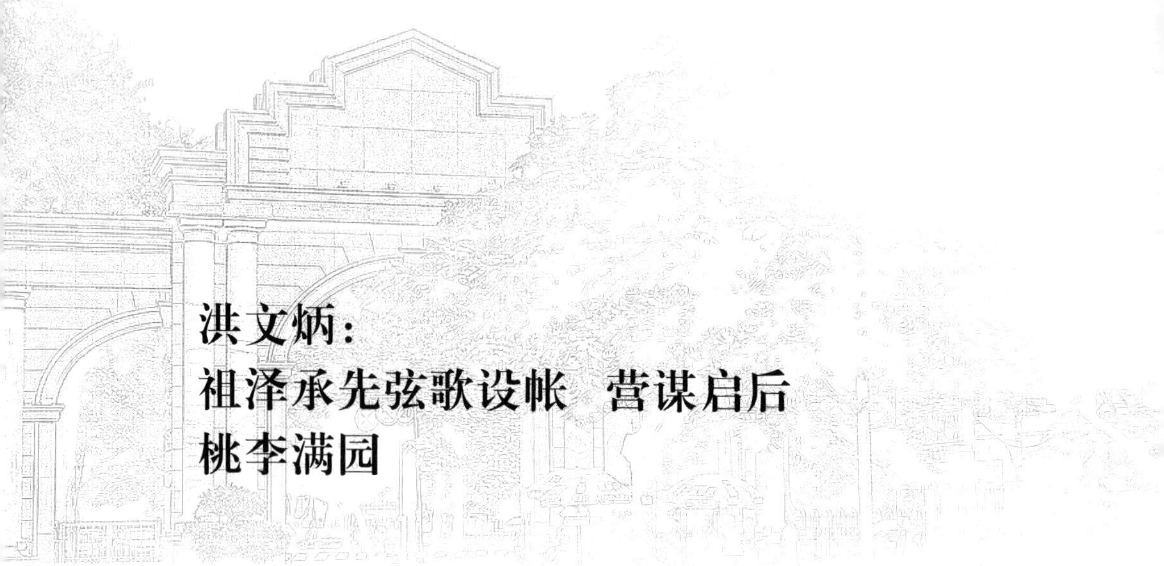

洪文炳：祖泽承先弦歌设帐 营谋启后桃李满园

漫步在衔山环湖、依山傍水的厦门大学校园内，有着鲜明建筑风格特色的“嘉庚楼群”无疑是一道独特的风景线，一砖一瓦浸润着历史的厚重，传递了艺术的感染，孕育出新生的希望。其中，坐落在芙蓉湖畔的嘉庚四号楼——祖营楼，便由知名菲律宾实业家洪文炳先生捐资432万元建造，以纪念其父洪祖营先生爱国爱乡尊师重教之遗训。

翻开历史长河的记录，阅读楼宇背后的故事，我们为洪文炳先生弘扬嘉庚精神、心系厦大办学的情怀善举所动容。

菲侨翘楚，目光长远

洪文炳先生1922年出生于福建省晋江市金井镇埕边村。1937年，他随家人远赴菲律宾谋生，继续在华文学校就读到高中一年级。随着战事深入，菲律宾被日寇攻陷，洪文炳报名参加了“菲律宾华侨青年战时特别工作总队”，毅然投身抗日斗争，主要负责宣传和情报工作，曾经冒着生命危险将重要消息传递给碧瑶深山里的菲军游击队。后来，当记者问到他年轻时候的理想时，洪文炳说：“年轻的时候，除了爱国，没有其他个人的理想。”有着如此魄力和精神的洪文炳也因此越来越为菲律宾社会所关注和尊重，展现出了中华儿女的风范和魅力。

祖营楼

抗战胜利后,洪文炳开始经商,初时虽步履艰难,但他勤学肯干、吃苦耐劳,一步步打好基础,开拓渠道,抓住时机和重点,积累了大量经验和人脉,生意逐渐有了起色,事业得以兴旺发达,逐渐成为菲律宾当地著名的华商。

受中国传统文化"达则兼济天下"思想的影响,在个人事业蒸蒸日上的同时,洪文炳也一直关注着整个菲律宾华人社会。在当时的历史环境下,华人虽然为菲律宾的经济建设和社会发展作出了诸多贡献,但终究属于少数族裔,尚未得到当地社会的认同。因此,洪文炳一直支持自己的儿子洪于柏参政议政,为提高华人社会地位而努力。在父亲的引导和鼓励下,洪于柏成为菲律宾政界第一位华人众议员,被同僚公认为菲律宾200多位众议员中的杰出者。

严于律己,博闻强识

洪文炳的成就离不开他的自律,"活到老,学到老"这句话在他身上体现得淋漓尽致。

出生在战乱年代，洪文炳的学业并不顺利，他只念到高一。但他多年来一直都没有放弃学习中国文化，中国文学功底深厚，还曾专门捐资帮助新华出版社出版了大型画册《赤子心　桑梓情》，为传播弘扬中华文化贡献心力。洪文炳不仅刻苦学习中国文化，还将中华文化融入自己生活的点点滴滴中，坚持每天练字、作诗，尤为喜好写古体诗，一手小楷写得颇见功力，家中挂着许多自己写的诗和对联。

洪文炳夫妇回国参加活动合影

其子洪于柏在谈及自己能够获得政界各方认可的原因时，坦陈是因为他从小受父亲耳濡目染，将中华文化融为内心底蕴。他说："中华文化中的忠孝仁义已经像血液一样融入了我的身体。菲律宾政坛就像个大染缸，但我的从政之道是：不卑不亢，保持自尊，与人为善。"

一脉相承，慈济家国

与许多华人华侨一样，洪文炳对自己曾经生活过的祖国大地怀有真挚热诚的情感，融入血液难以消散，凝聚成爱国立志、成就自己、报效祖国的家族文化予以传承。

洪文炳一直教育自己的孩子，永远都不要忘记自己是中华儿女。几十年来，他常秉乐善好施之情，多次回国返乡，捐资建电厂、铺道路、办果园、修建幼儿园和老人活动场所等，为家乡的社会福利和经济发展作出了积极的贡献。洪文炳特别重视教育事业，他认为在科技日新月异的时代，教育的普及和发达是国家强盛的关键。他在家乡兴建了小学和中学。走访过国内许多高校后，洪文炳觉得当时中国大学的普及程度还不够，办学发展还需要更多支持，于是慷慨解囊为华侨大学和厦门大学捐建了教学设施。在为华侨大学捐资筹建教学楼时,正赶上其因经营上的挫折,资金被冻结而一时拿不出大量的现金。洪文炳发动全家筹款,8 个子女全都积极响应,老二洪金埕甚至拿出了自己在香港的全部存款协助父亲捐资兴学。洪文炳为厦门大学捐建的“祖营楼”楼高 6 层,建筑面积 6500 平方米,作为学校公共教学教室和一带一路研究院办公场所。“祖营楼”既承载了洪文炳对父亲的感恩和景仰,也传递着洪文炳无私奉献、爱国爱家、捐资重教的伟大情怀。

祖营楼

“祖泽承先弦歌设帐,营谋启后桃李满园”,正如洪文炳先生在家乡小礼堂上献给父亲洪祖营的对联。承前启后,这份爱国之情和赤子情怀不仅是洪氏家族的传承,更勉励着莘莘后学传承弘扬,不畏艰辛,亟求上进,爱家爱国。

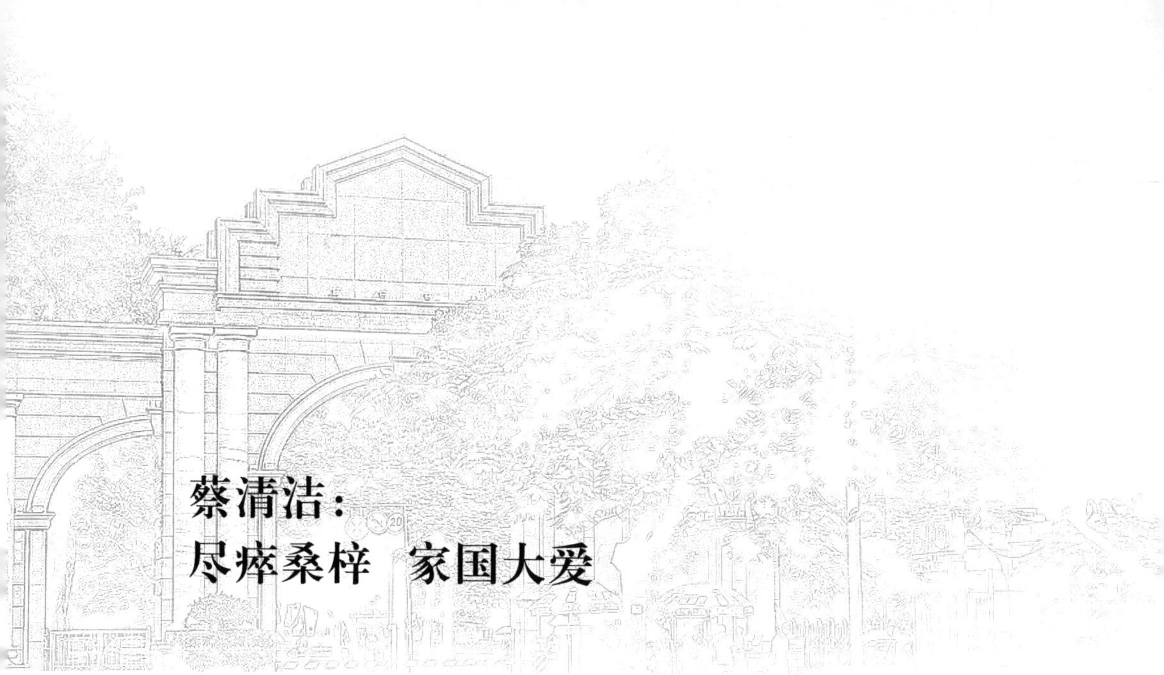

蔡清洁：尽瘁桑梓 家国大爱

“黄昏的树影拖得再长，也离不开它的根，我的根一直属于家乡，属于祖国。”

厦门大学荣誉校友、海外教育学院名誉院长、菲律宾华侨蔡清洁先生用自己的一生诠释着爱国荣乡精神。即便一生漂泊，他也从未忘记自己的根扎在中国，尽瘁桑梓之情，为提升家乡的基础设施建设捐赠大量善款，投入巨额助学基金助力祖国教育事业，增建教学设施，改善教学环境。1993 年 11 月，在厦门大学思明校区落成的“蔡清洁楼”更是他为了改善留学生生活，鼓励海外学子更好地了解中国文化而慷慨捐建的留学生大楼。

蔡清洁楼

东南之秀，苦研经商之道

蔡清洁 1937 年出生于祖国钟灵毓秀的东南角，福建省石狮市灵秀山下的容卿村。他的父母为人温厚诚朴，生平乐善好施，是早年旅菲经商的华侨，颇得同行旅菲乡亲的尊重。双亲的处世之道是蔡清洁后来行待人接物之礼的最重要启蒙。

1951 年，在就读于石狮石光中学不到半年后，蔡清洁南渡菲律宾与父亲团聚，自此定居菲律宾。在离开祖国之前，14 岁的蔡清洁在自家庭院里种下了一棵榕树。也许从那时候起，蔡清洁就如这棵榕树般，将自己的根深扎在熟悉的乡土之中。

移居菲律宾后，蔡清洁凭借自己的努力，成功考入菲律宾国立大学化工系。每每谈及这段日子，他总会以“苦行僧”自比，学业认真刻苦可见一斑，最终他以最高分的优等成绩毕业，为他后来的成就打下了坚实的基础。

1962 年，大学毕业的蔡清洁考虑到父亲年事已高且家里只有自己一个男丁，主动放弃了前往美国深造的机会，决定留下来打理自家企业。在父亲的指引下，蔡清洁先后涉足造纸、钢铁、金融证券、电器等多个行业。凭借着求学时的“苦行僧”精神，他逐渐钻研出自己的经商之道，将企业办得风生水起。同时蔡清洁事必躬亲、鞠躬尽瘁的精神更是让其被推举为当时的菲华商联会总会理事长，成为菲律宾商界著名的大企业家。

情寄桑梓，根于故里之乡

1978 年，蔡清洁携母亲乘着乡愁回国。可能蔡清洁离开时也从未想过，少小离家老大回，自己这一“飘”就是三十年。许是那榕树的根将乡愁蔓延到了自己的梦中，三十年后映入蔡清洁眼中的石狮，使人欣喜又令人心痛。

映入眼帘的石狮和记忆重叠，三十年沧海桑田，它并没有太大的变化，在其他地方飞速发展的对照下反而更显贫苦。为了改善家乡百姓的生活，蔡清洁先是出资在家乡荣卿村建立起输变电网，解决了村里的照明问题，随后再度慷慨解囊，捐建了连接村子与石狮的第一条水泥公路，并建造了大型灯光球场与老人活动中心等公共基础设施。

改革开放以后，石狮凭借着侨胞的资助，跳出了贫苦的困境，迎来了经济的发展期。蔡清洁却注意到，尽管基础设施建设已经稳步发展，但是家乡的教育仍旧是个大问题。自己曾经就读的石光中学教学楼破旧不堪，教学设施落后，学生生活条件恶劣。为了能够加快改善教育设施，蔡清洁再次为家乡的教育事业献上自己的力量。1986 年春节，蔡清洁捐资 150 万元用于筹建学校的教师宿舍“春风楼”和学生宿舍“春华楼”，接着又集资 180 万元建设了科学实验楼。此时的石光中学教学基础设施已经得到了极大改善，但距离接受二级达标学校验收水平还缺一座体育馆，得知此事的蔡清洁慷慨捐资 300 余万元，在校园中心建起了采用最新网架结构的体育馆，这座体育馆后来被命名为“蔡清洁体育馆”。

在帮助石光中学修缮校园的同时，蔡清洁又捐助 180 万元，在灵秀山下兴建石狮第八中学。像是回赠一份礼物给自己的家乡，蔡清洁先生将石狮第八中学作为青春之礼，馈赠于自己的诞生地——灵秀山。

在石狮第八中学的奠基典礼上，蔡清洁引用了美国总统肯尼迪《就职献辞》中的一句话：“别问祖国、家乡能为我们做些什么，先要问问我们自己能为祖国和家乡做些什么？”从家乡的基础设施建设到振兴家乡教育事业，蔡清洁在用自己的实际行动诠释着对祖国和家乡的深情厚爱，同时也为这个问题给出了一个爱国华侨令人敬佩的答案。

深仁厚泽，涓流百世之芳

除了捐资助力家乡的教育事业，蔡清洁对教育事业的深仁厚泽更是撒播在全国各地的高校中。

身为菲律宾华侨，蔡清洁始终不曾忘记自己青年离开祖国前在庭院栽下的那棵榕树，那仿佛成为蔡清洁与家乡、与祖国的约定标识。自己的根扎在祖国，这还远远不够。蔡清洁希望能够有越来越多的留学生主动了解中国文化，并多与中国学生沟通，促进文化的双向交流，以此再促进祖国文化的繁荣发展。

带着促进留学生与中国学生友好交流的期望,带着让中国文化走向世界的美好愿景,蔡清洁一直在寻找一所合适的高校,希望能够建一栋大楼,作为世界各国大学生们交流互动的专职场所。

就这样,屹立在南海之滨的厦门大学进入蔡清洁的视野。厦门大学是由爱国华侨陈嘉庚先生一手创办起来的,同为华侨的蔡清洁基于共同的身份认同,刹那间仿佛找到了知己。1991 年春,蔡清洁向厦门大学捐资 500 万元,用于兴建厦门大学留学生宿舍大楼。这栋楼的建立,既饱含着蔡清洁对留学生生活起居的贴心关注,也携带着蔡清洁对中国文化的浓浓深情,他希望通过为留学生提供一个"家"的方式,让中国留一份眷恋在他们心中。

1993 年 11 月,这座高十层的厦门大学海外留学生大楼竣工落成,被命名为"蔡清洁楼"。大楼坐落在厦大的高处,大楼成为学校又一新的标志性建筑。时任校长林祖庚在大楼落成典礼上充满敬意地说:"蔡清洁先生胸怀宽广,放眼世界。站在蔡先生捐建的这幢大楼顶上,我们既能看到整个厦门,也能看到整个世界。"他代表学校聘请蔡清洁为厦门大学顾问和厦门大学海外教育学院名誉院长。面对隆重热烈的场面,蔡清洁激动而深情地说:

蔡清洁(前排右三)参加厦门大学留学生楼奠基仪式

“作为海外游子，心中充满了对祖国、对家乡的无限眷恋……能在陈嘉庚老一辈华侨开拓的美丽校园里留下我的一点足迹，我感到十分欣慰。”

蔡清洁楼碑记

2002年5月1日，蔡清洁积劳成疾，因病逝世，享年65岁。他骤然病逝的消息，一时间令社会震动，为缅怀蔡清洁先生，菲律宾总统亲自前往吊唁。为了纪念蔡清洁先生，分别在菲律宾马尼拉圣十字架纪念墓园和中国福建石狮八中举行出殡仪式和悼念大会。福建省、泉州市、石狮市各级领导都致电表示哀悼。6月19日，菲律宾颁发首届“杰出华裔菲人奖”，时任总统阿罗约出席颁奖仪式，蔡清洁先生因生前出彩而又低调的事迹被追勋，成为得奖的11名华裔中的一分子。

榕荫恣意，时光流转，华社风范，功绩永存。蔡清洁一生致力于奉献社会，他不仅给我们留下了物质财富，更为宝贵的是他无私奉献的华侨精神，这份沉甸甸的浓厚情谊将永远铭记在厦大人心间。

吴定基、李织霞伉俪：厚德定基业 美誉织霞晖

厦门大学建筑风格可以用“一主四从”来展现，其中 2001 年落成的嘉庚楼群，坐落于芙蓉湖畔，是厦大嘉庚风格新时代的标志性建筑，其二号楼由新加坡华侨吴定基、李织霞贤伉俪倾资捐建，被命名为“成枫楼”。他们夫妇二人身居异域心系桑梓，以金子般的爱心深爱故乡故国，对自身极其节俭，却乐于回馈社会、关爱他人，对文化、教育、交通和扶贫济医等公益慈善事业解囊慷慨，其浓情厚爱为人称颂。

成枫楼

勇投商海，伉俪双鸣

1943 年，吴定基出生于新加坡，祖籍南安石井镇后店村。聪慧机敏的他自南阳工商补习学校小学毕业后便直接升入新加坡南洋华侨中学，经过不断地学习和努力，吴定基又成功考入南洋大学就读物理专业。才华横溢、胆识过人的他毕业后并没有选择继续在物理学领域深造，而是和父亲一样，投

身商海，从事进出口贸易。

李织霞是新加坡著名侨领，新马著名实业家、社会活动家李成枫先生的千金，毕业于南洋美术专科学院西洋画系，是一位多才多艺的大家闺秀，在戏剧、音乐等领域都有很高的造诣。

1970 年，吴定基、李织霞喜结连理。夫妻二人感情深厚，琴瑟和鸣，共同创业，创立了新加坡南泰行有限公司。他们砥砺同行，靠着过人的才智和艰苦的努力，在新加坡打拼出一番天下，事业蒸蒸日上。20 世纪 90 年代，随着我国改革开放逐步深入，吴定基、李织霞贤伉俪率先把握商机，在内蒙古、福建以及深圳、南京等多处投资合作兴办企业，成为既有丰富现代企业管理经验又有雄厚实力的实业家。

望学成枫，传于嘉庚

吴定基、李织霞贤伉俪对祖国大江南北多有捐赠，在教育方面的捐赠以初等教育和学前教育为主，而对高等教育捐赠的唯有厦门大学。

厦门大学思明校区芙蓉湖畔嘉庚楼群中的“成枫楼”，芙蓉湖中湖心岛上的“嘉庚先生和学生们”的群雕，它们都是吴定基、李织霞贤伉俪在 1998 年慷慨捐资 610.2 万元修建而成的。“成枫楼”建筑面积 6500 平方米，共有 6

成枫楼

层,以李成枫先生的名字命名,现作为管理学院的教学和办公之用。“嘉庚先生和学生们”群雕则早已成为厦大学子阅读、修习、交流的偏爱之所。

除了捐建楼宇铜像等建筑,吴定基、李织霞贤伉俪对厦门大学始终充满关怀。2003年,他们专程委托南安市芙蓉基金会向厦门大学图书馆捐赠了由季羡林先生主编的《传世藏书》。这套藏书囊括了我国从先秦到晚清历代重要典籍,是继《四库全书》之后二百年来最大的古籍整理工程。夫妇二人希望通过捐赠书籍,进一步丰富学校图书馆藏、为厦大学子钻研中华传统文化提供宝贵、翔实的素材资源。

“嘉庚先生和学生们”群雕

身居异乡,心系桑梓

几十年来,吴定基、李织霞贤伉俪始终心系家乡教育事业,慷慨捐资3000多万元帮助家乡繁荣发展,资助家乡兴办文化、教育事业。爱国侨领李光前长子、新加坡李氏基金时任主席李成义先生曾评价其“心系家国,情倾公益,慷慨捐输,当仁不让,深孚众望,更重要的是有金子般的爱心和无私奉献的精神”。

夫妇二人先后资助南安石井建设厚德中心幼儿园、厚德小学和厚德中学等,还资助金淘晨光村建设幼儿园,捐资帮助梅山镇建设文化中心,捐助国光二中、南安市工业学校、南安市青少年宫等。在他们的关心和支持下，各学校的教学质量也得到快速提升，2002 年厚德小学被评为福建省示范小学，2008 年厚德中心幼儿园被评为南安市优质幼儿园，2012 年南安市政府批准石井镇设立“厚德学园”。吴定基不仅捐资支持该学园的教学设施等硬件建设，还特别关心学园软实力水平的提高。通过他的牵线搭桥，该学园已经成为厦门大学师生社会实践基地，常有厦大师生进出学园，举行丰富多彩的活动，和学园师生频繁互动、协作共进。

20 世纪 90 年代初，为帮助家乡发展公益事业，李成枫先生秉承李成义先生意愿，倡导和支持创立南安市芙蓉基金会，并担任基金会名誉理事长。吴定基始终陪同岳父奔走于新加坡、马来西亚和家乡之间，深入实际调查研究，确定家乡学校、医院等诸多重大公益建设项目。1995 年，为了芙蓉侨乡的繁荣发展和光前学村的建设，李成义昆仲委任吴定基、李织霞伉俪为“工程项目调研员”，负责评估及调研李氏基金委托芙蓉基金会承办的所有公益工程建设项目，进一步密切李氏基金和芙蓉基金会的联系。他们怀着对家乡事业的赤诚关爱，无私地、全身心地投入光前学村的建设和侨乡公益事业的发展，先后为家乡公益事业争取建设资金达 1.4 亿多元。因吴定基为南安公益事业发展作出显著贡献，福建省人民政府为其颁发“捐赠公益事业突出贡献奖”金质奖章、奖状，并在南安市石井镇厚德小学为其立碑表彰。

“定基业老骥协力，织霞晖雏鹰可期”，南安县石井镇厚德中心幼儿园的这方石刻，饱含着夫妇二人对故乡教育事业浓浓的牵挂和希冀。值得一提的是，在他们捐建的多所学校建筑中，没有一栋楼以其个人名字命名。吴定基、李织霞贤伉俪用他们的善行义举书写着“达则兼济天下”的温暖诗篇，弘扬传承感恩奉献、无私付出的华侨精神。

李文正：金融赤子　桑梓情浓

他是叱咤印尼的闽籍华人金融家，稚子志远，苦心孤诣成就银行梦；他是倾力助学的热忱公益人，丈夫豪情，拳拳之心回报故园情；他是厦大医科发展的推动者，慷慨捐资，款款深情助力学科建设；他是嘉庚精神的践行者，投身教育，绵绵大爱造福莘莘学子。他就是印尼著名侨领、力宝集团董事局主席李文正先生。

少年坎坷，心怀银行梦

李文正先生

“种在花棚里的树木永远长不大，必须在露天旷野里才能长大。”

李文正，1929 年出生于印度尼西亚东爪哇的玛琅镇，祖籍福建莆田。6 岁前曾短暂生活在福建老家，后定居印尼，一手创造了庞大的金融帝国、印尼第二大财团——力宝集团。

在印尼念小学时，李文正时常留意上学路上的一间欧式建筑物，其形巍峨壮观，里面的人衣着整齐且神气十足，他们非常忙碌，但店里并没有什么商品出售，由此他产生了强烈的好奇心。后来他知道了，那是一间荷兰人开的银行，主要是向社会吸收存款，以更高的利息把存款借贷给需要资金的商人，从中赚取利润。小时候的李文正一知半解，感觉银行就是把一些人的钱转手借给另外一些人，钱在拿来拿去的过程中就能“生钱”，很神气，真是一门好生意。就这样，一个“银行家梦”在幼小的李文正心中萌发，往后的日子，只要路过银行他都要停留一下，向往里面的动静，憧憬未来的日子。

那时候，李文正的父亲开了一家蜡染店，生意尚可，原本有意让他继承家业，李文正却念念不忘当银行家的梦想，选择赴雅加达打拼。他始终坚信，银行业不是一种买卖货币的事业，而是买卖信用。纵使没有背景，只要勤学苦干，定能成就一番事业。

白手起家，以“信”立天下

“一家银行的成功，不是金钱问题，而是信用问题。广大民众之所以会把钱存入你的银行，就是因为他们相信你。你获得信用后，再回馈社会。”

进入社会打拼的李文正先是在车行当伙计，之后到岳父开设的百货店工作，同时代理船务。一次偶然的机会，李文正帮助一家银行筹得资金，并一举获得20%的股份，成功踏入银行界。从此，李文正按照自己规划的职业发展道路，一路钻研，从熟悉到精通每一个专业词语和操作算法，慢慢开始在金融圈崭露头角。他坚信银行业就是自己可以一辈子打拼的事业，稳扎稳打筹划属于自己的商业帝国。

凭眼界与精明，李文正白手起家，破旧立新，于变数中谋生机，商海博弈屡屡险中得胜。他接连执掌多家银行，每每将其扶上正轨，便又另起炉灶，再追新高。巅峰时，他是印尼仅次于林绍良的第二号私营银行巨头，人称“印尼钱王”，不但带动银行业创新，还发力推动印尼金融制度改革。20世纪90年代，印尼经济衰退萧条，又遭亚洲金融危机冲击，李文正转换跑道，投身土地资源开发，在时代变革中吐故纳新变换姿态，让其创立的力宝集团经营领域多元延伸，不断壮大。“图难于其易，为大于其细。”经过多年努力，力宝集团多项事业的规模都跃居印尼首位，真正做到从无到有、从小到大。

有人问李文正先生如何白手起家创业,逐步实现他的金融帝国梦想。“很简单,一切只凭两个字:信用。”李文正不假思索地回答。

扶助经济,铭记桑梓情

“喝了家乡水,欠了家乡债,我是一定要回来的!”

在李文正的创业生涯中,有一件事一直使他牵肠挂肚,那便是祖国的经济发展。祖籍福建的李文正对祖国倾注着特别的感情。自他6岁那年离开故土起,就时时记得祖母的教导:“孩子,你必须到外国去学本事,学好本事再回来,替家乡做事。孩子,出去是为了回来。”

在全球化发展浪潮中,李文正尤为关注中国,他曾断言:“全世界没有任何一个国家的投资机会与前景可与中国相提并论。”他的投资重心也随着这种家国情怀向中国内地与香港地区转移。自1992年以来,力宝集团就开始在祖国的金融、大型实业投资及房地产方面大展拳脚。在金融方面,除了成立深圳华侨银行,力宝集团的华人银行也在1993年初在上海设立了分行。在实业投资方面,中国首家全外资电力项目——湄洲湾火电厂正是由李文正带领力宝集团倾资建设而成的,这不仅是第一个获得中国国务院和国家计委批准的全外资电力项目,也是第一家获得亚洲开发银行第一优先有限追索权及私营企业贷款的中国电厂。其运营采用国际流行的BOT方式(build-operate-transfer,建设—运营—移交),投产20年后,把电厂的所有权无偿转让中国政府。作为湄洲湾开发的龙头项目之一,湄洲湾火电厂有力推动了当地社会发展和经济开发,为莆田建设新兴港口城市提供必要的电力保障,带来巨大的经济效益和社会价值。李文正曾动情地表示,湄洲湾火电厂是他为家乡作贡献的第一个梦。浓郁的家乡情结、深厚的桑梓情怀,洋溢在李文正的言谈举止间,催人奋进,发人深思。

助益教育,倾力传薪火

“华商以不同方式表达恋祖怀乡的情结,对我而言,我希望将之寄托于教育事业。”

1938年，李文正9岁，母亲产下妹妹后离世。父亲独自照料他的生活，以独特的方式教育他、培养他。父亲教李文正念书识字、写信作文，又教育他要睦邻尊老、诚实待友、勤俭生活、刻苦耐劳。“家庭要富裕，靠孩子的家教；企业要兴旺，靠人才；国家要富强，靠教育的普及。”这是父亲对李文正最常讲的三句家训，对李文正影响至深，成为其学习的动力和处世的基础。

多年来，李文正积极投身于教育公益事业。为了在家乡莆田创办一所大学，他多年来一直奔走呼吁。1980年，李文正在参与商讨建立莆田学院时，率先表态捐建一座主楼“李文正教学大楼”，他还专门捐助师资队伍建设、购置实训设备、添置图书馆藏书，对推动莆田的教育发展起了很大作用。莆田学院建成之时，李文正欣然挥毫题词，寄望“教育兴邦”，字里行间充满殷切期勉。

2000年前后，李文正捐资人民币1000万元注入厦门大学医学院基金，用于支持厦大医学学科发展，为感谢其慷慨捐赠的善行义举，学校将位于大学路厦门大学医院附近的医学院教学实验楼命名为“李文正楼”。

厦门大学李文正楼

在李文正看来，图书馆是大学的生命，图书馆的内容和设备同大学的教学与发展密切相关。2004年，李文正捐建东南大学图书馆，2016年年初，李文正捐建的清华大学图书馆李文正馆(图书馆北馆)落成。

李文正坦言：“国家的强盛要靠教育，教育对一个民族非常重要。”他以支持中国教育发展为己任，期待中国高校继续发展，并在中国“大众创业万众创新”浪潮中主动发挥积极作用，希望中国在世界科技舞台收获更好的发展。

杰出的企业家，既创造物质财富，又创造精神财富，李文正先生正是创造双重财富的个中翘楚。他富有传奇色彩的创业故事和一腔热忱的爱国之情感染了一代又一代后起之辈，拳拳之心，令人感铭！

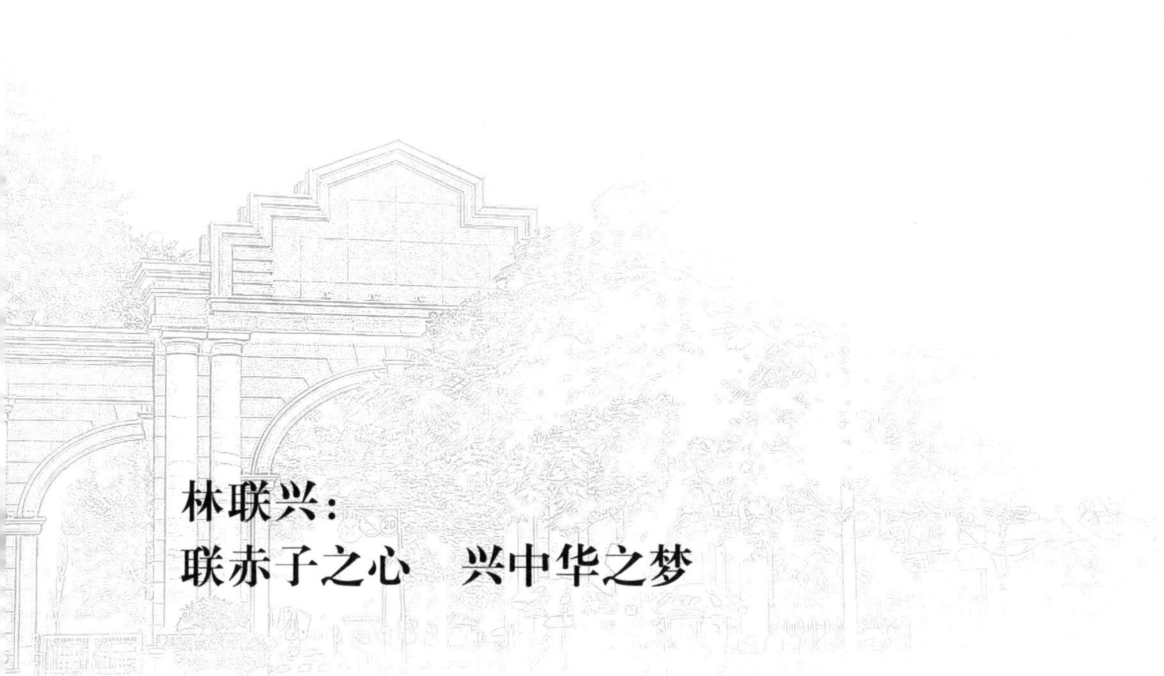

林联兴：联赤子之心　兴中华之梦

1999 年 4 月，在厦门大学建南大会堂东侧，一幢建筑面积 4300 平方米，楼高 5 层的多功能教学大楼建成，名为“联兴楼”，这栋楼宇正是由知名印尼华侨、厦门大学海外教育学院校友林联兴先生捐资 200 万元建造的。

林联兴校友常被冠以“儒商”雅号，他钻研孔子思想和儒家文化，将儒学与市场经济的规律结合在一起，形成一套自己的经营哲学。他谈吐文雅、行事道德，在华人世界被人津津乐道。

林联兴校友为圆自己的学识梦想，在事业已达顶峰之际，于古稀之年重温十年寒窗，以 67 岁的“高龄”成为厦门大学的“年轻校友”。论学无止境和学以致用，堪称典范。

智慧打造，非凡事业

20 世纪初，林联兴的父亲因国内时局动荡，选择远赴印尼谋生，克服了语言不通、文化不同等艰难条件，创办了盛兴公司，主营杂货贸易。林联兴回忆说：“父亲面对陌生环境的坚毅果敢，在当地中华总会的无私奉献仍令我难以忘却，父亲伟大而传统的人格素养渗透并培养了我的精神信念，在一生中最艰难的岁月里陪伴我闯过了重重险阻。”在父亲的耳濡目染下，林联兴很早便树立了脚踏实地、帮助他人、服务社会的商业经营思想。1951 年，

林联兴先生

23 岁的林联兴放弃了返回中国求学的机会，选择帮助父亲经营盛兴公司。他从最底层的销售工作做起，用 17 年的时间掌握业务、熟悉市场、淬炼身心，并于 1968 年接管盛兴，带领公司从零售贸易商开始向多元化的实业集团转型发展。

在林联兴看来，君子先内修，而后施之外物，这种传统的中国文化理念同样适用于企业管理。他曾在采访中说道："成功正如人生成长发展的阶段，必须循序渐进，每一步骤均很重要，且需要时间，没有一步可以省略。但在精神领域、人际关系，甚至个人品性上，人们却往往忽略了这一原则。我们可以看到太多投机取巧却徒劳无功的例子，企业界尤其如是。"在这种管理理念的驱使下，林联兴尤为注重公司在业务领域的核心竞争力塑造，稳扎稳打，放低姿态，主动向业内优势企业虚心学习，建立优势互补的合作关系，博采众长，成功地将公司业务相继拓展到原木出口、农业园艺、煤炭金矿开采、金融证券等多个领域，并将盛兴旗下各个企业整合重组，成立了 Harita 控股集团，旗下资产超过数十亿美元，成为亚洲规模最大、涉及矿藏资源最丰富的矿业王国之一。

联兴楼

求学华文,孜孜不倦

孩童时代的林联兴曾立志回到中国接受教育,但由于操持家业的压力始终未能遂愿。他年届古稀,历尽艰辛坎坷,终成宏图大业,本该颐养天年,含饴弄孙,然而林联兴却始终难以割舍心中对于中国文化的热爱,以近七十高龄之雄心投身教育事业,率先垂范刻苦钻研中华文化,把中华文化的学习研究当作毕生追求,真正将"活到老,学到老,学无止境,与时俱进"落在实处。

林联兴伉俪

1994年,林联兴报读厦门大学海外教育学院中文专业函授课程,开始了他梦寐以求的求学之路。1998年,他顺利通过论文答辩,获得厦门大学海外教育学院中国语言文学学士学位,成为厦大首位通过论文答辩获取学位的海外华人。刚刚获得学士学位不久,得悉上海交通大学在新加坡设立了工商管理硕士教学点,他又开启了在上海交通大学继续深造的求学生涯。2000年,72岁的林联兴完成了20多门硕士学位课程的学习任务。同年9月,他选择继续在上海交通大学攻读企业管理学博士学位,并于2005年顺利毕业。此外,他还参加了新加坡国立大学现代企业管理、北京语言文化大学中国文化与历史等课程的学习。2011年,83岁高龄的林联兴荣获上海大世界基尼斯总部颁发的"最大年龄获得博士学位的外籍华人"荣誉证书。

谈到坚持学习的动力,林联兴坚定地表示:"人一定要有恒心,要坚持。我是一个老实人,只是因为我的坚持,才成就了今天的我。我们不要功亏一篑,只要相信是对的就要坚持,就一定会有成果!"这种坚韧与恒心,是他赠予厦大莘莘学子的精神财富。

感恩奉献，回馈社会

林联兴先生一生推崇孔子思想和儒家文化，将此奉为最高人生哲学。他不仅将儒家文化融入自己的事业中，更是身体力行儒家“仁者爱人”的古训。作为一个大型企业集团的所有者，林联兴慷慨解囊、造福桑梓、倾资兴学，先后捐资数千万元于中国的慈善和教育事业。

林联兴多次捐助国内院校，推动国内教育事业发展。1995 年，他向厦门大学捐资 200 万元兴建“联兴楼”；2001 年，他向上海交通大学捐资 300 万元建“联兴楼”，并为管理学院捐资 30 万元筹建联兴电脑工作室。林联兴对自己的家乡福清和东瀚尤为想念牵挂，经常通过乡亲了解家乡教育情况。早在 1989 年，他便捐资 30 万元兴建了莲峰小学校舍。1995 年又与胞妹等筹资 200 万元，创办了以其父亲名字命名的福清祖钦中学。在慷慨捐资兴学育才的同时，林联兴还与胞妹共同捐资 100 万元修建了东瀚至莲峰 11.3 公里水泥路中的“祖钦路”。1995 年，又与胞妹共同投资 450 万元，在家乡创办东方星淡水养殖有限公司，为促进家乡经济繁荣奉献心力。此外，他还为闽江调水工程捐资 83 万元。为社会慷慨解囊的林联兴生活中却极为简朴。他总是以“自力更生，艰苦朴素”进行言传身教。正如他自己所言：“我们追求事业，并不是为了个人的享乐，我们需要关注社会的需要。”

作为一名卓有建树的企业家和贤达人士，林联兴获得众多社会殊荣、赢得社会广泛赞同，而他也乐于承担社会责任、倾力服务他人。早在 1990 年，林联兴就被推举为印尼林氏宗亲总会理事长；1996 年，他又获任印尼孔教基金会主席。此外，林联兴还长期担任厦门大学印尼校友会名誉主席，印尼华裔总会名誉主席，印尼中华总商会名誉主席，印尼工商会馆中国委员会委员与顾问团副主席，印尼—中国经济、社会与文化合作协会高级顾问等多项职务。从商业到教育事业，从文化到外交，林联兴凭借自己的经验和智慧，不仅为后来者点燃了明灯，助推了儒学的影响力，更为中印之间的外交建设添砖加瓦。林联兴对社会发展的责任感，救世济民的抱负，达则兼济天下的追求，对中华文化精髓的坚持与传承激励着每一位中华儿女。

磊落百看玉冰清，柔韧不阙自悦鸣。老当益壮，白首之心不移，青云之志不坠。中华赤子林联兴先生用自己的不断拼搏和善行义举为华夏民族的绚丽画卷添上了浓墨重彩的一笔。

陈德仁：“德”贯中日 “仁”以及人[*]

陈德仁先生集日本著名华侨领袖、华侨学者、社会活动家、教育事业家于一身，为中日两国经济文化交流和友好事业发展作出了杰出贡献。1994年，他追寻陈嘉庚先生足迹，向厦门大学慷慨捐赠100万元，设立“陈德仁厦门大学育才基金”，旨在资助厦大培养跨世纪的优秀人才。陈德仁先生一生为促进中日文化交流、推动华侨历史研究、助力祖国教育振兴等崇高事业奋斗不止，值得我们永远铭记！

革故鼎新，沟通商贸

“须认识到华侨乃一大家族，一荣俱荣，一损俱损，为新进的后代开拓新领域的事业，有钱的出钱，有力的出力！”

陈德仁1917年出生于日本神户一个华侨殷实商人家庭，他在青少年时期接受了良好的中文教育，形成强烈的中华民族意识和爱国热情，为他日后推动中日友好交流打下了文化基础。

陈德仁大学毕业后筹建了“神户中青年会”，开始广泛地接触日本华侨

---

* 本文部分文字摘自暨南大学图书馆世界华侨华人文献馆王华撰写的《陈德仁：中日友好交流的使者》(《人民日报(海外版)》2022年2月25日第6版)。

社会,显露了优秀的组织才能,逐渐在青年华侨中赢得了不错的声誉。20世纪中叶,神户当地华侨的经济事业止步不前,陈德仁认识到上一辈的侨胞事业不可照搬复制,年青一代需要紧跟经济社会发展,继续开拓新的领域。“今天的世界已不是小资本、小企业可能战胜于商场的时代”。他鼓励旅日侨胞团结一致,“改组各小企业为一大企业,或另组织一大综合企业”,巩固华侨的一切力量、推动经济事业的进步。自1947年起,他先后与一批年轻有为的华侨共同创立了“神户华侨劳资合作社”“中美商行”“神户华侨贸易振兴会”等经济组织,带领华侨振兴经济,积极发展同上海、香港的贸易,深受神户华侨爱戴。自1971年起,他连续16年担任神户中华总商会会长,身先士卒振兴实业,推动中华总商会发展,集资建成中华总商会大厦,积极推动中日经济交流,促进中日政治关系改善,谋求中日两国国民友好,为两国经济关系的交流和发展作出了积极贡献。

以史为志,上下求索

“1895年,中山先生初次踏上日本,走进了神户;而他最后一次抵达的日本土地也是神户,他的奔波跋涉,为的是一场唤醒沉睡的亚洲人的大演讲。”

陈德仁不仅是一位卓有成就的企业家、社会活动家,也是一位历史学家。他仰慕孙中山先生多年,纵不得亲眼所见中山先生之英姿,仍潜心于搜集华侨历史资料,从事孙中山先生在神户活动史迹的保存和研究工作。1979年10月23日,海外第一间华侨博物馆——神户华侨历史博物馆在神户市中央区建成,陈德仁任首届馆长。神户华侨历史博物馆的建立对日本华侨文化事业及中日文化交流有着重要意义,吸引了不少中日各界人士前往参观考察,使人们对日本华侨的历史有了更全面的认识。

1981年3—9月,该博物馆举办了“孙文与神户”特别展,紧接着在10—12月,举办了纪念辛亥革命70周年特别展。这两项展览是陈德仁多年来收集有关孙文与神户、神户华侨与辛亥革命等方面资料的大成体现。1983年陈德仁先生与日本政府交涉,收回华侨巨商吴锦堂别墅移情阁,修葺后辟为孙中山纪念馆。1985年他与神户大学东洋史专家安井三吉教授合著了《孙文和神户》一书。1986年为了纪念孙中山120周年诞辰,他编写了《辛亥革命和神户》。此外,他还编著了《神户华侨编年史》和《孙文大亚洲主义资料集》等著

陈德仁先生编纂的历史文献书

作，让中日两国人民对孙中山先生、辛亥革命与日本的关系有了深入了解。

兴教育人，誉满中外

“凡我侨胞，除自认非中国人者外，要按自己的能力尽量捐款，表示自己的人格。我以为，假若每人有热情，拿出自己财产的十分之一以上作为建校基金的话，我们的学校是绝对可以建筑完成的。”

陈德仁常说：“脱得了中国人的皮，也脱不了中国人的骨。”他一直关注日本华侨的华文教育和祖国的教育现状，奔走于中日两国，传播交流中日文化，既为日本华侨社会和华侨子弟的教育事业贡献力量，同时又热情关心祖国的华侨史研究和高等教育事业。

神户中华同文学校是日本历史最为悠久和影响最大的华文学校之一。二战期间学校遭受严重损坏，需要大规模修葺。战争结束后，时任学校理事长的陈德仁积极发动各界捐款，组织力量助力校舍修建，为神户华侨社会的华文教育事业添砖加瓦。在他的努力和感召下，新建成的校舍成为中日友好的结晶，学校发展成为日本规模最大、闻名海内外的华侨学校，培养出一大批杰出人士,许多毕业生学成后回国投身建设。

同时,陈德仁还慷慨资助国内教育事业,倡导中日文化交流,他热心帮助中国留日教师和学生办理赴日手续,在日本高校讲授中日关系史,极大地推动了中日教育往来。1986 年,他应邀赴厦门大学、华侨大学、福建师范大学作关于日本华侨社会现状和历史的演讲并与相关师生座谈,深获学者的好评。福建师范大学、暨南大学、浙江慈溪吴锦堂师范学校、厦门海外联谊会、华侨博物馆等单位都曾得到陈德仁的慷慨帮助和大力支持。

1994 年陈德仁先生被聘为厦门大学客座教授(左五、左六为陈德仁伉俪)

据厦门大学原校长林祖赓教授回忆,"陈德仁先生的设想是筹集 1 亿以上的日元,在厦大建中日交流会馆"。然而令人遗憾的是,1995 年神户发生大地震,陈德仁的财产蒙受重大损失,加上妻子不幸病故,他本人也身患重病并于 1998 年逝世,其支持厦大的宏愿无法实现,但他仍然在去世前倾其所有,向厦大捐赠 100 万元人民币,这种倾资兴学的可贵精神和情怀大爱令人动容。

陈德仁对中日文化交流的贡献也得到了两国政府的高度认可。1984 年,日本政府为表彰他对中日友好事业和发展中日贸易的贡献,颁授他"勋五等瑞宝章",陈德仁成为首位获此荣誉的中国人。1986 年,大阪县授予他"国际交流功劳奖"。1995 年,陈德仁荣获福建省政府颁发的"乐育英才"奖匾。

陈德仁先生的精神是伟大的,也是永存的。他不仅是日本华侨的骄傲和楷模,也是永远值得华夏儿女怀念和学习的榜样!

李尚大：造福桑梓　尚大情怀

李尚大先生是著名的印尼闽籍企业家、侨领，他一生敬仰陈嘉庚先生，继承嘉庚精神，爱国爱乡、重教兴学，为厦门大学医学院以及厦大医院的建设作出了巨大贡献，厦大师生皆感佩之。

抱诚守真，创业有成

1920 年，李尚大出生于安溪湖头，其父李瑶悌是当地知名人士，对家乡公益事业十分热心，倡议创办了湖头慈山小学。1931 年，父亲突患重疾不幸病逝，让和谐平静的家庭遭受沉重打击。即便如此，勤俭持家的母亲坚信读书成才的道理，在家庭经济十分拮据的情况下，仍然坚持将子女送进学堂，并顺利完成学业。父亲的善行义举和母亲的教育理念，在少年李尚大心中种下了一颗爱国爱乡、兴学育才的种子。

1952 年，李尚大南渡印度尼西亚发展。他吃苦耐劳、敢闯敢干，从底层员工干起，克服了语言不通、人生地不熟的障碍，很快掌握了经商知识，与友人合作成立一家进出口公司，经营土特产品及花布生意。在他的诚信经营下，公司生意兴隆，规模不断扩大。李尚大和印尼人和睦相处，与当地侨胞团结互助。他同别人合作做生意，以诚为本，坚持有钱大家赚，尽量给合作伙伴带来更多好处。因此，他在商圈逐渐建立起信誉好、人缘好的口碑，个人事业越做越大,对当地社会的贡献也越来越多。到了1960年,他的企业每年已能为当地二三万人提供就业机会。此后,他发挥闽南人“爱拼才会赢”的精神,不断拓展自己的商业版图。时值国际市场木材价格不断上扬,而印尼又有丰富的森林资源可供开采,瞅准商机的李尚大将此前经商积累的资金投入木材业,成为印尼木业生意的先行者。随着公司业务不断发展,他又相继踏入钢铁厂、房地产、棕榈油等行业。几十年的商海积累,李尚大成为印尼以至东南亚华人华侨中享有良好声誉的爱国企业家。

事业有成的李尚大,十分关心关注华人的社会地位,20世纪六七十年代,受印尼当地时局影响,一大批侨胞无法加入印尼国籍,因此他们的个人和家庭生活成为很大的难题。李尚大挺身而出,联系印尼侨胞有志之士,四处求援,多方交涉,克服重重困难,最终让这些侨胞顺利入籍,从而解决了其子女就学、就业和生活问题。他还十分热心华文教育工作,与几位乡亲在雅加达创办了顺德、圣光两所从幼儿园到职业高中的学校,每周专门教授五课时的中文。他支持华人社团培训华文教师,帮助各地推广华文教育。他还与安溪乡亲一起成立雅加达安溪福利基金会,为乡亲联谊、交流资讯、扶贫济困提供了平台。

去国怀乡,捐助公益

虽然身居异国他乡,李尚大却时刻心怀祖国、心系故乡。1985年,怀着一颗炽热的赤子之心,李尚大回到了阔别33年的故乡。“我生在安溪,长在安溪,总是盼望用我的余生回馈养育我的故乡。”站在故乡的土地上,眼前贫瘠的情形以及乡亲们努力摆脱贫困的身影,令他百感交集。站在父亲创办、自己曾经就读过的慈山小学校园,破旧的校舍令他流下感伤的泪水,也坚定了他为家乡建设尽心力的决心。

“为了家乡我愿意献出微薄的力量,希望对她有一点好处,达到脱贫的目的。”此后,李尚大慷慨捐资重建慈山小学,创建慈山学校初中部、慈山财经中专学校(现为泉州经贸职业技术学院慈山分院)。1990年,李尚大力排众议,接手坐落于湖头五阆山麓、濒临停办的安溪农业中学(现为安溪慈山农业学校),捐建教学楼,添置教学设备,并积极寻求福建省农科院、福建农业大学的指导帮助，最终使学校重焕生机。

同时，为改善安溪山区的交通状况，李尚大为家乡修桥筑路，先后帮助安溪开凿通往厦门的龙门隧道，修建安湖公路，在湖头兴建振羽大桥、昆祝桥，铺设湖头中山街和瑶閘路水泥路面，修筑长坑至衡阳的公路和桥梁，捐建湖上乡的飞新桥和慈恩桥等，这些都极大地方便了当地群众的来往通行。

李尚大不仅率先垂范支持家乡建设，还带动海外侨亲关心、捐助家乡建设，对自己的子女更是言传身教。1991 年年底，李尚大带着子孙三代回到湖头。次年，他再度带着全家人回家乡参观慈山学园。他要求子女们无论在什么情况下，都要坚持把慈山学园办下去，而且要越办越好。他欣慰地说："我在家乡所做的一点善事，已得到儿女们的统一认识，未了的事业后继有人，我已无后顾之忧，感到高兴与安慰。"

据统计，从 1985 年开始，李尚大在泉州、厦门以及北京等地捐款办学校、盖医院、修路建桥、打井修渠的善款总计超过 1.5 亿元。2004 年 3 月，福建省人民政府决定为倾资在家乡兴办公益事业的李尚大立碑。4 月，省人民政府又授予李尚大"华侨捐赠公益事业突出贡献奖"。

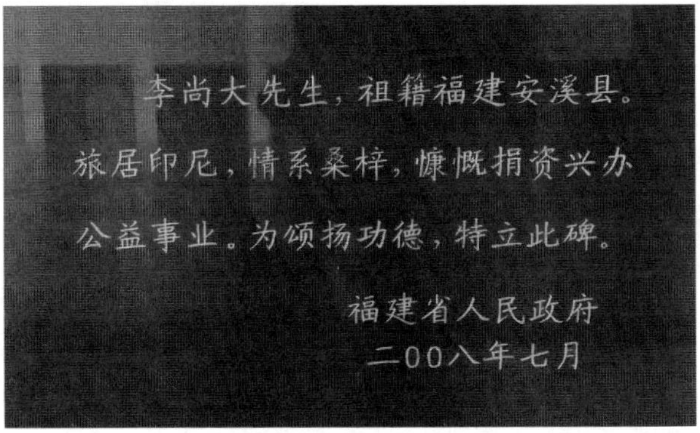

颂扬李尚大的功德碑

榜样力量，传承嘉庚

1990 年起，李尚大把生意交给两个儿子打理，自己一年回国三四趟专注公益，尤其是国内的教育事业。每当人们夸赞他的善行义举时，他总是谦逊而真诚地说:“我是跟着陈嘉庚校主走的。”

李尚大坦言:“我一生最崇拜陈嘉庚……陈校主倾资兴学,没有给子孙留下一分钱,而且还动员他周围的人一起办学,是前无古人、后无来者的伟人。”

陈嘉庚先生生前曾有创办集美大学的愿望。李尚大继承陈嘉庚遗志,积极支持创办集美大学。为推动集美大学的诞生,多方呼吁,四处奔走;为提高集美大学的综合实力和办学水平,四次在校董会上大声疾呼集美大学施行实质性合并。在担任集美大学校董会副主席期间,李尚大不仅积极建言献策,还带头捐资兴学。集美大学第二任校长辜建德深情地说:“没有尚大先生的关心,就没有集美大学今天的进步和成绩;没有尚大先生的支持和帮助,就没有集美大学和诚毅学院今天的发展和兴旺。”

陈嘉庚先生曾多次努力试图设立厦门大学医学院,但因种种原因,皆未能实现。李尚大继承陈嘉庚先生遗志,主动帮助厦门市政府和厦门大学创办医学院。他带头捐资235万元设立医学院建设发展基金,先后出任厦门大学医学院董事会名誉董事长和医学院建设发展基金副理事长,还在海外广泛发动募资,动员好友捐赠1000万元助力医学院筹建。此外,他出资聘请澳大利亚皇家医学院院士、新加坡医学院院士、著名心脏病学专家林延龄教授担任厦门大学医学院首任院长。1996年,在国家教委批准后,厦门大学医学院正式设立,结束了闽西南地区没有高等医学教育的历史,陈嘉庚先生的愿望得以实现。

李尚大塑像

对于教育事业，李尚大可以说是全身心地投入。即使2000年以后，自己因身体原因行动较为不便，还是对学校教学情况极为关注，时常打电话给各学校负责人了解详细情况。其效法陈嘉庚先生倾力助学的精神，成为一座矗立在厦大学子心中“嘉庚精神、尚大情怀”的丰碑。

自幼命途多舛，他不卑不亢以诚待人，成为口口相传的印尼华商；家乡道路崎岖，他捐资修桥筑路，改善交通环境；山区教育落后，他以陈嘉庚先生为榜样，带头捐资多方奔走，慷慨解囊兴学助教。造福桑梓，其志可叹；尚大情怀，其心至坚！

曹德旺：信义在手 信念在心

他，是中国反倾销胜诉第一人；他，是世界最具影响力十大华商人物；他，是改革开放40年杰出民营企业家；他，是“全国脱贫攻坚奖奉献奖”获得者……从白手起家到亿万资财，再到捐资超过百亿，他两次获评“中国首善”，八次获得中华慈善奖！面对世人惊叹，他风趣地说：“我是特殊材料做成的。”满怀着崇敬与好奇，一起走进福耀玻璃集团创始人、董事长曹德旺先生，用心感悟他的“特殊”人生。

这份“特殊”源于生活的磨砺

“正是这些磨砺造就了自己。”

曹德旺，1946年5月出生，福建省福清市人。其父曾是上海永安百货股东，时局动荡，回迁福清，万贯家财，途沉大海，家道归于清贫。曹德旺“在幼小的年纪就体验了成人世界的险恶与底层百姓受欺凌的滋味”。14岁就辍学的他放过牛，卖过烟丝，贩过水果，拉过板车，修过自行车，当过炊事员、采购员，到工地打过工，终日食不果腹，时常遭人白眼，经受了精神和肉体的双重折磨。

家境虽然贫寒，良好的家教却从未缺失。“要抬起头来微笑，不要说肚子饿，要有骨气、有志气！”母亲平实的话语鼓舞着曹德旺；“要摆脱贫穷，只有靠自己去努力拼搏!”父亲的言传身教陶冶着曹德旺。最可贵的是他从不放弃对学习的渴望,一部《辞海》,攻读不辍,各类书籍,乐在其中。“我什么书都读,而且悟性很高,记性很好。不管多忙,我每天还是保持读两个小时的书。”曹德旺感慨地说。

生活的磨砺坚定了他改变命运的意志,良好的家风锻造了他优秀的品格,出色的学习习惯奠定了他日后发展的基础。

这份“特殊”成于坚韧的执着

“为中国人做一片自己的汽车玻璃。”

1984年,曹德旺陪同妈妈游览武夷山,途中被“几千元钱一片”的日本汽车玻璃震惊,但也敏锐地洞察到了巨大商机。1985年,他转战汽车维修玻璃,从芬兰引进最先进的生产设备,从各地搜罗技术人才,经历无数次失败,终于从荆棘丛中杀出了一条血路,创立了属于中国人的民族玻璃品牌,打破了外国企业的市场垄断。

意气风发进军美洲市场的福耀玻璃却遭到了加拿大和美国的反倾销指控。“美国人拳头大就可以欺负我吗? 那我就把事情捅大,让全世界来评评! 就是倾家荡产,我也要跟他干。”曹德旺“上演了从商生涯中最气势磅礴的一幕”,2001—2005年,他带领福耀团队花费1亿多元,打赢了2个反倾销案,震惊了世界,也打开了欧美市场的大门。

有人问:“为什么坚持几十年只做汽车玻璃?”曹德旺说:“做得多不一定好,做得精而深才是最好的。”凭着这份执着,30多年心无旁骛,曹德旺将一家原本亏损的乡镇小厂打造成全球企业集团,让福耀玻璃成为全球第一大汽车玻璃生产商。

这份“特殊”融于家国的情怀

“企业家要有家国情怀。”

“国家因为有你而强大，社会因为有你而进步，人民因为有你而富足，企业家必须有这样的境界和胸怀。”心中装着国家前途、民族命运和百姓忧乐的曹德旺，于2011年5月捐出3亿股福耀集团股票成立河仁慈善基金会，开创了中国慈善融资渠道的历史先河，充分彰显了他的远见卓识和慈善情怀。

曹德旺先生

庚子初春，一场新冠肺炎疫情惊动着国人的心。热心慈善、当仁不让的曹德旺第一时间“做好了和这个国家一起过苦日子的准备”。河仁慈善基金会捐赠1.4亿元，专项用于抗击疫情和帮助小微企业渡过难关。他还指挥福耀集团在德国、法国、美国、日本等国家和地区积极筹措防疫物资，协助国内筹集价值超过3000万元的医用防疫物资。此外，为帮助海外抗击新冠疫情，曹德旺又通过河仁慈善基金会购买了价值1000万元的防疫物资，分别运往美国、德国、日本等国，以实际行动诠释了团结互助与人道主义的大爱。

从1983年第一笔捐赠开始，曹德旺的社会捐资已超160亿元，涵盖灾后重建、慈善助农、残疾人危房改造、饮水卫生、医疗救助等10多个类别120多个公益项目。捐助项目遍及我国西藏、新疆、云南、贵州、四川、甘肃、宁夏、福建、江西、重庆、山东等十多个省、区、市。“做慈善不是富人的专利。我捐几十个亿，和你们拿工资的人捐几千元是一样的，因为你已经尽力了。即便没有钱，你还可能给人以微笑，展示你的同情心。”曹德旺用行动吸引着越来越多的企业家投身公益慈善事业，共同促进社会更加和谐与美好。

这份“特殊”归于坚定的信念

“留给子孙后代的，不应该是财富，而是品格和智慧。”

在曹德旺内心深处，将一位特殊人物奉为人生榜样，他就是厦门大学校主陈嘉庚先生。“陈嘉庚先生高度的责任感、使命感和炽热的爱国情怀始终感染着自己，是自己做人、创业的榜样。”陈嘉庚先生“教育为立国之本，兴学乃国民天职”的信念和“金钱如肥料，散播才有用”的信条深深地影响着胸怀桑梓、乐善好施的曹德旺。曹德旺对厦门大学也格外关心，持续襄助。早在1996年，他便捐资300万元建立“福耀厦门大学教育发展基金”，之后多次增资设立奖助学金，并捐赠1亿元建设翔安校区图书馆。曹德旺已成为厦大学子的楷模，中国企业家的榜样。

厦门大学翔安校区德旺图书馆

从借款2000元修缮母校开始，曹德旺对教育事业的投入愈来愈大。2.7亿元捐建福清高山中学，4亿元建设福州市图书馆，1亿元支持福建师范大学开展基础教育研究，巨资支持革命老区、西部边区教育事业，还在南京大学、福建医科大学、福建农林大学、西北农林大学等多所高校设立“曹德旺助学金”，持续帮扶贫困学子顺利完成学业……他秉持陈嘉庚先生“立志一生所获财利，概办教育，为社会服务”的初心大爱在回馈桑梓、教育兴国的道路上越走越远。他用行动告诉我们，教育也是一种信仰，捐资教育就是最大的慈善。

“慈善做得再大都是小善，而努力促进社会进步，让天下和谐才是真正的大善。”曹德旺“信义在手，信念在心”的这份“特殊”，与厦门大学“自强不息，止于至善”的校训异曲同工，殊途同归。

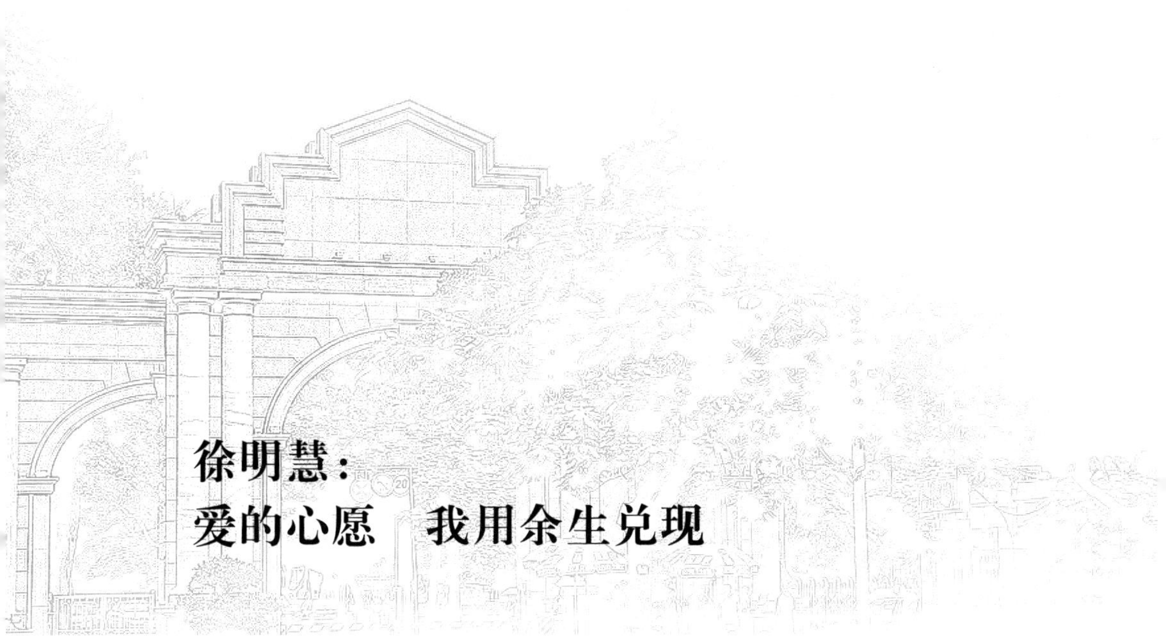

徐明慧：爱的心愿 我用余生兑现

她并非毕业于厦门大学，却因为与爱人的相识、相知、相爱，而与这所南方之强结下了不解之缘。因为耳濡目染，这座南方城市愈发清晰和温暖，这所海边校园愈发清新而明媚。

今天，就让我们一起走近厦大校友遗孀徐明慧教授，静静倾听她和爱人林毅雄与厦门大学结下的动人故事。

千里跋涉，只为圆梦

让我们首先将时间拨回到2018年，在厦门大学建校97周年校庆大会上，有一位捐赠人的事迹让在场师生和全球校友感动得热泪盈眶。她就是厦门大学1952级生物系校友林毅雄先生的遗孀徐明慧教授。

2018年4月1日，已是86岁高龄的徐明慧在家人的陪伴下，拄着拐杖，于深夜来到学校，毅然捐出100万元，在生命科学学院设立“林毅雄育人基金”。这100万元，是她出售自己和林毅雄先生在北京唯一的一套建于20世纪60年代的66平方米学校福利房，除去自己定居在老年公寓所需的基本养老费用后，剩下的全部款项。特别令人感动的是，为最大限度节省开支，徐明慧不顾身体不好、无法长时间乘坐交通工具，采取了“转车再转车”的办法，尽量缩短每次旅程的时间，即使这样仍然奔波了16个小时方才抵达学校，完成了先夫和自己的捐赠心愿。

林毅雄是厦门大学1952级生物系校友，毕业后先后于中国医学科学院药物研究所、北京林业大学、中国科学院生态环境研究中心等单位从事科研与教学工作。他和夫人徐明慧均为工薪收入，生活十分节俭，一生奉行“工作向高标准看齐，生活向低标准看齐”的人生准则。谈及捐赠想法的缘由，徐明慧欣慰地说：“我先生对厦大的感情非常深厚，生前常常对我说，永远忘不了汪德耀等恩师对自己的教育和栽培。如果有可能，我们也应该去帮助一些有思想、有理想的学生，帮助学生更好地成长。我这次来，算是替他圆一个梦吧。”

林毅雄、徐明慧伉俪在厦门大学颂恩楼前合影留念

再捐百万,大爱永恒

如果说2018年捐赠圆梦的善行义举已经让人感慨万千、心生敬仰的话,那么在厦门大学百年校庆之际,徐明慧教授的再次慷慨输将,又一次印证了这份爱的深沉。

徐明慧(左)在厦门大学建校97周年庆祝大会上向学校捐赠100万元

2021年4月5日,厦门大学在科学艺术中心报告厅隆重举办"重走嘉庚路　致敬新时代"主题展览揭幕仪式,献礼中国共产党100周年华诞,庆祝厦门大学百岁生日,传承陈嘉庚先生倾资办学、报效国家的伟大精神,感恩海外华侨、社会贤达和各界校友热心公益、捐资兴学的善心义举。

为感念林毅雄校友与徐明慧教授的款款爱心,学校邀请徐明慧以特邀嘉宾的身份共襄盛举,她再三与学校联系表示一定参会。令人意想不到的是,徐明慧的到来竟为本次活动掀起了新的高潮:她在会议现场庄重宣布,再度向厦门大学捐赠100万元,支持学校建设发展。

"我不是厦大校友,但我先生是厦大的,我对厦大感情也很深。因为厦大人精神鼓舞了我,所以不是厦大校友却胜似厦大校友,我也深爱着厦大。"两度共捐款200万元,惠泽莘莘学子,林毅雄徐明慧伉俪传承校主陈嘉庚先生“宁可变卖大厦，也要支持厦大”的精神，变卖家产捐资育人，他们对教育的热爱、对学生的关心让人感动。谈及捐赠善举，徐明慧谦虚地表示，两度捐赠得到了厦门大学的大力支持，也得到了学院师生的高度肯定，不仅圆了爱人林毅雄的遗愿，也让自己深感荣幸，“100 万是个很小的数目，真不足为道，但是我觉得，我和我先生对母校的爱心是热烈而诚恳的，我希望厦门大学能接受她的学子的微薄之力。”徐明慧朴素的话语、真挚的情感和令人敬佩的善心深深打动了与会嘉宾，大家全体起立热烈鼓掌，向这位特殊的“厦大人”深表敬意。活动结束后，陈嘉庚长孙陈立人先生走到徐明慧面前对她说：“老奶奶，谢谢您！”称赞其善心义举是对嘉庚精神最好的延续。

陈嘉庚先生长孙陈立人(左)、徐明慧(中)、时任厦大教育发展基金会秘书长曾云声(右)出席“重走嘉庚路 致敬新时代”主题活动

萤火聚光，让爱延绵

除了两次百万捐赠助力学校建设与人才培养，徐明慧时常关心、关注与关爱着厦门大学与厦大人的发展。她每每回到学校，都会与生命科学学院的师生座谈交流；她尽可能参加武汉校友会活动，与校友欢聚一堂；生命科学学院领导班子以及武汉校友会热心代表也曾多次专程探望这位特殊的厦

大人。

林毅雄育人基金从设立至今，已经奖励和资助数十名厦大学子，受助学生总是亲切地称徐明慧为“徐奶奶”，同学们为她精心录制了视频，设计制作了《林毅雄育人基金奖助学金纪念册》，向她表达感激和祝福之情。

徐明慧对厦大学子提出三点希望：一是要加强思想修养，学好知识，回馈社会，建设祖国，把祖国建设成世界一流的强国；二是在学好专业的同时，广泛涉猎各方面知识，拓宽知识面，把自己塑造成德智体美劳全面发展的人才；三是要葆有感恩和奉献之心，力所能及地为别人提供帮助，将饮水思源心怀感恩的精神代代传承下去。这也是她与林毅雄先生捐设育人基金的初衷所在。

“功崇惟志，结草衔环；奋发有为，时不我待。”这是徐明慧为受助学生写下的深情寄语，从这段文字中我们能感受到，徐明慧与林毅雄伉俪对受助学子的殷切期望，希望他们能珍惜时光，不断努力。

令人欣慰的是，这份善心已经开出了娇艳的花朵，最早一批的受助学子中，有的在毕业后选择加入研究生支教团，以投身教育扶贫的形式，将爱心传递给祖国大山深处的孩子们；有的已经走上人民教师的工作岗位，用所学知识来哺育更多的年轻学子……善心仍在继续、善举仍在萌发，我们也期待，能有更多的厦大人可以学好专业知识，练就过硬本领，常怀感恩之心，不负前辈所托，成为德智体美劳全面发展的时代新人！

徐明慧曾用“萤火虫之光”来形容自己为丈夫圆梦的爱心之举：一个萤火虫的光虽然有限，但当许多萤火虫聚集在一起，这束光就会变成更加明亮的强光。确实，徐明慧、林毅雄伉俪的大爱情怀和善行义举，如一束光，温暖着所有人，并照亮了这个世界。那萤火虫的说法，一如她的品质，谦逊而朴实，也定将激励着厦大人饮水思源、不忘初心、奋勇向前！

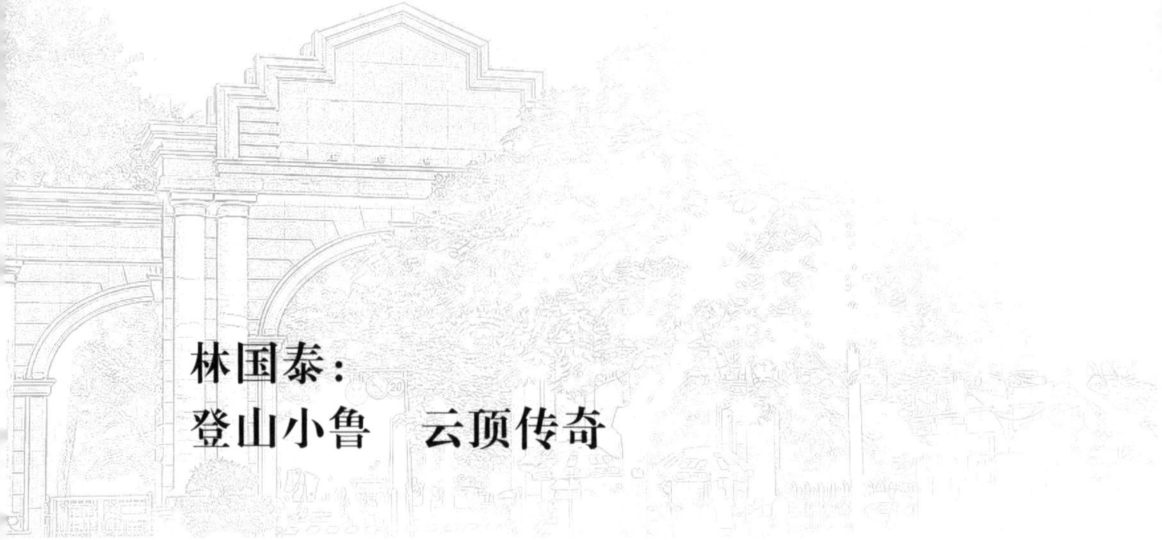

林国泰：登山小鲁　云顶传奇

2016年6月13日，国内第一家高校教学酒店在厦门大学思明校区落成，这栋大楼由马来西亚华侨企业家林国泰捐资建设，以其父名字命名为“林梧桐楼”，作为厦门大学管理学院酒店教学科研实验基地，为管理学院旅游管理专业的酒店教学和科研提供良好的硬件保障，为学校培训新一代旅游业专才提供有力支撑。

林梧桐1918年生于福建省安溪县，1937年远赴马来西亚打工，1964年创办云顶集团，是马来西亚著名企业家和慈善家。林国泰1951年出生于马来西亚，1976年正式加入云顶集团。在林氏父子的努力下，云顶集团发展成为全球休闲、娱乐和旅游及酒店服务业的领导企业。

邮轮之王，鉴往知来

林国泰刚加入云顶集团时，正值集团事业急速扩张之际，经过几年历练，林国泰受命担负家族事业向海外推广的工作。短短5年时间，他就在巴哈马、澳大利亚等国取得了生意上的突破。集团相继在休闲业、种植业、房地产业、制造业以及石油与天然气业等多个领域开疆拓土、颇有建树，云顶集团在《远东经济画报》进行的调查中连续9年当选最佳领导集团，林国泰的努力功不可没。

20世纪90年代初,林国泰开始对邮轮生意产生了浓厚的兴趣。当时亚洲范围内并没有豪华邮轮,而且不少人都判断亚洲的经济支撑不起邮轮业的发展。“我当时预见到邮轮观光业将在亚洲兴起,因此,我把全部精力移至邮轮业。”林国泰解释道。

林梧桐楼

1993年,在林国泰的建议下,林梧桐以1.625亿美元买下2艘新邮轮,成立丽星邮轮,正式进军邮轮业。当年年底,丽星公司的第一艘邮轮、载客量高达1700人的“宝瓶星号”抵达新加坡,引起了巨大的轰动,但多数人仍然认为在亚洲当时的环境条件下引入豪华邮轮并非明智之举,并不看好林国泰的商业创新,更有甚者认为林国泰的公司在8个月内就会破产。

林国泰则用先进的运营理念和卓越的经营绩效回答了这个问题。他很快推出了第一条航线,邮轮上拥有丰富的体验,从美食到歌舞,再到各种娱乐设施,可以说应有尽有。林国泰还推出了老少皆宜的服务,这让许多游客都是全家人一起登上丽星邮轮,因此航线一经推出便获得了市场的热捧。林国泰超高的经营能力完全得到了充分体现。

2000年,云顶香港收购了挪威邮轮公司,并在香港上市,最高市值曾达29亿美元。时至今日,云顶香港旗下拥有三大邮轮品牌,包括“亚太区领导船队”丽星邮轮、“首个亚洲本土豪华邮轮品牌”星梦邮轮及“全球荣获最多奖项的豪华邮轮品牌”水晶邮轮,航线遍及全球,成为亚太地区第一大、全球第三大的邮轮公司,航线长达2.4万海里。同时为配合旗下船队的扩展计划,云顶香港最近成功收购4家德国船厂,成立Lloyd Werft造船集团,成为世界唯一一家拥有造船能力的邮轮公司,致力于打造高质量的邮轮,紧紧把握“21世纪海上丝绸之路”的机遇,推动包括中国在内的旅游业发展。

林国泰先生

承前启后，“心专穿石”

林梧桐生前曾说过：“我很乐意让国泰这个能干、深谋远虑、具有自己风格的企业家继续把我一生的事业发扬光大。”

云顶香港的成功，充分体现了林国泰的经营才华和商业能力。2002 年，他接替父亲成为云顶有限公司及名胜世界有限公司的总裁兼总执行长。2003 年，他接下云顶集团主席职位。

带领一个庞大商业帝国攀上新的高峰，林国泰像许多“企业家第二代”一样面临着“创业难，守业更难”的现实。但如今，云顶集团在林国泰的带领下，不仅成为全球休闲、娱乐和旅游及酒店服务业的领导企业，还拥有马来西亚数一数二的种植园、房地产开发以及电力和石油与天然气等业务。

对于财富，林国泰一直在思考如何在企业收益增长的同时，可以造福社会让更多人受益。“从这点考虑，我目前的一个兴趣是生物技术，怎样增加人们的健康，治疗重大疾病。例如癌症，我很乐于把钱都花在这上面。如果我有机会为中国作贡献，我会进入健康产业、生物技术，有巨大的潜力，这是未来。例如基因技术，我希望可以解决世界面临的一些问题，怎样让这些技术在中国应用，如果有机会，我非常乐意发掘。”

父亲林梧桐对于林国泰的影响很深,在谈及公司的商业理念时,林国泰表示:“就是由我们集团创办人我父亲传下来的理念和文化,我想要跟随他的脚步,努力工作、诚实、善待员工。他是对我影响最大的人。”

林国泰说:“父亲常常告诉我们:‘心专穿石’,只要下定决心,就要一往无前地去实现。这正是云顶不断创造辉煌的基石,也是我成功接班父辈事业的原因,同样也是我希望与年轻学子们分享的感悟。”

梧桐生矣,于彼朝阳

林国泰虽然拥有庞大的资产,却十分节俭跟低调,从来不铺张浪费,自己常常坐着地铁去谈生意。林国泰说钱是用来服务社会的,而不是自己享乐的。一个企业家必须为社会多创造就业机会,每一个就业机会背后影响的就是一个家庭。

长期以来,林梧桐、林国泰父子及其家人关心支持祖国建设发展,先后捐建安溪县梧桐中学、梧桐中学附小和梧桐体育馆,设立“石泉慈善基金会”,捐资支持安溪教育、体育、卫生和交通等公益事业,福荫后世,贡献卓著。

林国泰坚持弘扬先父遗志,鼎力资助教育事业。他慷慨捐资600万港元建设的“林梧桐楼”,占地6000多平方米,设有82间客房,地下一层是烘焙房和巧克力房。“林梧桐楼”的建立结束了厦大没有一家真正属于自己的教学

林梧桐楼

酒店的历史，也为厦大管理学院学生提供了一个实训锻炼的基地场所。对此，林国泰表示，出资为厦门大学修建这栋教学楼，希望不断地培育高学识人才，源源不断地为社会创造更多价值。未来，他还将与厦大进一步合作，与厦大马来西亚分校分享资源并利用优势和专业资源服务高校，进一步传承和延续与祖国的渊源和情感，让海外华人可以继续延续中华的传统文化。

悠悠游子心，切切故乡情。百年前，爱国华侨领袖陈嘉庚倾资兴建了厦门大学，一个世纪以来，无数海外华人秉承嘉庚精神，倾力回馈祖国建设。林国泰对祖国故乡的情深意切体现在每一次捐资故乡的善举之中，正如《诗经·大雅·卷阿》所述："凤凰鸣矣，于彼高岗。梧桐生矣，于彼朝阳。菶菶萋萋，雝雝喈喈。"

丁世忠：做世界的安踏　爱不止步向未来

红瓦白墙、中西结合，这是厦门大学独有的楼宇建筑风格。细细追溯每栋楼的历史，其背后所赋予的捐赠内涵又各有不同，但都承载了人们对于厦门大学的感恩、希冀和大爱。

在厦门大学翔安校区，有一座“和木楼”，由厦门大学2006级EMBA校友丁世忠及其父丁和木先生捐建而成。今天，就让我们一同走进“和木楼”，聆听“闽南精神”的代表——丁世忠爱拼会赢、争做世界一流品牌的创业历程，感受他与厦门大学独有的厚爱故事。

爱拼会赢谋变革，五大决策定乾坤

安踏的创业故事是伴随着改革开放政策的深入而开始落笔的。1994年，由丁世忠亲自指导设计和参与营销海报创作的第一双鞋诞生（鞋号982），这也开启了安踏品牌营销先河。这双鞋热销4年，成为风靡1990年代的经典之作。在安踏从家庭作坊成长为世界级企业的30多年中，丁世忠带领安踏人做出过五个重大的战略决策。

第一个决策：打造中国本土的运动品牌。1999年，在国内还没有邀请体育明星担当产品代言人的情况下，安踏开风气之先，签下乒乓球运动员孔令辉，并且在央视体育频道投放品牌广告。2000年，孔令辉在悉尼奥运会鏖战

厦门大学和木楼

五局获得男单冠军，实现了职业生涯的大满贯，而安踏也凭借孔令辉“我选择，我喜欢”的广告词横扫全国市场，不到两年的时间，安踏在运动鞋市场的占有率达到13％。将品牌与体育结合起来，这是丁世忠独到且敏锐的商业思维。他说：“做品牌是当年我们做的最正确、最果断的战略选择，品牌是企业的生命。”

2005年，安踏与CBA（中国职业篮球联赛）签订了7年赞助合约，为高水准运动员开发专业竞技装备的科研需求，让丁世忠决定建立行业第一家国家级运动科学实验室。在创新性、技术性、专业性的加持下，安踏产品创新比例超过70％，研发持续性投入稳居国内首位，媲美国际品牌，先后成为全国极限运动精英赛事、CUBA（中国大学生篮球联赛）、CBA、全国排球甲级联赛、中国乒乓球俱乐部超级联赛等重大赛事的运动装备合作伙伴，迅速跻身中国头部运动品牌的行列。

第二个决策：赴港上市，转型公众公司。随着企业的快速发展和市场规模的不断扩大，丁世忠和家族成员开始意识到，仅仅依靠家族初创团队的个人经验已无法应对越来越高的发展要求，向公众公司转型已是大势所趋。在这种职业化的管理思路下，安踏顺利完成了内部管理结构梳理，于2007年在香港成功挂牌上市，一举创造了中国体育用品行业市盈率及融资金额最高纪录，帮助安踏完成了质的转变，成为拥有现代治理结构的公众公司。与此同时，来自全球资本市场的多元股东，也让安踏这家初出茅庐的中国体育用品企业站在了世界的面前。

随着经营管理模式的优化提升以及国内市场的大获成功,丁世忠开始将安踏的发展目标投向远方,“不做中国的耐克,要做世界的安踏”。“作为中国品牌,安踏要有国家品牌的情怀,能够代表中国品牌走向世界,能够推动中国走向世界贡献自己的力量。”

第三个决策:牵手奥运,做中国体育坚定的支持者。2008 年,丁世忠在北京奥运会开幕式现场,心中却满是遗憾——中国运动员穿上中国品牌,登上领奖台,成为丁世忠的梦想和使命。在这之后,安踏以巨大的决心、不惜代价地参与中国奥委会的竞标。从 2009 年开始,安踏已经连续 8 届与中国奥委会进行官方合作,投入了超过 50 亿元的研发费用,推动科技自主研发,让中国品牌有自主创新、比肩国际水准的科研能力,也让 275 位奥运健儿身着安踏领奖服登上领奖台。在丁世忠看来,这正是安踏品牌对于中国体育的价值所在。

第四个决策:收购 FILA,开启多品牌之路。2009 年,安踏收购了拥有百年历史的意大利知名运动品牌 FILA 在中国的商标使用权和专营权,开启了安踏国际化的重要一步。丁世忠带领团队将 FILA 重新定位为高端运动时尚品牌,打造了全直营的商业模式。经过 10 年的发展,FILA 起死回生,从一个在中国市场连年亏损的品牌成长为中国时尚运动这一细分赛道的领导品牌,也跻身安踏集团两大主品牌的行列。丁世忠指出,更为关键的是,FILA 的成功运营,为安踏集团未来树立多品牌的发展战略积累了丰富的经验。在 FILA 成功经验的基础上,安踏先后收购了迪桑特(DESCENTE)、可隆体育(KOLON SPORT)等国际品牌的中国运营权,多品牌的独特商业模式雏形初显。

第五个决策:收购亚玛芬,开启全球化。2019 年,安踏领衔投资财团,完成了对芬兰体育品牌管理集团亚玛芬体育(AMER SPORTS)的收购,将始祖鸟(ARC'TERYX)、萨洛蒙(SALOMON)、威尔胜(WILSON)等久负盛名的国际品牌纳入麾下。丁世忠说:“成为一家全球化的公司一直是我们的梦想。”对亚玛芬的收购,让他实现了这个梦想。他认为,亚玛芬的加入,符合安踏集团已经探索出的多品牌战略,也实现了在运动装备领域,对消费人群和运动场景的全覆盖。

2019 年 10 月 29 日,国际奥委会在瑞士洛桑国际奥林匹克博物馆举行仪式,正式宣布中国体育品牌安踏成为国际奥委会官方体育服装供应商。

国际化的战略发展策略,不仅让安踏逐渐走出中国、走向世界,也让安踏的品牌形象开始跻身高端市场，国际化、多品牌的产品布局既满足了体育用品产业市场细分区隔需求和不同收入群体消费者对运动服饰的需求，也让安踏具备了多品牌、多层次、多网络的运营管控能力。2015 年，安踏打破“百亿魔咒”，成为全行业第一家营收过百亿元的中国企业，这也是中国体育用品企业第一次进入“百亿俱乐部”。2022 年，继年初赞助北京冬奥会后，安踏一举创下 536.5 亿元营收，在中国运动鞋服市场首次超越耐克，问鼎“一哥”。

丁世忠先生

“未来中国的头部企业，我相信一定是全球化的企业。安踏品牌将加速出海，让中国品牌走向世界，让全球品牌在中国市场深耕发展。”丁世忠说。从“我选择，我喜欢”，再到“永不止步”，安踏品牌口号的升级体现出公司发展思路和站位格局的变迁，对丁世忠而言，推广安踏、走向全球，成为世界性中国品牌的征程仍然在继续、不曾停歇。

慷慨仁心馈母校，大爱义举兴民生

福建是安踏集团的发展起源地和大本营，更是丁世忠出生成长的故乡。饮水思源，他一直持续关注家乡经济、科技、教育等各方面的发展。作为厦门大学 EMBA 2006 级校友，丁世忠与母校保持着深厚的感情和密切的互动，传承爱国爱乡、兴教兴学的嘉庚精神，多次捐资支持厦大各项事业发展。

2011 年，厦门大学 90 周年校庆，丁世忠与自己的父亲、安踏集团名誉董事长丁和木先生捐资 1000 万元，支持厦门大学翔安校区建设。感念其大爱善举，学校特将翔安校区能源学院大楼冠名为“和木楼”，该楼建筑面积 1 万多平方米，主要用于能源学院的教学科研和行政办公。

2021 年，厦门大学百年校庆之际，丁世忠再度承诺捐赠 5000 万元，设立厦门大学“安踏教育发展基金”,用于校企共建,联合开展人才培养、学科建设等项目。这是对百年风华厦门大学的美好祝愿,更体现了丁世忠对教育事业的始终坚持和对母校无限的慷慨仁心。丁世忠表示,安踏有很多厦大优秀校友,他们为企业的发展贡献了自己的聪明才智,发挥了重要作用。产业要提升,人才是关键;品牌和文化要走出去,人才更是关键。要有国际视野,要做智慧闽商,为人才、为产业、为社会尽绵薄之力,这是使命更是责任。

2023 年 7 月 10 日,安踏集团和厦门大学宣布启动“厦门大学安踏茁壮公益教育基金”,旨在实现嘉庚精神与超越自我体育精神的深度融合,共同推动品学兼优的高精尖专业人才培养,鼓励青年学子不断提升学术水平、深入科研创新。还举行了“安踏财经金融人才奖学金”和“安踏创新奖学金”颁奖仪式,440 多名师生获得首批表彰。

永葆感恩国家、回馈社会的赤子之心,丁世忠在发展企业的同时,始终铭记“诚信、感恩”的信条,多年来带领安踏集团积极投身教育、救灾、环保、社会发展等多项公益领域,同时结合品牌特性,走出了体育公益的独特路径。

2021 年 12 月,安踏集团创始人家族宣布投入价值 100 亿元的现金和股票,成立“和敏基金会”共同搭建出了安踏集团“五个一”公益计划,致力于成为具有高度责任感的企业公益及慈善平台。该体系包括:一项医疗援助计划,即捐赠 20 亿元全资兴建国家级三甲公立医院,成为国家区域医疗中心;一项助力中国体育计划,即筹划捐赠助力国家专业运动员发展的公益项目;一项体育教育公益计划,即以茁壮成长公益计划为核心的青少年体育公益

厦门大学“安踏茁壮公益教育基金”正式启动仪式

推动体教融合助力乡村振兴，至今投入超过8个亿；一项生态保护计划，即与国际环保组织合作，助力生物多样性保护；一项扶危助困计划，即以和敏助学、和敏健康援助计划、和敏社区关爱等慈善项目，助力社区和谐进步，并参与国家灾难援助及国际人道主义援助。

2022年，丁世忠及其家族以101亿元捐赠额位居“胡润慈善榜”年度第四名。

丁世忠的创业发展关键词可以总结为获得和奉献，他渴望获得，无畏挑战，用心给予；他也舍得奉献，积善不止，反哺母校、家乡和国家。丁世忠的经历激励着每一个厦大学子，值得我们去学习。也许就在不远的将来，丁世忠“世界安踏”的梦想可以如他所愿。

柯希平：
造商海传奇　扬慈善之道

柯希平，厦门大学2014级管理学院EMBA校友、EMBA 2014级厦门校友会荣誉会长、厦门大学MIB校外导师。现任厦门恒兴集团董事长、厦门市工商联主席和福建省工商联副主席、政协第十三届全国委员会社会和法制委员会委员、全国工商联第十三届执委会常委。

柯希平是多届福布斯富豪榜榜上有名的“商界精英”，用实际行动和亲身经历，让“企业家精神”深入人心；柯希平热心教育慈善事业，多次捐助家乡学校和贫困学生，为厦门大学建设发展慷慨捐资；柯希平心系家乡、胸怀天下，积极承担社会责任，真正展现了一个厦大人特有的气质，同时体现了一位民族企业家应有的风范。

独具慧眼，书写造富神话

从安溪小镇里的普通青年，到兼具多重身份的“商界精英”，柯希平靠的不仅仅是运气。

早在青年时期，柯希平就展现出过人的商业头脑。他敏锐地发现平原与山区农作物的不同，用以物易物的方式，减少了买卖的中间流通环节，从中获取利润。

改革开放之初，在安溪木偶戏团工作的柯希平响应国家“以文养文”方针，主动请缨，成立了一家文化服务公司，不拿工资，自负盈亏。1989年，他承包了福建省乡镇企业供销公司厦门分公司，从此开始了在厦门的创业生涯。

1994年，柯希平在湖里马垅创办了恒兴建筑装修材料公司，也就是恒兴集团的前身。经过近30年发展，如今恒兴集团已成为集股权投资、冶金矿产、物业资产、贸易、文化旅游、教育等于一体，总资产超过170亿元、营业额超过120亿元、利税总额超过9亿元的大型民营企业集团。

而真正让柯希平走入大众视野的关键，是他投资紫金矿业并大获成功的“传奇”经历。

1996年，柯希平利用闲置的工程设备与紫金矿业开展合作。随着对紫金矿业的深入了解，他看到了潜藏在黄金背后的投资价值。2001年，紫金矿业启动改制时，柯希平又筹集了大笔现金入股紫金矿业。

让柯希平始料未及的是，时隔十年，对紫金矿业的投资成为投资生涯的一次神来之笔，也成为让中国资本市场啧啧称奇的造富神话。

自悟自省，体会处世哲学

近40年经商史，逾30年创业史，其间充满了无数艰辛与收获，共同浇铸出柯希平对于创业、对于经商、对于社会、对于人生的理解与思考。

在柯希平看来，一位优秀的企业家必须具备睿智、韧性、诚信、信念和责任五大特质。

企业家首先必须是聪明的，有对宏观的洞察能力和对微观的认知能力，以及对机会的把握能力和对未来的先觉能力。除了投资紫金矿业，为了满足建材市场的巨大需求，他主导投资兴建了厦门江头建材市场，正好赶上了中国房地产高歌猛进的黄金20年；怀着家乡情怀，他响应政府政策，投资了安厦快速道；因为看中了不可复制的地理位置，他投资了厦门财富中心，完成了一次“抄底”杰作……这一系列的投资手笔，让柯希平被称为“中国A股的掘金客”。

“人到绝境，必有转机。”这是柯希平常挂在嘴上的一句话。在他看来，经商就如人生，难免经历酸甜苦辣、起起伏伏。若是没有当初闲置设备面临损失的困境，他也不会与紫金矿业结缘，之后的投资也无从谈起。

同时，在担任厦门市工商联主席与全国政协委员期间，柯希平呼吁恢复“商人节”，倡导“在商言信，大益为公”。在积极参与慈善事业的过程中，他也践行着属于自己的社会责任。这一切，都源自他身为一名企业家的内心驱动。

而厦大独有的文化精神传统，也对柯希平影响颇深，他说：“厦大校训‘自强不息，止于至善’激励着我们积极进取、努力开拓、追求至善至美。这是我对自己、对我的员工的要求，不管是学习、工作还是生活，都应该不断追求进步，这也是恒兴集团发展的原动力。”

回馈社会，以公益兴教育

“人活在世上，得为社会留点什么。”柯希平深知教育的重要性以及贫困学生求学艰难的处境，大力开展教育慈善事业。

他在安溪创办了非营利性恒兴中学，捐建了安溪第十五幼儿园（铁铮幼儿园）；10 多年来每年资助 100 位贫困学生免费上学，已向数百位贫困大学生提供资助和奖励；先后向厦门大学、福建农林大学安溪茶学院、安溪进来学校、安溪八中校董会、龙岩上杭一中等捐款近亿元。至今，柯希平在教育及公益事业的捐款已累计超过 4 亿元。

厦门大学希平楼

作为厦门大学2014级EMBA校友，柯希平多次资助母校的教育事业。早在2007年，他就曾捐助60万元用于厦大学子开展体育赛事活动。2011年，厦门大学建校90周年之际，柯希平慷慨捐资2000万元，用于翔安校区建设。为褒奖其捐资兴学之义举，厦大特将海洋与地球学院教学楼命名为“希平楼”。2021年，厦门大学迎来百年华诞，柯希平再度向母校捐资1000万元，用于王亚南纪念馆建设。在他看来，这不仅是一名企业家的责任担当，也是作为一名学子的感恩回报。“在厦大学习的经历让我收获很多，对我的事业很有启发，因此我想为母校做点贡献。”他希望这些款项能够用于杰出人才的培养，资助他们的科研项目，培养名师、奖励优秀学生，通过一代又一代人的努力，学生们享受最好的教育资源。

除了捐款，柯希平也乐于与年轻人分享经验与智慧，以一名“师者”的身份“传道受业解惑”。2014年，柯希平受聘成为厦门大学国际商务硕士(MIB)校外导师，以“一带一”的方式，帮助MIB学员提高国际商务实践技能。在他看来，这是以另一种方式来关心、支持教育。无论是与学生分享创业经验和恒兴集团的发展经验，还是给他们提供观摩、实践机会和讲座、论坛资源，都能实实在在为学生提供帮助。

厦门大学王亚南纪念馆

担任校外导师，于他而言，也是一个“教学相长”的过程，柯希平说道：“和学生们交流，不只是我教他们，我也从年轻人身上学习到很多，比如年轻人的开拓思想、创新精神等。”在柯希平看来，厦门大学是一所优秀的高等学府，一直在源源不断地为社会培养、输送优秀的人才。他相信，在全体师生的共同努力下，将来厦大不仅是国内名校，还能成为在亚洲乃至全世界有影响力的高校。

柯希平，一个自强不息的厦大人，一个奋发进取的企业家。在他身上展现出爱拼敢赢的闽商气概、捐资兴学的嘉庚精神、回馈社会的责任担当，他的故事在厦大学子中津津乐道，广为流传。

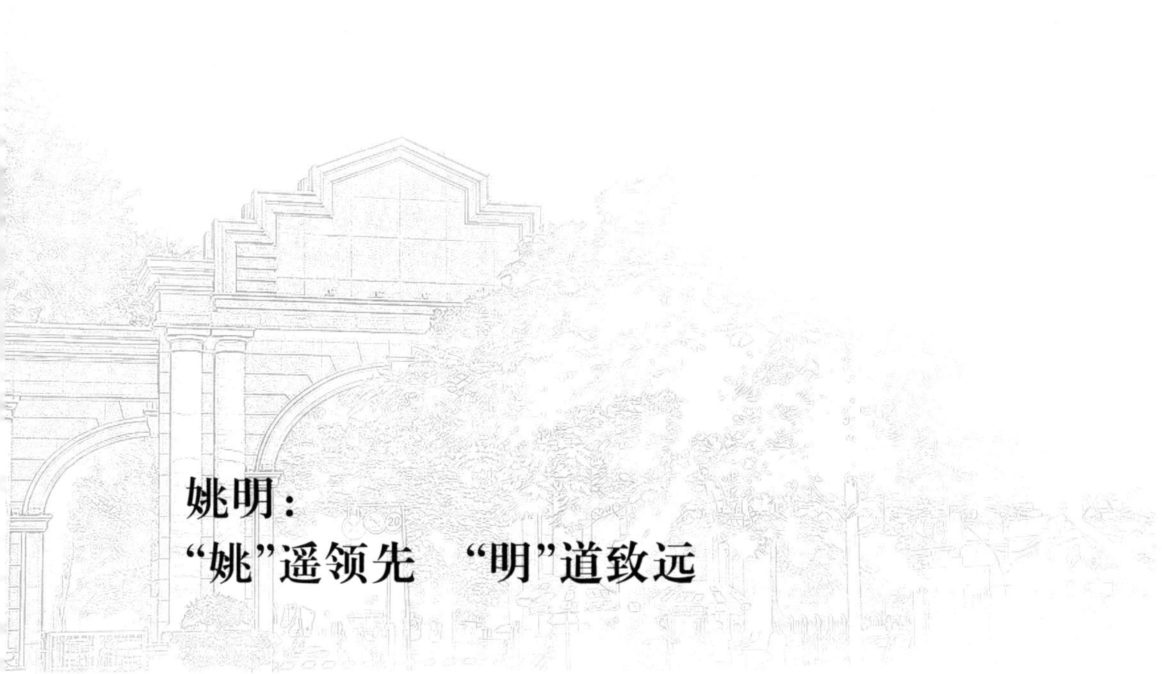

姚明：“姚”遥领先 “明”道致远

他的名字，誉满全球！他的经历，波澜壮阔！他的人生，充满传奇！他，用实际行动挫败了美国人的挑剔与刁难！他，以一己之力捍卫了中国人的荣耀与尊严！不是“篮坛巨星”，却是“织带大王”！他就是厦门大学厦门校友会会长、“厦门大学‘奋进新百年、共筑新伟业’行动计划”行动大使、厦门姚明集团有限公司董事长——姚明！毕业30多年来，他传承着母校优秀文化，闯出了一番惊世伟业！这个姚明不一般！

感恩母校，持续回馈

嘉庚校主的爱国精神是厦门大学最为宝贵的文化基因。身为企业管理系1985级校友，姚明对嘉庚先生倾资兴学的光辉事迹满怀崇敬。发达实业之后，他时刻不忘社会责任，积极投身公益事业。他对母校厦门大学的持续捐助，已是厦大师生广为传颂的佳话。

自2011年捐赠首部校车以来，姚明于2016—2019年连续为母校捐赠大巴、中巴、小巴共计16部，还为马来西亚校区捐赠校车2部，价值总额超过千万元。如今，镌刻着“姚明织带”字样的“姚明车队”每天通勤在厦大校园内外，已成为一道亮丽而独特的风景线。

无论毕业多久，身在何方，母校都是姚明校友最真挚的情牵。“母校一

2019 年姚明集团捐赠仪式

2022 年姚明集团捐赠仪式

直是莘莘学子的精神家园，自己之所以能获得如今的事业成就，与厦门大学的辛勤培养是分不开的。作为厦大人，能够有机会为母校出一分力，是幸运的，也是幸福的。"他深情地说，"只要母校有需要，定要尽自己力量为其更好发展提供助力。"

姚明还在厦门大学捐资100万元设立"校友励学金",帮助150位家庭经济困难的学弟学妹完成学业。在"南强鹭友"之第五届海西商界盛典暨2019年度商界人物颁奖礼上,姚明更是再度慷慨捐赠1000万元,为母校百年华诞献礼,大力支持厦门大学"双一流"建设。

"近年来,厦门大学发展的每个关键节点都离不开南强鹭友的襄助与关爱,姚明是其中的杰出代表,他用实际行动感恩母校栽培,助力学校建设,传承嘉庚精神。"时任厦门大学党委书记张彦教授代表母校接受捐赠,并对姚明校友持续襄助母校的善行给予高度赞扬。

姚明的义举得到社会普遍赞誉,他本人先后荣获2016年"民间慈善榜年度人物"及2017年"捐资兴学尊师重教金质奖章"等多项殊荣。

创办实业,自强不息

"自强不息"语出《周易・乾》,"天行健,君子以自强不息",意指自觉向上,奋发图强,永不懈怠,由嘉庚校主定为厦大校训。姚明耳濡目染,深受熏陶,并融化为精神内蕴。

"姚明在厦大学习四年,品学兼优,按照常路,他可以选择进机关、去国企或其他更为安逸、舒适并有前途的好单位,但他没有选择这些,而是默默地走上一条白手起家自己创业的艰辛之路。"厦门大学校友总会理事长、厦门大学原校长朱崇实教授对他的职业选择感到惊讶,而他的创业成就则让老校长惊叹。姚明怀着"成为受人尊敬的企业,让员工过上有尊严的幸福生活"的愿景,于2004年在厦门创办姚明织带饰品有限公司,并用10年时间将"姚明织带"打造成为全球织带行业第一品牌。公司产品远销全球100多个国家和地区,70%的产品销往欧美等发达国家。

创业之路,筚路蓝缕,山重水复,绝非只有坦途。但姚明认准的事儿,绝不轻言放弃,在困难和挫折面前,抱定"自强不息"的信念,逢山开路,遇水搭桥,劈波斩浪,奋力前行。这份"自强"还突出地体现在"姚明"商标的竞争上。2004年成立"姚明织带"后不久,他便与篮坛巨星姚明就"姚明"商标展开了马拉松式的持久争夺。2013年,长达九年的商标之争终于尘埃落定,"织带大王"完胜"篮球巨星"!

“世上没有从天而降的英雄，只有挺身而出的凡人。”母校“自强不息”的校训精神在姚明身上熠熠闪光。如今的姚明已将织带公司拓展成为覆盖终端零售、时尚传媒、主题乐园、科技医疗、母婴健康、文化旅游等多个板块的产业群，向着国际化、多元化的现代企业集团阔步迈进。

专注如一，止于至善

“止于至善”是对至高境界的向往与追求，语出《礼记·大学》，“大学之道，在明明德，在亲民，在止于至善”，由林文庆校长审定为校训，与“自强不息”相得益彰。姚明对“至善”精神的传承，不仅体现在企业管理的专业学习上，更是渗透进企业经营的具体实践中。

“从第一条‘姚明’涤纶丝带诞生起，我们就专注只做这一种丝带。”姚明用7年时间将其品类做到世界第一，成为行业标杆，公司的产品价格也成为行业定价标准、业内交易基价，姚明织带已成为行业质量标准制定者。“做企业，就要专注到极致，坚持到成功。当下许多人都过于浮躁，为欲望所绑架。其实只要你专注一件事情做到极致，你就会过得很幸福。”姚明感慨地说。

有着“至善”追求的姚明校友，善于在市场变幻中把握趋势，并制定战略战策。“更高的品质、更低的成本和更短的交期，已成为织带企业的竞争方向。快速交货已经成为企业竞争中极为重要的砝码。”姚明从市场实际出发，坚定推行“不合潮流”的大库存生产销售模式，保证了充足库存，降低了生产成本，满足了消费者灵活多样的市场需求，看似“逆流而上”，实则独领风骚。

姚明敢于突破陈规，善于吸收先进管理经验和方法，将企业管理提升到与国际化接轨的新境界。2006—2016年，姚明投入巨资建设电子商务体系和企业信息平台，实现了管理现代化与科学化的深刻变革，带领企业脱胎换骨。“心变则态度变，态度变则行为变，行为变则习惯变，习惯变则人格变，人格变则人生变。”姚明极为欣赏日本管理大师安冈正笃的名言。充分吸收日企“6S”管理模式，姚明进一步优化了其“至善”管理的新境界。

姚明织带能在全球同行业竞争中独占鳌头，与姚明对“专注”与“至善”的极致追求密不可分。

走进世界,为国干城

“为国干城”语出《诗经·周南·兔罝》,“赳赳武夫,公侯干城”。意指为国效力做国家的捍卫者。这一内蕴在厦大校徽中的文化标识,在姚明身上得到了充分展现。

木秀于林,风必摧之。2009年7月,美国商务部对华窄幅织带反倾销反补贴调查,姚明代表中国企业独自应诉,并最终打赢了这场“双反”官司,独享“零关税”,成为中国制造和出口企业的成功典范。姚明也因此被国内媒体、业界誉为中国战胜美国“双反”官司第一人。

“中国企业在面对‘双反’调查时,要敢于应诉。必须聘请有经验的律师,有一个经验丰富、高效运作的法律团队。同时还必须有持之以恒、坚持到底的信心。”姚明说。面对美国人的无端挑战,他独力肩负起了时代使命,捍卫了国家尊严,展现了中国优秀企业家的风骨。

乘着“双反”胜利东风,姚明掀开了更加恢宏的国际化进军序幕。2013年,他带领企业率先跨出国门到印度设厂,创造了闽企出境加工的“先河”,成为中国海关首个“出境加工手册”试点企业。“与其他金砖国家的企业合作,我们早就在行动。”他说,“我们正着手在印度建立一个福建工业园区,把在印度投资的厦门甚至福建企业聚集在一起。”凭着远见卓识和责任担当,姚明已成为国家“一带一路”倡议的践行者与引路人。

姚明有一个梦想:“希望跟随我的战友不仅能够丰衣足食,企业更是他们精神的栖息之地……希望有一天中国不仅是一个经济强国,更是一个受人尊敬的国家。”这是他发自肺腑的心声。

用道心,致良知,修己以安人。姚明把红旗和祖国装在心中,把生意做遍世界,“姚”遥领先,“明”道致远!

黄仲咸：以事业做“明灯” 照耀爱心传递之路

走进热闹繁华的厦门市思明区，在精致温馨的莲花公园旁，可以发现一座修建于20世纪90年代的高楼——必利达大厦。鲜为人知的是，其修建人便是举世闻名的慈善家黄仲咸先生，修建大厦也是为了实现凝聚了他毕生慈善心愿的黄仲咸教育基金会可以“自我造血”持续发展。

黄仲咸，印尼著名华人企业家、慈善家，他以自己的无私奉献和慷慨输将，彰显了热心公益、造福桑梓、恩泽后代的赤子情怀，被家乡人亲切地誉为“南安的陈嘉庚”。

远渡重洋，艰苦创业

1920年，黄仲咸出生在福建南安码头镇仙都村一个贫农家庭。父母从小就培养他勤劳、朴实、刚强的品格，除了认真完成课堂学业，他还需下田帮父母做农活，帮助家里做些小买卖，以期贴补家用。

1935年，年仅15岁的黄仲咸远渡印尼谋生。初到之时，他先是在大哥开的杂货铺帮忙，后在大哥的支持下独当一面打理一家小店。在积累了一定积蓄后，黄仲咸买了一艘帆船，雇了几名水手，沿着岛上水路，深入当地乡村售卖日杂用品并收购土特产，由于经营有方，生意大有发展。之后，他接手大哥的一个旧山地农场，凭着从小练就的农家本事，干起了种植业，耕种稻谷、香薯、玉米、山芋以及各种蔬菜,还办起养猪场。在战火纷飞的特殊年代,不仅维系了自己的生活需求,还有力周济邻近的乡亲百姓。

二战结束后,凭借绝佳的交通位置,印尼成为各国往来贸易的货物中转地。黄仲咸紧紧地抓住了这个机遇,开始尝试水上运输行业,组建起了自己的船队。他将印尼的主要经济作物棕榈油、橡胶、咖啡、可可等远销海外,并将农场种植的农产品运往周边各小岛,实现了从生产到运输首尾相连的服务。以此为基础,黄仲咸先后将发展资金投向纺织业、造纸业、金融业、房地产业,先后成立了南安公司、美华公司、大众福利银行、雅加达商业银行、必利达银行、必利达纸厂等,迎来了快速的资本积累并进行产业优化。

从印尼的无名小岛到首都雅加达,黄仲咸凭借着智慧、勤奋、诚信,一点一滴地积累和打拼,资产日渐雄厚,最终成为闻名遐迩的企业家,成就了一个华人的商界传奇,这也为他日后献身慈善事业提供了最重要的资金支持。

兴学助医,投身慈善

1959 年,作为印尼优秀华侨企业家代表,黄仲咸受邀参加了新中国成立十周年庆典。在目睹了祖国日新月异变化的同时,他也看到了家乡尚存贫穷落后的面貌,遂即慷慨解囊,在家乡助建仙都小学。自那时起,他便自觉地奉陈嘉庚为师范,言必行、诺必践,开始践履他近半个世纪捐资公益的善举。

在黄仲咸看来,“要改变家乡落后面貌,最根本的是要发展教育和卫生事业,首先要从改善办学和就医的条件着手”。改革开放后,黄仲咸不断捐献巨资为南安多所学校、医院等兴建楼宇。他先后为南安近 20 所中小学捐建教学楼、科学楼、师生宿舍楼 30 多幢,为南安 5 所医院捐建 7 幢

黄仲咸先生应邀参加国庆庆典

门诊大楼、病房大楼。此外，他还助建安溪一中、长汀“希望小学”、南安儿童乐园和妇幼保健院等 8 个工程。此外，黄仲咸还广泛捐设奖教助学金，先后捐设“坚持山区任教奖”“优秀校长奖励奖”“教师进修学历晋升奖”，用于助力教师人才培养。他注重精准扶贫，资助初中及以上各阶段家庭困难学生，几十年来已有 10 余万人受益。他还捐款设立福建省“黄仲咸文学奖”，资助南安文史、教育等地方志的编撰出版……

1991 年黄仲咸先生给学生颁发奖学金

黄仲咸不仅无私奉献，而且事必躬亲，对所有捐助项目的选定和实施都逐一亲自把关，经常深入建筑工地现场视察工程进度、检查建筑质量。特别令人感动的是，黄仲咸慷慨捐资的同时，始终淡泊名利、低调行事，从不在任何一座捐建的建筑上署自己的名字，多数建筑都以家乡“仙都”命名，或泛称“印华楼”“继志楼”等，仅个别用他父亲名字称为“念慈楼”，以铭记生他养他的乡村，表达反哺之情。

落“业”归根，永续奉献

1990 年，黄仲咸创建了“南安县黄仲咸教育基金会”，正式将自己的公益慈善活动职业化，广泛地开展奖学奖教和助学活动。

随着公益活动所需投入的资金越来越多，一个问题日益困扰着黄仲咸——即使自己的资产再大，假若不能循环永续发展，总会有坐吃山空的危险。为确保公益事业能持续运作下去，他不断探索公益慈善运作新模式。1992 年，黄仲咸在南安市中心地带投资 2000 多万元，兴建了建筑面积 12000

平方米的“必利达大厦”；1993 年，他又在厦门兴建了建筑面积 45000 平方米、耗资 1.5 亿元的“必利达大厦”。“必利达”源自印尼语“灯塔”之意，黄仲咸希望这两栋高耸的大楼能够像灯塔一样为基金会的发展保驾护航。两栋大楼以物业租赁经营形式获取源源不断的资金收入，实现基金会的自我“造血”功能。即便今后个人离世，也不会导致事业中断。黄仲咸形象地将其喻为“养金母鸡下金蛋”。

2000 年，黄仲咸回国定居，全身心投入祖国的公益慈善事业，他将此举自喻为落“业”归根。“落业归根”与“落叶归根”虽一字之别，但其爱国之情感人肺腑。

2005 年 2 月，黄仲咸和夫人戴子媛女士在厦门市公证处立下遗嘱，将其在海外打拼近 70 年积攒的财产(时值 5 亿多元人民币)悉数赠予福建省黄仲咸教育基金会，以实现他资助经济困难的高中生、资助教育文化、资助卫生福利等公益事业的夙愿，而留给其子女的，几乎只剩下最基本的住房保障。正如他最常对身边的人说的：“慈善公益是一项永久性事业，要永远做下去。”

薪火相传，慈善花开

黄仲咸辞世后，在政府各级领导部门和社会各界的关心帮助下，福建省黄仲咸教育基金会秉承他的遗愿，一路前行，在公益慈善事业不断取得新成绩，先后获得“中华慈善突出贡献项目奖”“全国先进社会组织”“全国社会扶贫先进集体”“福建省华侨捐赠公益事业突出贡献奖”等诸多荣誉。

近几年来，基金会每年公益捐资额都在 1500 万元左右。截至 2021 年年底，黄仲咸及其创立的基金会捐资教育、文化、卫生、福利、扶贫救灾等社会公益事业累计达 6 亿多元。

自 2013 年起，基金会便在厦门大学设立“黄仲咸奖学金”，每年捐赠人民币 30 万元，资助 100 名品学兼优的厦大学子。项目捐设至今，已先后奖助了 1000 名厦大学子，资助金额共计 300 万元。

“您的资助带给我极大的鼓舞，那是比雪中送炭更为及时的温暖，我感谢您！”“我会奋发向上，争取一次次的进步，我一定会以您为榜样，做个有用的人，回报您的爱心，回报社会的关怀！”……正如受助学子在写给基金会的感谢信中所述，莘莘学子将满怀感恩之情，秉承黄仲咸“恋祖爱乡，热心慈善”的精神，捐资支持社会慈善公益事业，成为新一代的爱心传递者。

从少小离家艰苦创业到成为富甲一方的商贾，从用结余资金资助桑梓到变卖海外资产、倾家创办基金会将公益慈善职业化开展……凭借艰辛的创业历程和无私的奉献精神，黄仲咸成为华侨华人中“裸捐”和“最纯粹公益人”的光辉典范。大爱永恒，精神不朽！

郑金泉：40载创业路　我与特区共成长

在中国民间石油贸易领域，海澳集团一直堪称蜚声同侪的榜样企业：它是中国石油行业民企领军者，也是中国石油行业标准制定的积极参与者、推动者、担纲者及践行者，还是率先跨出国门、走向国际化布局的先行者。集团创始人郑金泉的40年漫漫石油路，写下了一个劈波斩浪、壮阔前行的企业史诗；40年风雨兼程，伴随着改革开放与厦门特区共同成长，也锻造了一个从渔民子弟到民营石油领头羊再到文化影视产业投资家的人物传奇。

“我们比父辈幸运，因为赶上了好时代”

1979年，厦门渔民子弟郑金泉踏入社会，驾起小船搞起了个体运输，在海沧嵩屿码头与厦门岛内第一码头间运输摆渡，兼营海上石油运输及大型船舶的交通船业务，一干就是五年。

1984年初，邓小平同志视察厦门经济特区，欣然挥毫题词：“把经济特区办得更快些、更好些。”郑金泉敏锐地捕捉到了改革开放发展的政策信号，决定甩开袖子拼一场。同年10月，他创立了海澳集团的前身——集美海澳石油营业部。

海澳集团成立的第一个十年里，国家成品油实行配额制，市场供需匹配不平衡。郑金泉坦言，当时精力主要集中在争取指标、拿配额上，只要拿到配额，拿到货，不愁卖。这也为海澳的快速发展提供了很好的环境。经过十年黄金期后，国内石油行业开始进入变革的“阵痛期”，经历了从“急放”到“急收”的重大政策调整。1993 年 10 月，国家宣布石油行业放开，走市场化道路。政策的“急放”让原先的卖方市场一夜之间转为买方市场，也给郑金泉带来新的问题：短时间出现大量欠账，一夜之间应收账款大幅增加。与此同时偷税漏税、缺斤短两、以次充好等欺骗消费者的行为开始在市场屡见不鲜。1999 年，国家开始整顿混乱的市场秩序，并将国内成品油交由中国石油、中国石化两大集团的批发企业经营。政策的“急收”又给民营油企带来了极大的冲击和挑战。

对于郑金泉来说，政策变革在带来阵痛的同时，也让其不断寻找新的发展机遇，探索新的发展模式。针对市场出现的各种问题，海澳集团开始调整经营模式和工作重点，把主要精力从争取资源改变为坚持以诚信为本、做好营销、做好服务。在郑金泉的运筹帷幄下，海澳集团发展成为一家集经营成品油进出口、批发、零售、码头、油库、海陆铁运输配送、保税库、加油站、交易平台及交割库于一体的石化供应产业链集团公司，为福建及其周边地区的工业生产、交通运输、人民生活及能源安全等发挥了不可或缺的保障作用。

“四十不惑，更要践行好时代使命”

“40 年的积累还是有限，对未来的发展，只是刚刚打下了一个基础，”郑金泉真切地觉得，“行百里者半九十，自己在践行好时代使命的道路上仍旧任重道远。”

2019 年，为了更好地将海澳集团的精神和基因传承下去，55 岁的郑金泉选择卸任集团董事长一职。交棒后的他，原本可以含饴弄孙，却又选择二次创业，选择了“极具意义的事业”再度出发，毅然投身于厦门文化影视产业。

得益于宜人的自然气候和优良的风景环境，厦门在文化影视产业素有“天然摄影棚”的美誉，但由于多种原因，这里并没有成为真正的影视中心。作为深耕厦门数十年的本土企业家，多年来郑金泉持续关注“让天然摄影棚凸显吸金效应”的相关提案建议，“让厦门成为真正的影视中心”像一颗种子落在了郑金泉的心里。

2018 年,郑金泉创建了厦门册立金品文化传媒有限公司。2019 年,金鸡奖正式落地厦门,厦门市委市政府努力拓展电影产业链,出台了多项产业措施,加大财政投入,鼓励民营投资,并加快影视产业园区、基地等基础设施建设。这也进一步坚定了郑金泉投资文化影视业的信心。2020 年,郑金泉投资拍摄的红色主旋律影片《让这首歌作证》取得公映许可证,在第 33 届中国电影金鸡奖期间成功展映。在采访中郑金泉表示,投资拍摄《让这首歌作证》,一方面是个人、家庭和企业的发展都得益于党的政策,因此要保持一颗初心,学会感恩,另一方面要紧跟时代,把个人、家庭、企业的发展与社会链接起来,为厦门影视文化的发展做点事。他希望以海澳集团成长的切身体会,通过拍摄更多爱国主义教育影片,激发新一代年轻人的爱国热情,为祖国的发展奉献自己的微薄之力。

“船靠八面风,要尽己所能回馈乡梓”

郑金泉常说,自己创新创业的际遇离不开时代发展和家乡支持,他不仅关注企业自身的成长,还以更高的站位、更宽广的胸襟关心支持着家乡各项事业发展。

2014 年,郑金泉代表南澳集团向厦大捐款 1000 万元

在郑金泉看来，为善是家风传承使然。早在1987年，事业才刚刚起步的他，排除万难，耗费近一半资产，为家乡贞庵村澳头社修建了村道和自来水管道。

2014年4月6日，厦门大学建校93周年庆祝大会上，郑金泉代表海澳集团向学校捐资1000万元，用于高等教育事业建设发展。感念其捐资兴学义举，学校特将环境与生态学院大楼冠名为“金泉楼”。此外，他参与发起成立海沧教育基金会（现海沧三都教育促进会），助力家乡海沧区教育事业；他积极向张德明教育基金捐款，参与希望小学建设；他参加甘肃、宁夏对口扶贫活动，共捐助200多万元……

厦门大学金泉楼

郑金泉的这份良善不仅内化于心，更外化为实际行动，并在企业得到传承，形成企业爱心文化，只要海澳走过的道路，都能留下爱的足迹。早在海澳集团创办之初，郑金泉就坚持公益事业，将公司的部分利润反馈给社会，近年来，公司还将公益支出列入预算，形成长效机制。据不完全统计，海澳集团成立以来累计捐款超亿元。2020年，面对突如其来的新冠肺炎疫情，海澳集团开展“战疫情、保供应，海澳为您加油”公益活动，承诺为120医疗救护车辆、警务车辆、疫情宣传车辆等免费加油，其义举获得了厦门市工商联授予“脱贫攻坚突出贡献单位”和“抗击新冠肺炎疫情捐赠优秀组织单位”的荣誉，这是对郑金泉和海澳集团热心公益、奉献大爱的肯定。

“海纳百川，澳聚英才”，在风起云涌的商界，既要初心不负、锐意进取，也需明辨是非、高瞻远瞩，郑金泉用亲身经历践行了八闽大地民营企业家的优秀品质！

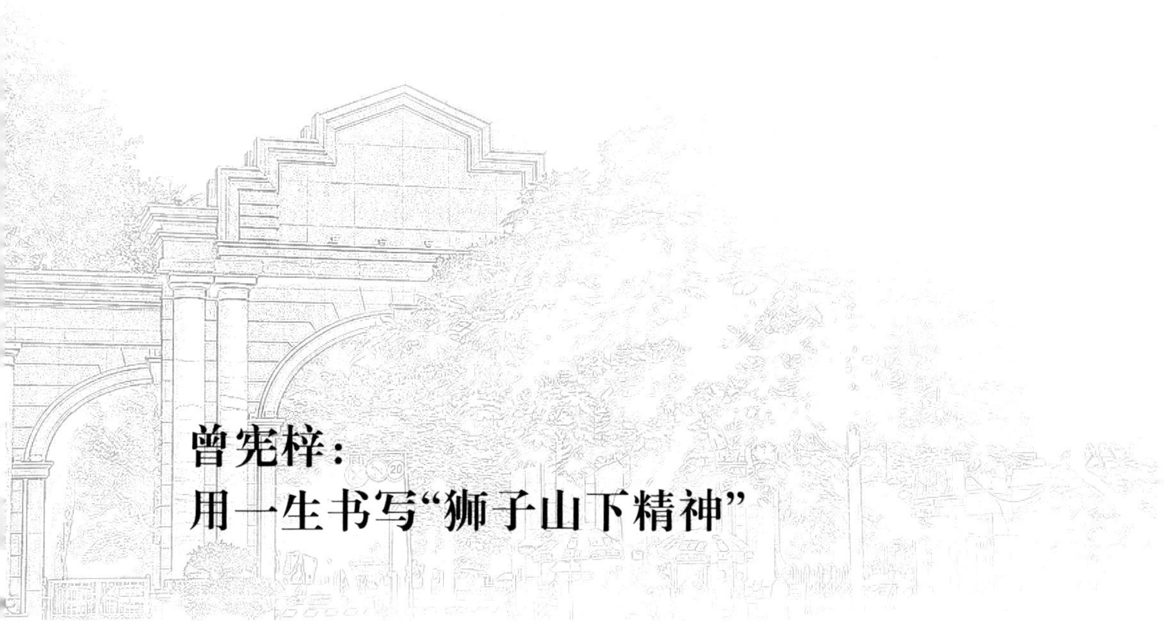

曾宪梓：用一生书写“狮子山下精神”

在厦门大学校园内，有一座“曾宪梓楼”，这是由金利来集团创办人、香港著名爱国企业家曾宪梓先生于2012年慷慨捐资500万港元兴建而成的，用于公共卫生学院开展教学与科研工作；在厦门大学校园内，有一个“梓厦筑梦社”学生社团，参与者均为曾宪梓奖学金获奖同学，旨在弘扬曾宪梓先生赤诚的爱国情怀和尊师重教，倾力回报祖国、回报社会的无私奉献精神。今天，就让我们一起了解这位“领带大王”的感人故事。

坎坷成长，艰辛创业

1934年，曾宪梓出生于广东省梅县的一个贫农家庭，生活十分艰苦。在他4岁的时候，远在泰国做生意的父亲因为疾病去世，他和哥哥由母亲一手抚养长大。即使是在最贫穷的时候，母亲也依然为他们两兄弟求得了继续上学读书的机会，母亲的一言一行潜移默化地影响着曾宪梓，让他自幼便养成了刻苦学习的好习惯。12岁那年，为了照顾身患疾病无力赚钱的母亲，曾宪梓被迫辍学，一边操持家里生计，一边下地干活。新中国成立后，在热心干部的帮助下，曾宪梓重新回到校园，依靠每月几元钱的助学金念完了中学，并成功考入中山大学生物系，毕业后就职于广东省农业科学院生物化学研究所。“17岁开始一直到27岁，国家一直都在养我。”每每回想起那段经历，曾宪梓就对国家充满了感恩之情，他深知自己的读书机会来自国家，这也是后来曾宪梓发家致富之后捐资报国的动力源泉。

1963年，为了和哥哥一起处理父亲生前留下的遗产，曾宪梓依依不舍地辞去了在广东省农业科学院的工作，前去泰国与哥哥及叔父汇合。但事情打理完毕之后，由于一些原因无法回国，曾宪梓只好继续留在泰国，并接过妻儿，一起给哥哥的领带厂当帮工制作领带。后因生活波折变动，夫妇二人只好又从泰国回到香港。初回香港时，他两手空空，处境艰难。为了生活，他甚至当过男佣，为人照看过孩子。生活的艰难，使他萌发了创业的念头。他利用晚上的时间认真钻研香港的市场状况，发现尽管香港的服装业发达，香港人也很喜欢穿西服，但在当时的香港市场，西装都是成套出售，本地没有一家生产领带的工厂，领带几乎都是从国外进口，于是他便决定自己创业，生产领带。

为了能够做出不输大牌的优质领带，曾宪梓购入昂贵领带，研究制作工艺、面料、走线等。之后准确调研和把握市场需求。他拿出平时省吃俭用积攒的6000港元，又腾出自家租住的房子，办起了领带生产厂。万事开头难，起初，他和妻子两人手工缝制泰国丝领带，同时让泰国的叔父按照自己的设计制货寄回香港。尽管夫妻两人起早摸黑，干得很辛苦，生意却非常不好。而且在香港人生地不熟，没有固定的客户和销售渠道，曾宪梓只得自己出去推销，其间他受尽白眼和冷遇，但都忍了下来。最终，他诚恳积极的态度让他积累了第一批客户和朋友。

别树一帜，明时变通

1974年，香港经济出现了大萧条，各种商品纷纷降价出售，曾宪梓却反其道而行之。他一方面不断改进“金利来”领带的质量，另一方面独树一帜地适当提高价格。结果，生意反而出人意料地好起来。另外，他还设置了明智的订货方法，进可攻，退可守。曾先生每年去一次欧洲，带着很多经理去订货，分三批。第一批，订了货，直接签合同，马上来货，马上上市。如果第一批货好卖，就会拍电报给供方，让他准备好第二批货；如果第一批货不好卖，那么第二批货就不要了。这样的话，生意好时有货卖，生意不好时也不会有损失。1974 年的金融危机，香港许多公司几乎破产，曾宪梓就是用这种方法使公司保全下来。

当经济萧条过后，“金利来”身价倍增，在香港成了独占鳌头的名牌领带。

逆势操作，是曾宪梓商旅生涯的点睛之笔。他总喜欢辩证地分析事物的发展，认为做任何事情只要有可能就一定会有可行性。分析过后，在恰当的时机，要大胆地作出尝试和改变，有尝试才会有发展，有改变才会有进步。《香港商报》曾评价：“曾宪梓创造了一个属于香港人甚至可以说是中国人的名牌，使香港人不再认为香港货是廉价货，比不上外国的货品，这该是每一个香港人感到骄傲的事情。”

造福社会，支援家乡

曾宪梓先生

论及曾宪梓的人生追求，除了为事业拼搏，就是为祖国为家乡无私奉献。短短数年间，凭着自己的双手，曾宪梓就建立起了“领带王国”，更让人称颂的是，他事业成功后依然保持勤俭节约，却对慈善、公益事业慷慨解囊。

在香港生活 40 多年，曾宪梓从不赌马，也不去娱乐场所，平时一个盒饭就可打发一餐，但报效祖国回报社会，他却从不吝啬，倾囊相助。“我没有个人爱好，只有一个愿望就是报效国家！”1978 年，曾宪梓回到家乡梅州探望，为母校东山中学捐建了一座教学楼。自此开始了他在内地的慈善义举。他的捐款涌向家乡，汇入全国各地，投向教育、体育、航天、救灾各项公益事业。他说：“只要生意不破产，只要曾宪梓还活着，我对祖国的回报，就一天也不中断。”

1992 年，他捐资 1 亿港元设立曾宪梓教育基金；2003 年，他捐资 1 亿港元设立曾宪梓载人航天基金；2008 年，他又捐资 1 亿港元成立曾宪梓体育基金。他曾对媒体说："这些钱，对我个人是大数，对国家而言是小数。"

2000年起，曾宪梓教育基金会实施"优秀大学生奖励计划"，用于奖励家境贫寒并在高等院校就读的品学兼优学生，这一计划也让包括厦大学子在内的许多家庭经济困难的学生顺利完成学业，圆了自己的大学梦想。计划实施以来，参与此计划的重点大学共38所，资助奖励优秀大学生30940人次，累计奖学金逾1.22亿元。

此外，国内诸多高校中也能看到"曾宪梓楼"的身影。包括厦门大学在内，国内诸多高校中均有曾宪梓捐资的大楼，这些楼宇寄托着曾宪梓对国内高等教育事业发展的期望。

据不完全统计，从20世纪70年代至今，曾宪梓对内地的教育、科技、医疗、体育等事业的捐赠总额超过了12亿元，其中对梅州捐款2亿多元。2018年，在接受采访时，曾宪梓表示："只要我活着，就要为祖国作贡献到最后一刻。"为了表彰其捐资报国的高尚情怀以及为国家发展作出的卓越贡献，编号第3388号小行星被命名为"曾宪梓星"。他将之视为报效祖国的荣誉，也认定那是他的归宿："等我离开人世，我就住到那颗小行星上去。"

"成功的企业家、慈祥的乡亲、伟大的慈善家"，这是家乡人对曾宪梓的印象。"刻苦、耐劳，面对困难不畏缩，勇往直前，有智慧，肯拼搏。不要浪费时间，把握一分一秒，把行动思想灌注到创业发展中，这就是客家精神，也是客家魂。"这是曾宪梓自己对客家精神的阐释，而他自身也正是实践"智慧与远大志向并存"的客家精神的最佳榜样。

厦门大学曾宪梓楼

周永伟：
敢拼爱赢　闽商“头狼”

说起“七匹狼”，相信大家都不会陌生。作为中国男装开创性品牌之一，七匹狼曾经连续 17 年全国夹克市场占有率位居第一，是最早登陆国内 A 股的服装企业。经过 30 余年的深耕细作，现今七匹狼的事业版图早已超越了服装业的范畴，在金融投资、股权管理、房地产等领域开枝散叶、生根发芽。这背后，离不开公司“头狼”——周永伟的运筹帷幄。

开疆拓土，敏锐之“狼”

周永伟祖籍福建晋江金井，早年旅居阿根廷。回国后，乘着改革开放的春风，他带领两个弟弟涉足商海，开始在家乡自主创业。作为根基很深的侨乡，又是较早开放的沿海地区，晋江在试行“三来一补”的中外合资经营政策上有着得天独厚的优势。在这种时代背景下，周永伟与金井镇政府合办了金井劳务侨乡服装工艺厂。

周永伟先生

企业初创伊始主要从事纺织品生产

和贸易，为香港的“三来一补”企业提供原材料。当时市场经济建设仍处于起步阶段，物流很不发达，商品相当紧俏，因此只要能生产得出来，流通得起来，基本上任何货品都不愁销路。产销两旺，原料供应商的生意也不会差。尽管企业蓬勃发展利润颇丰，周永伟还是注意到本地服装企业对自主品牌的意识约等于零，生产出来的服装成品在价格上较海外绣有商标的服饰差距很大。于是，创造一个拥有自身特色、品质上乘的国产品牌的想法在周永伟兄弟心中萌发，他们为侨乡服装工艺厂引入外资股东，与香港益安公司合资创办了具有独特品牌意识、融入最新科技、主打高质量的晋江恒隆制衣有限公司。

在当时，周永伟兄弟联合企业初创团队成员刚好七个人，在闽南语的发音中“人”和“狼”谐音，狼又是具有团队精神、勇往直前、机灵敏捷的动物，于是“七匹狼”的名字在注册商标时应运而生。

品质加上创新，“七匹狼”牌服装，与当时市面上的同类产品迅速拉开了距离。1993 年，七匹狼创新了可拆洗分体夹克棉衣，外套和内胆分开，让一件夹克可以跨越多个季节；1995 年，七匹狼又发明了“双面夹克”，主张“男人不止一面”，让一件夹克可以有多种穿法；2000 年，因为风靡一时的格纹夹克，七匹狼成为“夹克之王”，此后连续 17 年在中国夹克市场占有率第一。

资本运作，战略之“狼”

服装产业上取得的巨大成功奠定了七匹狼集团的事业基础，也让周永伟将更多精力投入资本的有效运作。

因为在国内行业中较早引入视觉识别（visual identity）系统，七匹狼的品牌效应引起了龙岩卷烟厂的注意，以此为契机，周永伟联合晋江烟草专卖局与龙岩卷烟厂合作开发“七匹狼”牌香烟的故事，成为国内民营企业最早介入烟草行业的成功案例，如今“七匹狼”已经是中国知名卷烟品牌之一，可谓家喻户晓。

2000 年，兴业银行开启改制，一些中小股东并不看好其未来，焦急着想要脱手兴业银行股权，而周永伟经过审慎判断，认准银行股权一定具有良好的投资价值，果断入场投资。2007 年，兴业银行在上交所挂牌上市，首日交易股价超过40元，7年时间，周永伟的投资回报率将近20倍。

2004年，七匹狼股份在深圳中小板挂牌上市，成为福建省首家在深圳中小板上市的服装企业。

2009年，恰逢深圳市创新投资集团改制，七匹狼应势而上，成为其第六大股东。七匹狼借助这个平台的渗透力，参与了银联商务、阳光保险、汇添富资本等传统金融企业，以及蚂蚁金服、宁德时代、京东物流、柔宇科技等一众新兴产业独角兽的投资。

2010年七匹狼在泉州最早发起设立的汇鑫小额贷款公司，于2016年在港交所挂牌上市，这是福建省唯一可跨区经营的小额贷款公司，也是泉州金改试验区先行先试、创新发展的典范和代表。与汇鑫小额贷款公司同年创办的百应租赁，于2012年被全国融资租赁协会评为“2012中国融资租赁新生力量奖”，也于2018年在港交所创业板挂牌上市。

2014年，七匹狼通过PPP模式参与福州大学晋江科教园建设，为晋江发挥产业集群优势、共同探索校地产学研合作模式提供了新路径，目前投资总额逾12亿元。

在周永伟的带领下，现在的七匹狼已成为一家以服装产业为主业，集投资、资产管理和文旅运营于一体的多元化现代企业集团。

慈善捐赠，感恩之“狼”

作为厦门大学2005级EMBA校友，周永伟始终以校主陈嘉庚先生为

厦门大学周隆泉楼

榜样，以其“捐资兴学”“教育救国”的崇高理念为指引，带领七匹狼集团推行“相信自己、相信伙伴”的企业文化，积极履行社会责任，全力襄助教育事业。

2011 年，厦门大学 90 周年校庆之际，周永伟代表七匹狼集团慷慨捐资 1000 万元，助力厦大翔安校区建设。感念其传承薪火、热爱母校的大爱之情，学校特将海洋与环境学院科研平台大楼命名为“周隆泉楼”。2018 年，周永伟向厦门大学捐资 100 万元，设立“厦门大学七尚艺术文化研究发展基金”，用于支持学校文化与艺术产业研究。此外，周永伟还积极投身校地合作、校企联动，带领七匹狼联合经济学院、王亚南经济研究院、泉州市金融工作局，签署战略合作协议，捐设七匹狼金融研究中心和泉州金融研究院。2021 年，为献礼厦门大学百年华诞，周永伟特向母校捐赠由著名艺术家徐里创作的《繁花似锦》艺术画作（长 245 厘米，宽 125 厘米），希望以文化激励创新、丰富内涵，助力母校校园文化建设，祝福母校百花盛放、万木争春。

周永伟热心公益，回馈桑梓，先后荣获“全国劳动模范”“全国关爱员工优秀民营企业家”“香港紫荆花杯杰出企业家”“福建省十大杰出青年企业家”“福建省优秀企业家”等荣誉称号。他先后捐赠团中央 2000 万元成立“青年就业创业基金”，捐赠晋江市慈善总会“七匹狼慈善基金”3000 多万元、捐

周永伟（右）向厦大捐赠《繁花似锦》艺术画作

赠泉州慈善总会400万元，资助了300多名贫困中小学生，帮助他们完成学业，捐资近2000万元筹建毓英中心幼儿园、小学、中学教学楼等，带领七匹狼累计捐赠社会慈善事业超过2亿元。2019年7月，周永伟位列2019福布斯中国慈善榜第84位。周永伟用爱心回馈社会，用奉献播撒情怀，怀揣高度的社会责任感，为弘扬传统美德、助推教育发展、培育良好风尚作出了先锋模范。

周永伟，作为七匹狼的开拓者，大家习惯称他为“头狼”。因为在他的带领下企业坚守着“狼族做派”：群狼合作，敏锐坚毅，始终坚持以目标为导向。与此同时，他又与狼族不同，他时刻准备着兴学助教、帮扶弱小，但又对媒体的夸耀淡然置之。可叹可敬！

曾志龙：濠江畔　鹭岛情

作为一名闽籍企业家，曾志龙的商业版图源起缅甸，再从澳门到厦门延伸至“一带一路”共建国家；作为一名侨界活动家，曾志龙怀揣爱国之心，竭尽所能为粤港澳地区建设穿针引线；作为一名优秀厦大人，曾志龙秉承嘉庚精神，以拳拳爱心助力母校争创世界一流。

今天，就让我们走近曾志龙，了解这位南强之子的奋斗历程和大爱情怀。

年少困境，奋发图强，多元发展

因家庭困境，曾志龙从小便与身为中学教师的养父母生活在一起，虽不算富裕，但一家人过得其乐融融。可平静的日子在他 13 岁那年被打破了，父亲因病离开了人世，母亲因伤心过度身体每况愈下。为了养家糊口、让母亲得到更好的治疗，曾志龙不得不在读完职业高中后暂停学业，离开校园开始打工。少年时期的挫折、磨难让曾志龙早早地明白了生活的艰辛，也让他主动挑起了生活的重担，更让他了解到责任的重大。曾志龙明白，唯有付出更多的努力，不断坚持，才能改变人生和未来。他暗下决心奋发图强，做一个真正的男子汉。

20 世纪 90 年代中期，曾志龙只身远赴东南亚发展，后将业务重心逐步转移至澳门。回首过往,那是国家改革开放的一轮黄金期,身为创业者,没有任何参照物,全凭感觉往前冲,摸着石头过河。谁的感觉判断对,谁就能赚到钱。在这样的环境下,敏锐机智的曾志龙,嗅到了房地产市场蕴藏的巨大机会,将当时全部的家当,当机立断投向房地产市场。意料之中,曾志龙赢得了他的人生第一桶金。

十多年间,曾志龙的投资和发展涵盖了房地产开发、金融资本市场、旅游娱乐等各个领域,事业迈向多元化发展。在澳门事业稳步发展的时候,厦门优良的投资环境和蓬勃发展的新貌,让他看到了新的发展机遇。自2010年起,曾志龙开始在厦门投资兴业,定位多元发展,通过收购和并购具有潜力的企业,进行整改及重组,不断扩大业务版图和提升集团的资产及价值,并逐步向国内外拓展业务,涵盖了金融资本市场、旅游、文化、教育及酒店等各个领域。2018年,厦门市政府授予曾志龙"荣誉市民"称号,以表彰他在经济建设与对外交流等方面为厦门市作出的贡献。

少年时期的风雨兼程,造就了曾志龙面对困难和风险的勇气与韧性。创业时期的审时度势,成就了曾志龙积极主动把握历史机遇,让所追求梦想不断腾飞。可以说,曾志龙就是"爱拼才会赢"的真实写照。

和光同尘,心怀桑梓,服务社会

曾志龙曾多次提到要"拥有一颗感恩的心"。实际上,个人事业的长足发展并未影响曾志龙的这颗"初心",在事业蒸蒸日上的同时,他将大部分精力投放在爱国爱澳、社团服务和慈善活动中,以自己的实际行动回报祖国、感恩社会。

作为民众建澳联盟的副主席,曾志龙有三分之二的时间都在为社团服务。"澳门这座城市给了我温暖,我在这里建立了家庭和事业,希望力所能及做一些事回馈社会。"曾志龙特别提到,"我觉得当企业做到一定规模的时候,就应该要有'能力越大责任越大'的概念,承担更多的社会责任,做慈善公益和投资教育就是一种很好的方式,这应该是一种发自内心的向往,而不是用来攀比的。做慈善不分大小,不分先后,拥有一颗做慈善的心,积极奉献社会,才是最重要的。"

一直以来，曾志龙胸怀坚定的“爱国爱澳”责任感，投身澳门发展建设。早在2009年，曾志龙参与发起成立“澳门东盟国际商会”，致力于促进中国与东盟国家的交流，并通过多层次广领域的各项活动，增进中国与东盟国家及企业界的商贸往来，响应国家“一带一路”倡议。

此外，曾志龙还心系年轻人教育事业和个人发展。他长期担任澳门城市大学校董及澳门福建学校执行校董，在继承父母对于教育工作的热爱的同时，让更多的人获得教育机会。曾志龙还策划组织了首届“‘三门’青年论坛”，把大中华圈里的“三门”——澳门、厦门和金门联通起来，为“三门”的青年架起一座奔向创新创业成功的桥梁，助力他们实现创业梦。作为福建省侨界青年联合会会长，曾志龙力争为侨界青年打造一个交流和对接的理想互动平台，组织策划了“首届世界侨青论坛暨澳门与‘一带一路’青年峰会”，号召青年们怀揣青春梦想，以更开放包容的姿态，加强与世界不同国家、不同民族的青年互融、互鉴、互通，开展多领域、多渠道、多层次的合作交流，共建共商共享，共圆中国梦。

曾志龙(左三)参加第三届“三门”青年论坛暨2019厦门创新创业创造分享季

逐梦南强,嘉庚精神永不止步

为圆自己儿时未竟的大学梦,曾志龙毅然从濠江江畔来到祖国东南一隅的"海上花园"鹭岛厦门,于2010年考入厦门大学攻读高级工商管理硕士EMBA课程,也由此书写起他与厦大的故事。

求学厦大的日子,曾志龙深受厦门大学校主陈嘉庚先生"倾资兴学""教育救国"伟大精神感召,立志做一名"知无央,爱无疆"的厦大人,身体力行地为母校教育事业建设发展添砖加瓦。

2013年12月,在曾志龙的多方奔走和广泛联络下,厦门大学澳门校友会正式成立。曾志龙出任首届会长,他积极团结在澳校友,宣传母校,促进澳门校友与母校之间的联络与沟通,积极推动澳门与厦门、澳门高校与厦门大学的交流互动。2014年4月,曾志龙带领澳门各界精英回到母校进行交流,拓宽了澳门与厦大在人才培养、学术交流、文化互动等方面的交流与合作。2016年10月,曾志龙带领澳门校友会,在澳门圆满承办了"厦门大学第五届全球校友会会长秘书长联席会议",来自海内外各地校友会近150名会长、秘书长等代表齐聚一堂,畅谈校友工作经验,为母校发展建言献策。

2016年厦门大学建校95周年之际,曾志龙(左)向母校捐资2300万元

与此同时，曾志龙不忘春风化雨之恩，慷慨捐资支持母校人才培养、校园建设、校友活动等。他带领澳门校友会，先后向母校捐资230余万元，用于建设翔安校区“科学精神”浮雕、设立“校友励学金”资助优秀学子等。特别值得一提的是，2016年厦门大学建校95周年之际，曾志龙再度捐资2300万元，用于大学生创新创业及母校全球校友会建设工作。在曾志龙看来，母校是校友永远的精神港湾，校友则是母校发展的重要源泉，他愿以自己一片赤诚之心尽绵薄之力，助力母校建设，助力国家发展。

无论是商海打拼，还是社会服务、公益慈善，曾志龙坚持用自己身上的光芒去温暖别人，去照亮别人。他怀揣满腔热情，永葆赤子之心，肩负起时代赋予他的使命与责任，为当代年轻人树立起“拼搏进取”的好榜样。

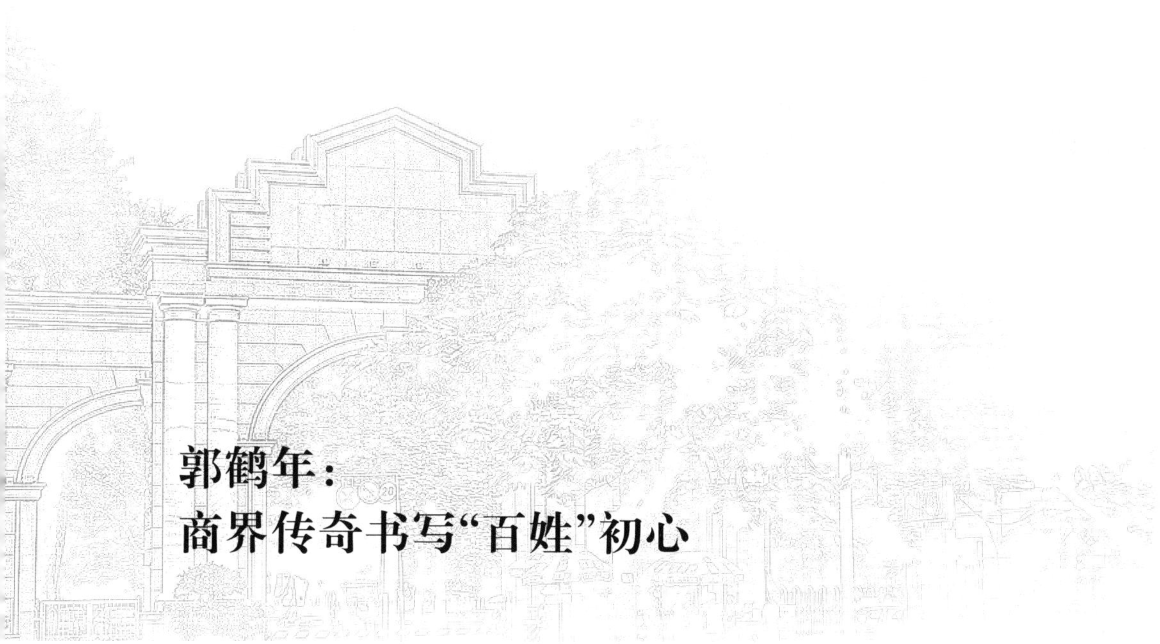

郭鹤年：商界传奇书写“百姓”初心

放眼世界商贾，他一人身兼“两王”，先是享有“亚洲糖王”的美誉，后来又有“酒店大王”之称，可谓个中翘楚，可他的事业还不仅限于此，北京国贸大厦、香港《南华早报》、香港无线电视，这些生活中耳熟能详的品牌，背后都有他的身影。他创建了一个庞大的商业王国，也创造了无数奇迹，还心系厦门大学马来西亚分校，慷慨捐资1亿元支持主楼群建设……他可能是最广为人知的马来西亚华人之一。今天，就让我们一起走近杰出的华人企业家、马来西亚首富郭鹤年先生。

年少创业，亚洲糖王

郭鹤年，祖籍中国福建福州，1923年出生于马来亚柔佛州新山市，他的父亲郭钦鉴14岁时便漂洋过海到马来亚谋生，经过数年努力奋斗，创办了以经营大米、大豆和白糖为业务的东升公司，家境日益富裕。得益于此，身为家中幼子的郭鹤年自小就得以接受良好的教育，眼界得到很大的拓展。

郭鹤年从新加坡莱佛士学院学成毕业后，回到家中协助父亲经营家中白糖及米粮生意。1948年，郭鹤年在新加坡创办了主营轮船航运的船务公司，开启了属于自己的商业之路。公司创办不久，郭钦鉴不幸病故。郭家经过深思熟虑和审慎研讨后，决定把家产整合起来，组建郭氏兄弟有限公司，

郭鹤年先生

并推荐博学多才的郭鹤年担任公司董事长。就这样，年仅 25 岁的郭鹤年接过重担，成为家族“掌门人”征战商海、带领公司名震四方。

不过，正当家族生意蒸蒸日上时，战争打乱了企业发展节奏，为了减少对公司业务的影响，郭鹤年选择低调赴英国留学。其间，郭鹤年学习了先进的管理理念，接触到了期货交易，并对全球糖业贸易有了进一步的了解。1957 年，马来西亚脱离英国独立，郭鹤年意识到，马来西亚急需找到一种不依赖进口的产品来使本国经济走上独立自主发展道路。于是他在回到马来西亚后，立刻决定全资投入炼糖业，并建起大马第一家炼糖厂——马来西亚制糖公司。

20 世纪 70 年代，郭氏家族每年控制的食糖总量高达 15 万吨，占新加坡和马来西亚市场的 80%，以及国际糖业市场份额的 10%，“亚洲糖王”就此诞生。

运筹帷幄，踔厉奋发

在挖到了糖业这第一桶金之后，郭鹤年并没有止步。他踌躇满志，在生意场上四面出击。借助于世界和马来西亚经济发展的良机，靠着与政府、工商业界融洽相处的良好氛围，郭鹤年全面扩展他的经营领域。

郭鹤年先后创办了面粉厂、食油公司、饲料加工厂、采石厂、玻璃厂和矿厂等多个企业。他在香港成立万通贸易公司，将食糖销往中国和东南亚市场，还在新加坡成立 LEO 船务公司。1971 年，他投入 1 亿马币，在新加坡创建首间豪华酒店，取名为“香格里拉”。这个寓意“世外桃源”、极富浪漫色彩之名的酒店一经推出，立刻吸引了一大批人，郭鹤年从此在酒店业一发不可收，组建起属于自己的全球性酒店网络，香格里拉酒店遍及马来西亚、中国、斐济、泰国、缅甸、沙特阿拉伯等，成为郭鹤年庞大商业帝国上的一颗璀璨明珠。

除“亚洲糖王”“酒店大王”，郭鹤年还曾获封过“传媒大亨”的称号。1988年，郭氏集团以20亿港元收购香港电视有限公司31.1%的股权，成为最大股东。此后又斥资26.5亿港元收购香港影响力最大的英文报刊《南华早报》。

回望成功之路，郭鹤年总能捕捉到不同时期的经济增长热点，几乎每一个10年，他都会进军一个新的领域，不断地扩充他的商业帝国。过人的胆识、杰出的才能、敏锐的眼光、超强的判断力和永不停歇的奋斗精神使其成为名副其实的华人企业家杰出代表。随着千亿帝国的逐步建立，郭鹤年开始成为各大富豪榜单的常客，并常年稳居华人富豪前十位，连续十余年成为马来西亚首富。

心系祖国，回馈桑梓

郭鹤年曾经说过，自己的心是分成两半的：一半牵系着他生长的马来西亚，一半牵系着血脉上的祖国——中国。他一直在用行动践行着这句话的意义，为中国现代化建设做出了不可磨灭的贡献。

早在1973年，郭鹤年就曾经帮中国解决了30万吨食糖的燃眉之急，并在期货市场上为国家赚到了四五百万美元的外汇。

1978年，中国开始实行改革开放，但由于经济基础薄弱，当时许多国外投资者对中国市场信心不足，不敢轻易来华投资。郭鹤年却是个例外，他看到了中国的巨大潜力，更为身为华人而骄傲：“我越听人说中国落后，越觉得有朝一日中国会让世界刮目相看。我必须助我的中国同胞一臂之力。”鲜为人知的是，我国改革开放以来第一位投资中国大陆的马来西亚企业家正是郭鹤年。

1984年，国家决定在北京修建国际贸易中心，当时愿意接手的美日财团给出了非常高的报价并提出了极为苛刻的条件，导致项目建设一度被搁置。郭鹤年听说后，拍案而起，立即做出投资决定：“咱们要争志气，不要给外面人瞧不起咱们中国人，这个事情，应该咱们中国人自己来做。”在当时的经济环境下，这一决定让很多人不解，郭鹤年说：“花大笔钱不要紧，我存1亿多美

2012 年，郭鹤年获得中国经济年度人物终身成就奖

元在盘谷银行，就是等这种(回报祖国的)机会。”他尽心尽力周转资金，出资5 亿美元发展北京国贸项目，这是当时外资在中国的最大一笔投资，也是北京最早的 CBD 建筑，现在早已成为首都核心地段的地标式建筑。

1997 年香港回归前夕，众多投资者对香港金融市场踟蹰不前，郭鹤年却多次公开表达他对回归后的香港充满信心。后来当金融风暴狂扫亚洲时，郭鹤年积极响应国家号召，坚决不撤资，为中国战胜金融危机赢得时间。

大爱崇善，和光同尘

“只要我还有能力贡献，我就不能歇息。”郭鹤年不喜抛头露面，不爱宣传招摇，也从不炫耀自己的财富，生活节俭简朴，作风平易近人，却对公益慈善事业心怀大爱，尤其关注中国教育事业的发展。

郭鹤年曾说：“人生在世，有两件事要做：首先要刻苦工作，努力奋斗，安排家庭的生活；同时，也要帮助一些在教育上有需要的人们。这样社会才会和谐、稳定和进步。”厦门大学马来西亚分校的创建，不仅是中国公立大学走向海外办学的先行者，而且是一个世纪以来嘉庚精神感恩文化的实践成果；不仅是厦大人对校主陈嘉庚先生创业之地的历史性回馈，而且是厦门大学对南洋侨乡的庄严承诺。这一盛事赢得了东南亚侨界普遍赞誉，包括郭鹤年在内的海外侨贤踊跃捐资，慷慨助力，竭尽所能为厦门大学马来西亚分校添砖加瓦。2013 年，郭鹤年捐资马币 1 亿元（按当时汇率折合人民币 1.6 亿元），用于厦门大学马来西亚分校主楼——图书馆大楼的建设，令人感动的是，他特别要求将这幢大楼命名为“百姓大楼”（People's Great Hall），希望以此传承嘉庚精神，“激发更多人士参与支持厦大马来西亚分校的事业发展”。

厦门大学马来西亚分校百姓大楼

时光飞逝、初心不改，已是耄耋之年的郭鹤年，以一颗善良之心行走于世，以一腔热忱为祖国竭诚奉献。他以不辜负每个机会、不虚度每寸光阴的工作态度，谦虚努力、身体力行，终成就跨时代、跨行业、跨国界的伟大成功，也树起一面伟大华人企业家的光辉旗帜。

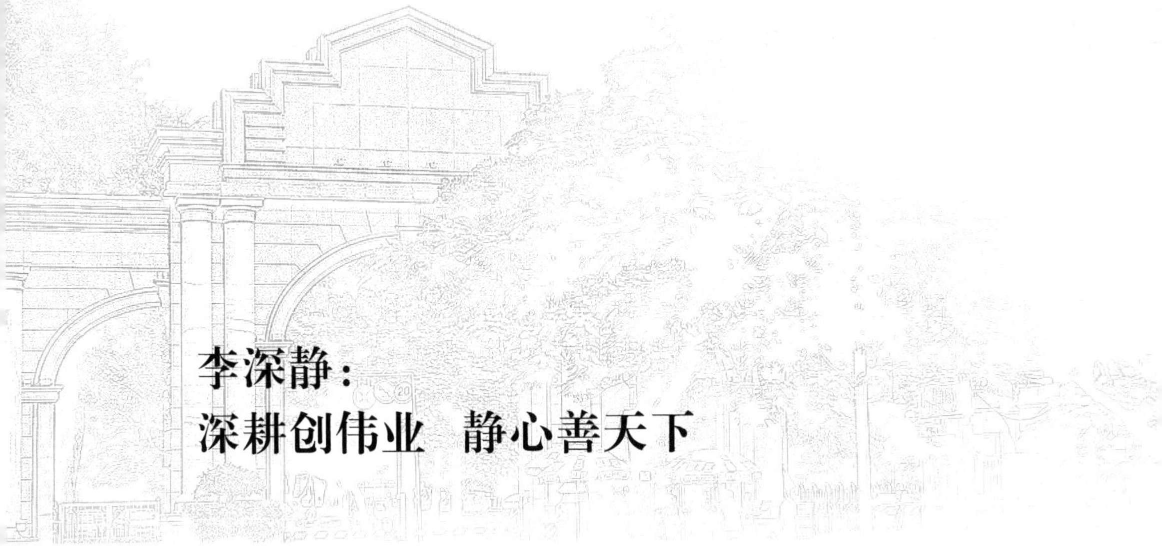

李深静：
深耕创伟业　静心善天下

提到IOI集团，大家一定耳熟能详：这家世界500强企业深耕油棕种植和房地产业，每年为世界上约1.3亿人提供棕油产品，在马来西亚、中国等地拥有诸多成功的开发项目。李深静先生，就是IOI集团的创始人。

祖籍福建永春的丹斯里拿督李深静先生，是马来西亚著名华人企业家，是享誉世界的“棕油大王”，更是一位德高望重、声誉卓著的侨胞代表，他弘扬嘉庚精神，倾资回馈社会，慷慨捐助厦门大学马来西亚分校建设。

今天，让我们一起了解李深静先生的感人事迹。

白手起家，天道酬勤

李深静是在油棕园长大的贫苦人家孩子，11岁时被迫辍学回家，靠沿户兜售冷饮补充家用，在拖着冰柜的沉重脚踏车上度过了4年艰苦生活后，他靠辛苦劳作积攒下来的收入重回校园。可是勉强读到高中毕业，大学昂贵的学费又成了拦路虎，李深静被迫再次辍学来到了园丘工作。虽然因为学历只能从管工做起，但李深静勤奋刻苦、脚踏实地的工作态度使他迅速积累了扎实的专业技术和丰富的管理经验，从而让他走上了经理的职位——要知道，在20世纪50—70年代的马来西亚，种植园经理至少要拥有农业本科文凭。

在种植园工作了几年后,李深静开始自己创业。他通过购买加油站和做房地产积累了第一笔资金,随后又联合其他商家出手购买园丘,成功的收购让他获得了重要的资本。但真正让他崭露头角的却是独立收购气体制造业上市公司工业氧气,这笔交易奠定了IOI集团的基础。

李深静随后于1985年开始通过一系列企业及土地收购活动,全面进军油棕种植及产业发展领域,开始了油棕的种植和房地产、精细化工齐头并进的发展局面。在棕榈油生产领域,李深静创建的IOI集团不仅是马来西亚最大的上市种植业集团,也是原棕油行情的风向标之一,产品远销全球65个国家和地区,每年的棕油产量占世界棕油产量的3%,每年为世界上约1.3亿人提供棕油产品。在房地产开发领域,IOI集团成功打造了蒲种这座马来西亚雪兰莪州一级城市,将原先仅为一片辽阔无垠的园丘地,变身为今日雪隆区拥有最多外资银行或本地银行分行的现代化城镇,令人拍手叫绝、连连称道。

据《福布斯》杂志发布的2019年马来西亚财富榜,李深静以54亿美元身家名列第五位。此外,李深静还连续多年登上“福布斯全球富豪榜”“福布斯全球华商500强”“大马40富豪榜”等财富榜单,且位居前列。谈及自己的成功经验,李深静说:“没有什么捷径,只有勤奋!别人付出100%,我要我自己付出101%!”

心怀感恩,回报家乡

事业有成的李深静,时刻铭记自己是中华儿女,身处异乡始终念祖爱乡,最令人钦佩、尊崇的,是他内心的那股反哺、念旧、报恩的深厚情怀。

永春县是李深静的故土家乡。1993年李深静第一次回乡探望,就捐资70万元人民币,在东平镇建设了“丹斯里李深静大厦”,作为当地侨联办公场所。1999年春天,李深静再次踏上回乡的路,为促进故园经济的发展,捐资208万元为外碧村修建了一条长6公里、宽6米的乡村水泥路,并以父母亲的名字将其命名为“光邦水泥路”和“刘京大道”,缅怀双亲,以感恩养育之恩。紧接着他慷慨解囊100万元人民币,保护修建古通仙桥(东关桥)。2002年,李深静又捐资150万元人民币,在东关桥上游兴建了一座铁索桥“刘京大桥”，以缓解千年古桥东关桥的交通压力。2016 年，超强台风“莫兰蒂”袭击福建，东关大桥、刘京大桥不幸被冲垮。身在海外的李深静一听说此事，立即打电话向亲人了解大桥受损情况，捐资 350 万元人民币用于东关大桥、刘京大桥的重建及道路的拓宽硬化。

一条条道路、一座座桥梁，见证着李深静这位海外赤子对故乡的悠悠深情。福建省人民政府在刘京大桥桥头建亭立碑：“李深静先生，祖籍永春。旅居马来西亚，情系桑梓，慷慨捐资兴办公益事业，为颂扬功德，特立此碑。”以此表彰他对故乡作出的巨大贡献。

嘉庚薪火，兴学重教

李深静遵循重教兴学这一传统，一直重视教育事业，特别是支持马来西亚当地的华文教育。李深静先后担任了多间华文中小学的名誉董事长，还于 1985 年设立拿督李深静基金（现为丹斯里李深静基金），每年从集团的盈利中捐出千万元，作为教育事业与济贫赠医的慈善基金，至今已培养了数百位学有专长的人才。

李深静不仅重视马来西亚华文教育，也牵挂着故乡永春的教育事业。他多次捐资修建外碧小学的教室、食堂以及东碧中学教学楼。2004 年 12

2014 年，李深静（右）向厦门大学马来西亚分校捐赠 3000 万元人民币

月,李深静携家眷10余人回乡探亲谒祖,当他来到永春八中时,看到学校没有一个像样的礼堂,当场决定捐资150万元人民币兴建以其母亲命名的“李刘京礼堂”。自那时起,他又先后解囊捐助150万元人民币兴建永春二中“刘京科技楼”,捐资150万元人民币兴建永春职业中专“光邦科技楼”,捐资50万元人民币兴建永春八中校园中心景观广场,为家乡教育事业作出了重要的贡献。

校主陈嘉庚先生当年从南洋回到厦门,倾资创办了厦门大学。90多年后,厦门大学走出国门,选择赴马来西亚办学。在李深静看来,这种反哺感恩的轮回是一种奇妙的缘分,也为自己秉承嘉庚精神、弘扬兴学重教的品质提供了新的契机。2014年,李深静向厦门大学马来西亚分校捐赠3000万元人民币,这也是截至当时李深静对外作出的最大一笔捐赠善款。这让外界一度不解,因为他和厦大之前并没有交集。在接受厦门日报专访时,李深静告诉记者,他很早就知道厦大了。“福建是我的老家,我一直为老家有这样一所大学而感到光荣,再过7年,厦大就要成为‘百年老校’,一所学校能存在100年,而且还能发展得越来越好,实在不容易。”2021年,厦门大学百年校庆之际,其子李耀昇先生继承父志,慷慨捐资人民币1亿元,支持厦门大学思明校区综合文体中心的建设。感念李深静捐资兴学的善行义举,厦门大学马来西亚分校特将校区主楼群一号楼命名为“李深静楼”。

厦门大学马来西亚分校李深静楼

李深静还把厦大到马来西亚办学看作国家强大的表现。他说,我们作为海外华人都感到很光荣——中国强大,受益的不仅是中国人,还有海外华人。

深水静流,德高望重,在李深静先生身上,我们看到了一个白手起家、华商楷模的内涵气度:贫穷时不自哀,用自己的努力改变生活状态;富裕时不忘本,秉持一颗善良的心回馈社会、造福桑梓。自强不息,李深静先生的崇高品质定会薪火相传,发扬光大!

杨忠礼：以忠心扶教育　以礼德立基业

在厦门大学马来西亚分校，有一座“杨忠礼楼”，每天都有许多学生驻足于此，或修读课业，或潜心实验，它是学校开展教学与科研的重要场所。

厦门大学马来西亚分校杨忠礼楼

丹斯里拿督杨忠礼博士，马来西亚知名华裔企业家、著名侨领，马来西亚杨忠礼集团创始人。他不仅是成功企业家，为马来西亚经济建设和社会发展作出了重要贡献，同时也是教育家和慈善家，长期为马来西亚和中国的文教公益事业作出重大捐献。慷慨输将、从善如流，厦门大学马来西亚分校感念其慷慨捐资之善举，特意将主楼群 A1 大楼以其姓名命名，以传承善念、激励后学。

临危受命，筚路蓝缕

杨忠礼，1929 年出生于马来亚雪兰莪州，3 岁时随家人迁居至瓜雪生活。1950 年，马来亚殖民战争爆发，杨忠礼被迫放弃学业，承担起家庭的重担,接替堂兄经营在万津岘山开设的石矿场。凭借着出色的商业头脑和踏实肯干的态度,杨忠礼很快将矿场扭亏为盈,并由此开始涉足工程领域。

杨忠礼承办的第一个工程,便是在"第二故乡"瓜雪填土筑路。当时,经过不懈努力,他协助父亲成功投标取得了瓜雪到大港的公路施工资格。历时 3 年的施工顺利完成后,杨忠礼不仅为自己的工程事业开了一个好头,也打下深入建筑及房地产业的基础。

1955 年,杨忠礼建筑有限公司成立。创立之初,杨忠礼凭借对第二故乡的熟悉和稳固的人脉,以及对标价的精准把握,几乎承揽了瓜雪当地公共工程的八成业务。1967 年,杨忠礼走出瓜雪,踌躇满志地前往吉隆坡进一步发展。

初到吉隆坡,杨忠礼在最初的业务拓展上处处碰壁,曾经连续 10 多次公共工程投标均以失败告终,但是他越挫越勇,激流勇进,凭借着多年来在行业内积累的人脉和声誉,业务慢慢有了起色,如愿以偿地拿下了在吉隆坡的第一个工程。万事开头难,杨忠礼出色地完成了这个项目,在吉隆坡顺利打开了局面。在他的辛勤拼搏下,短短几年时间,杨忠礼建筑有限公司的工程项目就遍及马来西亚全国,事业版图甚至延伸到新加坡和印尼等地。

事业的成功离不开辛勤劳动和顽强拼搏,杨忠礼回忆起那段时光感慨道,当时为了促成业务,几乎天天都在汽车轮子上度过,常常一连几个月都无法回家。因过于忙碌,为节省时间他甚至将热咖啡倒在碟子里,让它迅速变凉,喝完好继续赶路。正是这样锲而不舍、艰苦奋斗的精神,铸就了杨忠礼未来事业的成功。

进退维谷,坚守本心

20 世纪 70 年代,世界性石油危机爆发,建筑材料价格飙升、成本激增,杨忠礼手上正在进行的十几个重大工程项目也受到波及、遭遇重创,公司陷入进退两难的境地,资金短缺,难以为继。在不少同行纷纷放弃生意,宣布破产倒闭时,杨忠礼是极少数坚持走下去的人。为了保证工程完工、兑现承诺,他毅然变卖家产,抵押贷款,让渡部分产业,确保将手头所有的工程一一完成,按时交付。

杨忠礼先生

阳光总在风雨后，将信誉和承诺放在第一位的经营之道，让杨忠礼赢得了业界的广泛尊敬和高度赞誉，随之而来的还有上下游企业和金融公司对他的大力支持。1973年末，世界经济开始复苏，杨忠礼的事业也峰回路转，步入坦途。浴火重生的他生意持续扩张，步步登高。1984年6月，杨忠礼机构在马来西亚证券交易所正式挂牌上市；1996年，杨忠礼机构在日本东京股票交易所上市，成为在亚洲股票市场进行交易的第一家马来西亚企业，也实现了马来西亚华商企业在国外上市“零的突破”。

在杨忠礼的带领下，公司业务不断向多个领域纵深发展，从单一的建筑营造发展为包括电力及公共事业服务、水泥及建筑材料制造、房地产开发、信息电子科技、酒店及度假休闲、交通捷运系统等领域的多元化跨国企业，业务范围延伸到新加坡、印尼、澳大利亚、英国等国家和地区。现如今，杨忠礼集团的企业市值已超过40亿美元，是马来西亚在国际上最具影响力的跨国企业集团之一。

心系教育，热心公益

1945年，随着日本战败投降，杨忠礼重新回到位于马来亚巴生的中华中小学读书。不久，校董会突然解聘了办学认真负责、深受学生喜爱的校长张联宗，当时年仅16岁的杨忠礼和同学们群起反对、声援校长，宣布脱离巴生中华中小学，另起炉灶创办“兴华中小学”，取“兴我中华”寓意。在这群年轻人的努力下，杨忠礼等学生代表带头向家长募捐，使得兴华中小学顺利成立！经过70余年的建设与发展，巴生兴华中学已经成为马来西亚知名的华文学校。这段重要的经历如涓涓细流，泽被着马来西亚华人子女，同时也对杨忠礼的生活产生了重要影响，激励着他不断投身于教育事业的发展。

杨忠礼先后在祖籍地金门、出生地巴生、成长地瓜雪等地捐资兴建教学

2014 年 7 月 3 日,杨忠礼(右一)出席厦门大学马来西亚分校奠基仪式

楼,为各大高校提供奖助学金,受到了社会各界的广泛好评。1997 年,杨忠礼基金会成立,其创办宗旨就在于"为学校和师生创造更好的学习条件,引领教育走向未来"。2012 年,身为巴生兴华中学董事长的杨忠礼,宣布捐献 1000 万马币为学校建设一座 11 层楼高的科技大楼,他的夫人陈开蓉女士也捐出 200 万马币,作为该校科技大楼内 600 人讲堂装修基金。2013 年,杨忠礼向伦敦国王学院捐资 700 万英镑,用于建立政治、哲学和法律研究中心,并捐设奖学金资助马来西亚留学生开展学术研究。2014 年,杨忠礼向厦门大学马来西亚分校捐赠 600 万马币(按当时汇率折合人民币 960 万元),用于支持校园建设和办学发展。

2018 年,杨忠礼凭借其在推动华文教育上作出的突出贡献,荣获第五届陈嘉庚精神奖。他的遗孀陈开蓉、长子杨肃斌作为代表领奖。在接受采访时陈开蓉表示,将把陈嘉庚先生的精神和杨忠礼秉承"取诸社会,用诸社会"的理念在子孙中一代代传承下去。

以忠心扶慈善之业,以礼德立基业之本!杨忠礼,从叱咤风云的企业家到热心教育的慈善家,他用自己的行动书写出一代华人的热血创业之路和倾资兴学之情,其慷慨捐资、无私奉献的浓情大爱将被吾辈永记于心!

戴良业：万木成林总关情

抵达马来西亚，从吉隆坡机场搭乘快轨列车驶出后不久，一个具有浓郁嘉庚建筑风韵的红顶白墙楼群便会映入眼帘，这便是中国知名高校在海外全资设立、具有独立校园的第一所海外分校——厦门大学马来西亚分校，它被誉为镶嵌在“一带一路”上的璀璨明珠，是中马两国“高等教育合作新的里程碑”。

现在，厦门大学马来西亚分校正朝着建设成为一所教学与科研一流、多元文化交融的国际性大学，为马来西亚、中国与东盟各国人民的福祉和社会进步作出贡献的办学目标不断前进。要实现这一目标，既离不开全体师生员工的共同努力，也需要海内外校友和社会各界友人的关心与支持。今天，就让我们一起走近征阳集团执行主席、丹斯里拿督戴良业先生，聆听他与厦大的不解缘分、倾听他与中国的美好故事。

征阳立业，商界奇才

戴良业出生于马来亚巴生梅鲁的一个华人家庭，父母都是当地中文学校的教师。尽管父亲对教育事业充满热情，但他也常常感慨，假若没有成为一名教师，自己多半会选择经营从商。父亲的这番话对小时候的戴良业产生了潜移默化的影响，在他心中埋下了一颗未来叱咤商海的种子。

长大后,戴良业考入马来亚大学机械工程系,四年的大学时光让他身上具有的捕捉商机和促成交易的商业天赋得到充分展现,使其成为大学校园活动最受欢迎的人。据戴良业回忆,当时的校园活动都需要学生组织自筹经费,有一次大家要为一本项目手册拉赞助广告,同学们给很多商家打了推广电话,效果不佳。戴良业则另辟蹊径,跑遍了学校附近所有的理发店,告诉老板学校有1万多名在校生,赞助广告就意味着可以将自己的理发店直接推销给1万个潜在客户。结果,那一年的项目手册收到了大量的美发沙龙广告,圆满解决了经费开支。

1989年,大学毕业的戴良业进入一家德国物流搬运设备公司,担任销售工程师,这份工作使他能够了解物流业和制造业的生态系统与业务流程。不久之后,戴良业选择创业,开始经营自己的物流搬运设备和建筑材料生意,这便是征阳集团的前身。回忆起创业初期的艰难,戴良业表示,他始终将一句中国谚语"天塌下来当被子盖"作为自己的工作态度,保持激情、保持乐观,以积极的心态思考更成熟的经营思路和商业模式。在原有的建筑材料和设备生意发展势头良好的情况下,戴良业抓住发展机遇,在巴生河流域发展起多个住宅、商业与工业产业项目。戴良业丰富的经验、坚忍的毅力和乐观的态度让他在房地产领域缔造了骄人的成绩,他也成功将个人的愿景和使命融入征阳集团,使之成为公司的核心价值,带领公司不断前进发展。现如今,征阳集团已发展为马来西亚信誉卓著的多元化领先上市房企,被《福布斯亚洲》评为2020年10亿美元以下最佳企业。

掌舵"中总",华商领袖

马来西亚中华总商会(以下简称"中总"),是马来西亚华裔商会的联合总机构,是唯一在马来西亚最早拥有完整区域代表性的工商会。中总自1921年7月成立以来,即积极参与马来西亚国家建设,为大马经济发展和社会进步作出重大贡献。在中马交往历史上,中总于抗战时发动全马来亚华侨捐献义款和物资援华抗日;在中马建交历程中,中总也承担重要角色;在中国改革开放和中马关系飞速发展阶段,中总继续扮演中马友好交往的重要桥梁。

1997 年,随着征阳集团的事业发展步入正轨,戴良业毅然选择加入中总,在工作之余承担更多的社会责任,为马来西亚华人社会和华商发展服务、贡献自己的力量。

在中总服务的 20 多年里,戴良业曾担任署理总会长、副总会长、总财政、中央理事、多个工作组主任和大型活动的筹委会主席。2009 年,戴良业在担任中总社会经济研究组主任期间,向时任总会长丹斯里钟廷森建议,创设中总社会经济研究信托基金、成立中总社会经济研究中心,作为中总智囊机构,为马来西亚华商发展提供更好的财政和智力支持。

戴良业先生出席 2019 年中马企业合作对接会

2015 年,戴良业接任中总总会长,在任期间,他积极推动马来西亚国民团结和融合,举办各项活动以促进国民团结及增进马来西亚各族之间的交流。为此,马来西亚当局特颁发“国民团结合作伙伴奖”予中总,并委任戴良业为“国民团结大使”。此外,戴良业还极力促进中马经贸发展,推动马来西亚华商积极参与“一带一路”倡议。2015 年 11 月,他受邀参与中国国家领导人与马来西亚 10 位商界翘楚的闭门座谈,并作为代表发言。2016 年 3 月,受中国政府邀请,戴良业列席中国人民政治协商会议第十二届全国委员会第四次会议,在会上积极为两国之间经贸合作和人员往来建言献策,推动中国—马来西亚钦州产业园之“马来西亚创新城计划”等。可以说,在中总任职服务的 20 多年里,戴良业担当有为,无私奉献,任劳任怨,倾注了智慧、心血和汗水,为华社和华商的建设发展作出了积极贡献。

戴良业曾在采访中表示:“一直以来,在推动中马关系、经贸交流方面,我都积极扮演好居中协调、穿针引线的角色,推动工商界开展多渠道、多层次交流。”发挥华侨在地化优势,促进民心相通,这是身怀赤子之心的戴良业一直想做也一直坚持在做的事。

捐地出资,杏坛推手

1921 年,校主陈嘉庚先生不顾时局动荡艰难,毅然从马来亚回国创办了厦门大学,其倾资兴学、教育救国的壮举和大爱令人肃然起敬、为之动容,也让厦门大学就此和马来西亚产生了不可割舍的特殊联系。100 多年来,厦大人始终没有忘记这片深情,用自己的实际行动践行、传承着“感恩、责任、奉献”的嘉庚精神。今天,厦门大学马来西亚分校已经矗立在陈嘉庚先生曾经生活过的美丽土地上。其中,包括戴良业在内的马来西亚华人社会贤达贡献良多。

早在 2011 年,在与厦门大学沟通交流过程中,得知学校有意响应“一带一路”倡议,远赴马来西亚开办学校后,戴良业第一时间表态支持,并动员自己的资源力量协助学校在当地寻找合适的办学场地。这在当时并不是一件轻松容易的工作,因为根据马来西亚当地规定,申请土地建设需要获取政府批文,而一所大学需要的千亩土地更是一个要求高、涉及广、任务大的复杂工程,批复难度不小。经过戴良业的多方奔走和广泛沟通,最终得以将自己征阳集团旗下位于吉隆坡南郊雪兰莪州的 900 亩土地拿出来,提供给厦门大学马来西亚分校作为校址所在,解决了学校赴海外办学的一大难题。

2016 年,戴良业(左)于厦门大学 95 周年校庆大会上接受学校颁发的捐赠证书

2013年10月4日，在中马两国国家领导人的共同见证下，戴良业代表征阳集团与中国开发银行同厦门大学签署协议，明确从建设手续报批、项目管理等方面支持马来西亚分校的建设。2014年10月，伴随着沸腾的鸣炮声和欢呼声，戴良业亲自操作机台，顺利打下了马来西亚分校学生活动中心项目桩基第一锤，这也代表着马来西亚分校第一期工程正式开工。2016年厦门大学95周年校庆期间，戴良业又慷慨捐资1000万林吉特（按当时汇率折合人民币1600万元），再次助力马来西亚分校建设。2021年厦门大学100周年校庆之际，戴良业再次捐资人民币1000万元，继续支持马来西亚分校的办学发展。为感念其弘扬嘉庚精神之义举，学校特将马来西亚分校主楼群5号楼命名为“戴良业楼”。

厦门大学马来西亚分校戴良业楼

作为商业奇才，戴良业带领征阳集团走向辉煌；作为华商领袖，戴良业掌舵“中总”，促进了中马两国更为密切的经贸往来和人员交流；作为杏坛推手，戴良业促进了厦门大学马来西亚分校的落地建设，真正将“一带一路”倡议充分贯彻落实。“一带一路”连中马，一砖一瓦兴厦大，他秉承校主陈嘉庚先生崇尚教育、无私奉献的精神，慷慨疏财、捐资兴学，为中马两国间文化交流、经贸往来和人员互动的美好画卷增添了新时期厦大人浓墨重彩的一笔。

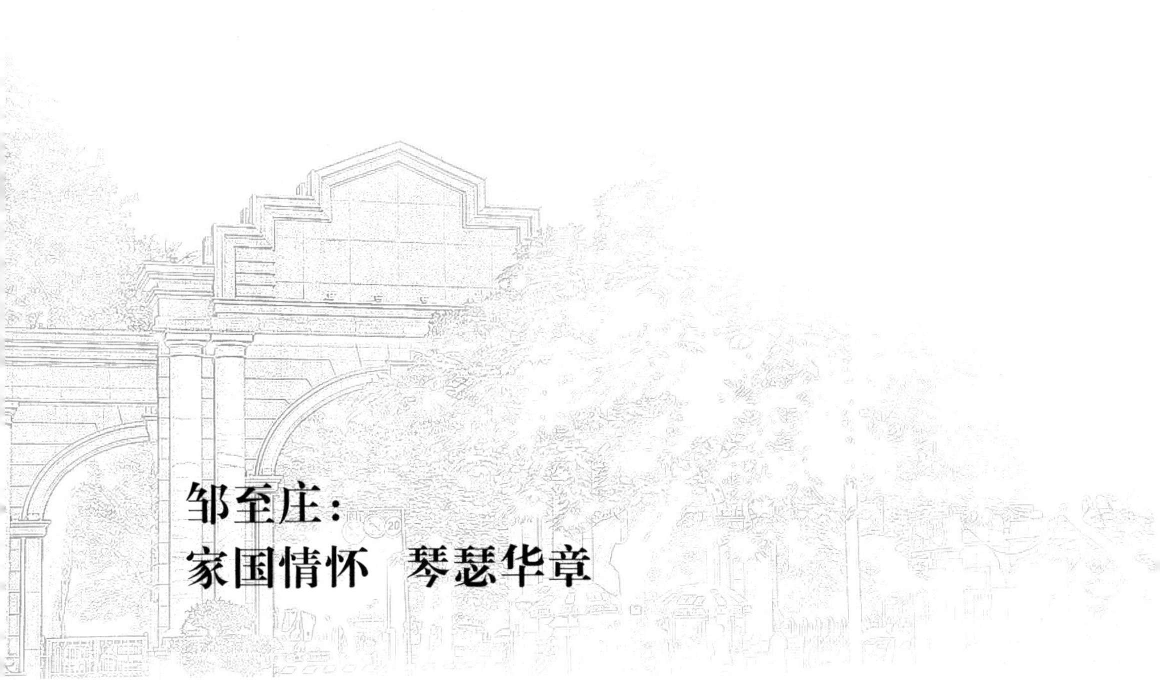

邹至庄：家国情怀　琴瑟华章

蜚声国际的美籍华人经济学家邹至庄教授因为两个著名的“邹氏检验”(Chow Test)闻名于世：一个是他在经济学界杰出的理论贡献，现已成为计量经济学研究中心的重要工具——邹氏检验；一个是通过他牵头搭建的选拔优秀研究生到世界一流大学接受系统现代经济学训练的中美经济学交流之桥——邹至庄留学计划，为中国培养了一大批经济学界和金融、经济领域重要人物。

今天，就让我们一起走近邹至庄，聆听他和厦门大学的难忘故事。

享誉国际的“邹氏检验”

1930 年冬，邹至庄出生于广州郊区东山槟园。1948 年，在岭南大学政治专业学习了一年之后，18 岁的邹至庄只身远渡重洋，赴美国康奈尔大学政治专业学习。大三时，经过深思熟虑，邹至庄决定投身经济学怀抱。从康奈尔大学毕业后，他进入芝加哥大学攻读硕士、博士学位。邹至庄先后于麻省理工学院、康奈尔大学任教，并曾在 IBM 的托马斯·沃森(Thomas J. Watson)研究中心长期从事经济研究工作。1970 年，他来到普林斯顿大学任经济学教授，并扎根于此，教书育人，一晃就是半个多世纪。

邹至庄的经济研究深受弗里德曼学术思想的影响，比如经济模型应该尽量简单，作用大小主要看其是否能够解释数据等。他曾在文章中回忆起芝加哥大学求学的经历："1951 年，我赴美国芝加哥大学当研究生，并上弗里德曼的价格理论课。弗里德曼第一次走进教室时，给学生留下了深刻的印象，这个印象深于我以往任何一位老师。他告诉我们，'经济理论能解释现实的经济现象'。他思维敏锐，能够对于别人的表现立即作出反应。"

正是在米尔顿·弗里德曼和阿诺德·哈伯格两位导师的指导下，邹至庄顺利完成了博士论文《美国汽车的需求：一个关于耐用品的研究》。论文用 1921—1953 年的数据估计了一个美国汽车需求量与美国消费者的收入和汽车价格的关系。为了检验二者关系在 1953 年后的四年里是否保持不变，邹至庄发明了一个统计学的检验方法，主张用计量的方法来研究经济学，用回归的方法研究经济中结构性变化，以找到经济变动中不同变量之间的关系。

邹至庄先生

1960 年，邹至庄发表了他的成名作《检验两条线性回归方程式的系数是否相同》，正是在这篇论文中，他提出了著名的"邹氏检验"(Chow Test)，奠定了自己在计量经济学中的泰斗地位。如今，"邹氏检验"早已成为计量经济学研究中的重要工具。邹至庄将计量经济学、经济理论和宏观经济学引入他的最优控制理论以及最优控制理论在随机经济系统中的应用研究，探索出了运用拉格朗日乘数方法处理动态最优问题的解决方案，并一直走在这一领域的前沿。

2001 年，为表敬意，普林斯顿大学的计量经济研究项目被命名为"邹至庄计量经济研究项目"。

中国现代经济学的播种人

邹至庄是最早研究中国经济问题的著名海外学者之一。早在 1966 年，邹至庄便应邀赴台湾地区讲学，与刘大中、蒋硕杰、邢慕寰、顾应昌、费景汉五位学者一道,成为推动宝岛台湾经济起飞的“六院士”。

改革开放后,从1980年代开始,邹至庄把关注的目光聚焦于中国经济改革问题,他频繁回访国内,应约成为中国国家经济体制改革委员会的顾问,对双轨制改革、控制通货膨胀、外汇改革等重要议题着力良多。他亲自牵线搭桥促成的“福特班”和“邹计划”更是把现代经济学理论首次引入中国,为中国经济学领域培养了大量的人才,为中国现代经济学教育发展立下汗马功劳。

20世纪80年代,邹至庄任“中美经济学教育交流委员会”美方委员会主席,与时任“中美经济学教育交流委员会”中方委员会主席黄达一起,在中国人民大学正式举办“中美经济学研究生培训班”(简称“福特班”),他牵头邀请了欧美最知名的经济学家来华讲授微观经济学、宏观经济学和计量经济学三门课程,学期为一年。1985—1995年,“福特班”在中国人民大学举办了10期,先后有417名学生参加了培训;1987—1992年,“福特班”在复旦大学开办了5期,培训学生201名。“福特班”作为当时中国国内最为系统地讲授现代经济学理论的培训项目,其学员至今已经成为经济学界、业界的中坚力量。

1984年,邹至庄向国家教委提出了另外一个影响深远的建议——在全国范围内选拔优秀的研究生,由他推荐到美国一流大学攻读经济学博士学位,这就是著名的“邹至庄留学计划”,也是国人所熟知的另一个“Chow Test”。这是美国学校了解中国学生的开端,为后来大批中国学生留美搭了桥,也为中国经济学的教学发展、为推动中外经济学学者之间的交流开辟了一条重要渠道。

无论是将年轻学者送往大洋彼岸接受系统的现代经济学训练,还是把“洋师傅”请进国门送来原汁原味的现代经济学教育,邹至庄重新搭建了中美经济学学术交流之桥,促成了一批中国经济学家接受现代经济学培训并推动了中国的经济改革,也让他被誉为“中国现代经济学的播种人”。

南强情缘泽被后学

厦门大学建校伊始便设立商学部。20世纪40年代,以王亚南、郭大力为代表的厦大人创立了具有鲜明特色的厦大马克思主义经济学派，在国内负有盛名。1982 年，厦门大学在全国综合性大学中第一个成立经济学院。2005 年，厦门大学在全国率先推行国际化办学战略方针，一个与国际接轨的新型的现代经济学教育研究机构——王亚南经济研究院应运而生，成为厦大经济学科的一个国际化办学窗口。

自王亚南经济研究院建院伊始，邹至庄就偕同夫人邹陈国瑞女士，与之结下了高情厚谊，虽日久岁深而不渝。邹至庄既任学术顾问又任客座教授，几乎每年都会到访厦门大学，讲授“中国经济专题”课程、开设学术前沿讲座、指导青年教师开展国际合作研究。他与本科生共品下午茶，与年轻教师合作研究，为他们提供学术指导，诲人不倦，不遗余力。

2016 年，邹至庄教授伉俪访问厦门大学

2016 年，邹至庄与邹陈国瑞伉俪倾囊捐资 1000 万美元，在厦门大学设立“邹至庄经济学教育基金”，以进一步推动中国和厦门大学经济学教育与研究的发展。

邹至庄的慷慨捐资不仅是对厦大经济学科未来发展的肯定与看好，更是他浓浓家国情怀的真挚表达。也许千万美元的数字在新闻标题里是最夺人眼球的部分，但邹至庄在经济学界和教育界的国际声誉给厦大经济学科带来的影响力远超于此，无法用金钱衡量。悠悠四十载，邹至庄坚持以不同

2016 年,厦门大学设立邹至庄经济学教育基金并成立邹至庄经济研究中心

形式,支持、关心中国经济学改革和经济学教育现代化发展,始终用家国情怀福泽后学。

2022 年 5 月,邹至庄经济研究中心升格为厦门大学邹至庄经济研究院,旨在立足中国大地,站在中国人的立场研究中国经济问题,用国际语言讲述中国故事,培养世界一流的经济学家,关注中国经济与政策研究,产出国际一流的原创性成果,成为海峡两岸暨香港、澳门乃至亚洲的经济学国际学术交流中心。

“邹鲁风范,至庄臻善”。邹至庄倾毕生之所学为中国经济学改革发展建言献策,尽其所能推动中国经济学教育与研究的现代化和国际化发展,为中国经济学界培养了众多栋梁之材,所作出的杰出贡献令人景仰,实为厦大人的楷模与荣光。

高龙：
滇上祥云见初心

衷心祝愿厦大在新时代越办越好，希望学弟学妹们坚守校训，将“自强不息，止于至善”的校训带到祖国九百六十多万平方公里陆地的每一个角落，让母校为我们自豪。

——高龙

高龙，厦门大学化学系1980级校友，厦门大学云南校友会会长。他心系母校，慷慨捐赠900万元支持母校化学化工学院建设。

高龙，福建岚华教育集团董事长、云南祥华教育集团董事长。其创办的祥华中学高考成绩连续10年名列云南省民办高中第一名，中考成绩连续10年名列滇西地区第一名，成为云岭大地上民办中学的旗舰学校。

今天，让我们一起走近高龙，了解一个民办教育家的奋斗历程，聆听一位南强学子的赤子情深。

厦大，培养严谨作风

“1980”这个数字对于高龙而言是特殊的，每每提起都会荡出一层层记忆的涟漪。1980年，来自福建平潭的高龙经过刻苦努力，成功走入厦园，不仅是走进一所知名大学，更是开启了一个新的人生阶段，大学生活是人生最美好的经历，值得珍惜和回忆。

大学四年除了赋予高龙丰富的专业知识,还教会他严谨的处世态度,对高龙而言,厦大严格的制度、规范的纪律对他有着深远的影响。生活作息时间规律,当时学校要求早上5:30跑操,如果规定时间内有人缺席,辅导员就会到位督查;晚上10:30熄灯,10分钟后辅导员便会挨个敲打传出说话声的宿舍窗户,之后如果仍然有人不遵守规定,便会被罚出去跑步。学习科研一丝不苟,那个年代厦大上大课的教室一般由三个教职人员负责,前面一位讲师负责教学,后面两位助教则负责点名。此外,助教还会坐在违反课堂纪律的同学旁边,不进行任何言语上的批评,而是亲身示范告诉他什么是正确的学习态度。晚自习同样有老师负责点名,如果有同学缺席,老师会亲自去图书馆或者宿舍找缺席的同学。做完化学实验之后,每位同学都要按照实验辅导老师的要求撰写实验报告,下次实验课老师会逐一检查,通过的同学进教室,没有通过的老师会认真批改,修改通过以后再让学生进去,在这种严谨严格的学术氛围下,所有同学都养成了将实验报告写得清清楚楚、符合要求的科研习惯。高龙说道,有一次自己忘记关实验室的窗户,老师专门来到宿舍提醒,这看起来似乎只是一件微不足道的事情,没有必要较真,但如果老师自己将窗户关上,下次学生可能还会忘记,经此一事,他确确实实体会到了厦大严谨的作风,也为他未来的办学模式埋下了种子。

高龙(左五)受聘"厦门大学'奋进新百年、共筑新伟业'行动计划"行动大使

云南，践行嘉庚精神

祥云县位于云南省大理白族自治州，与福建相隔2000多公里，地理的距离带来的是气候和人们生活方式与交往方式的差异。在祥云县创办一所民办中学无疑是一个巨大的挑战，然而高龙却认为祥华中学的创立既是一个巧合也是一个必然。当时，祥云县政府为改变初中升高中比率低的困境，对民间办学给予了大力支持，其中三个优惠政策影响最大：一是按照政府征地价给民办学校的土地定价，二是政府予以适当财政补贴，三是派遣公办学校的教师去祥华中学支教，给予祥华中学任职的教师编制支持。因此，远赴云南创办祥华中学，于高龙而言可谓一个深思熟虑的选择决定。

2007年，祥华中学建成，高龙开始施展他的教育抱负，祥华中学实行封闭式的严格教学管理模式，为民办中学制定这样一种管理模式，是因为高龙始终谨记厦大“自强不息，止于至善”的校训。高龙对自强不息的解读是所有人对学习的奋斗、对人生的追求要像日月一样周而复始地运转，直至生命最后一刻，化为天上流星；“止于至善”则是在为自己的目标奋斗的同时将内心世界回归到人刚出生的时候，只有毫无杂念才能坚持不懈、至真至善。高龙在一届又一届的学生中传递着厦大的教育理念，学生学会战胜自己超越自己，静心用心专心，将来走向大学、走向社会受益无穷，成为祖国所需要的栋梁之材，就是他办学的初衷。

2010年祥华中学第一届应届生成绩斐然，初中部在滇西7个州市中考成绩名列第一，高中部在云南省民办高中一本上线率位居第一。首次成功的尝试让高龙决定成立祥华教育集团，后又创办两所民办学校，三所学校在校生共1万多人，20余名学子被清华、北大录取，秉承嘉庚精神的祥华成为云岭大地上亮丽的名片。

感恩，与善同行，回馈社会

高龙坚持企业发展到一定程度必须回馈社会，而回馈社会最有效的方式就是让优秀的人才得到好的培养，以实现自己的目标，接力回馈家乡、回报社会，形成一个良性的循环。办学十余载，祥云祥华中学坚持每届免收200个品学兼优贫困生三年学费，金额达7800万元；奖励品学兼优的贫困生累计超过1200人，平均每人2万元，奖励贫困生金额达2400万元以上；同时对考取清华、北大的学生每人给予创业基金支持，支持金额已超360万元。在高龙看来，金钱不应该成为学生止步不前的阻碍，对学生的帮助、激励将会一直持续下去，虽然目前能力有限，只能针对成绩优秀的家庭经济困难学生，但是未来会竭尽所能辐射到更多的学生。

毕业30余年，高龙并没有忘记母校对他一点一滴的照顾与培养。他感慨道，每当自己的事业取得小小进步时，他第一个想到的就是母校。2017年，高龙向厦门大学化学化工学院捐赠人民币300万元，注资厦门大学“蔡启瑞教育发展基金”，并以基金收益在学院设立奖学金、奖教金等，以奖励品学兼优、工作突出的学生和教职员工。这也是截至当时，化学化工学院收到的来自个人最大的单笔捐赠款。

厦门大学百年华诞之际，高龙再次向学校慷慨捐赠600万元，支持化学化工学院建设发展。高龙谦虚地表示，他对母校的回馈是微乎其微的，只是尽量做到自己能做到的，希望为化学化工学院勇攀科学高峰尽绵薄之力。

高龙(后排左二)参加厦门大学化学化工学院祥华奖学金颁发仪式

高龙(右)参加“厦门大学 100 周年校庆倒计时 100 天”捐赠签约仪式

此外,高龙还主动请缨,勇挑重担,肩负起厦门大学云南校友会会长职责,竭尽所能团结在滇校友,开展丰富多彩的校友活动,助推校地、校企合作,通过教育扶贫等方式,支持云南当地的经济建设和社会发展,以实际行动报答母校、服务社会,为厦大人在云南打造了一个坚实的精神家园。

一片赤子心,拳拳感恩情。提及嘉庚精神时,高龙是谦卑的,30 多个春秋没有擦去他对母校的记忆,每每回忆起厦园时光,总会忍不住带出一点笑意,带出一点谢意。天下熙熙皆为利来,天下攘攘皆为利往,他对于金钱的态度却是平淡的,依旧保持着早先从事教育工作时的心态,亦会永远保持下去,追随嘉庚先生的脚步做一个赤忱的办学人。

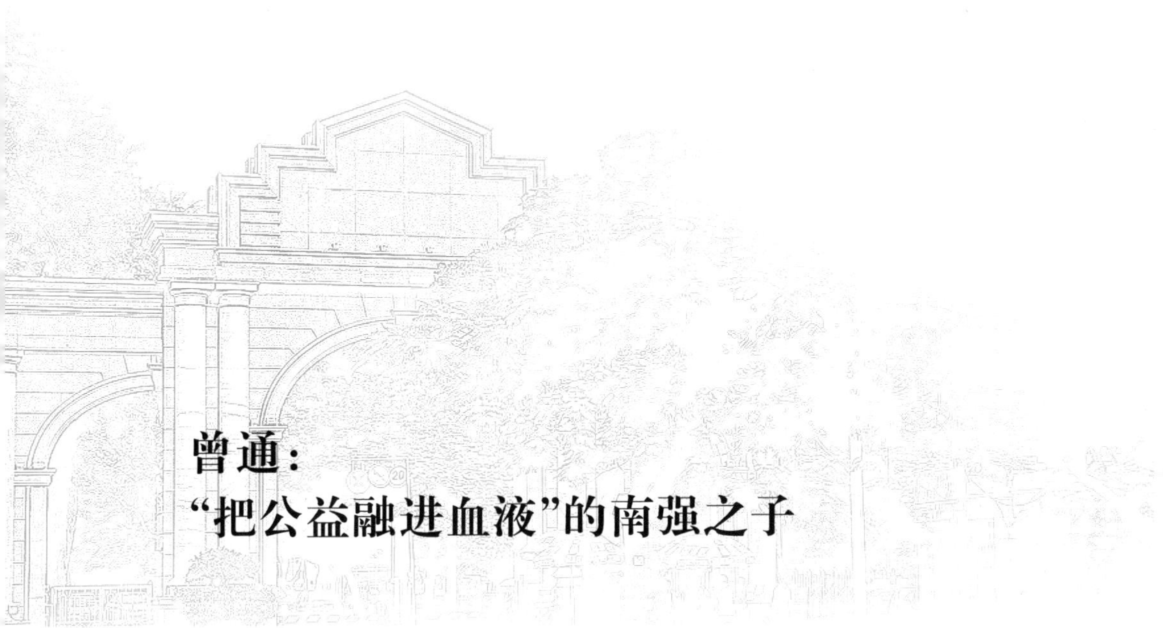

曾通：“把公益融进血液”的南强之子

他是勤毅诚敏的企业家，一手打造出福建省内最大的女性内衣出口企业，被海外客商亲切地称为“最了解女人的男人”；他是胸怀责任的活动家，竭尽所能助力母校厦大和母亲城厦门市的建设发展；他是胸怀大爱的慈善家，数十年如一日投身公益，曾被评为福建省“最美资助人”。

他就是厦门大学1984级会计系校友曾通。

勇立潮头，勇毅前行

1984年，曾通以优异的成绩考入厦门大学会计系。对他而言，素有“南方之强”美誉的厦大不仅是自己梦想启航的起点，“自强不息，止于至善”的校训精神也在潜移默化中滋养铸就了自己的精神气质，让他树立了凡事都要做到尽善尽美的奋斗理念。

1988年，大学毕业的曾通被分配到中国纺织工业部直属公司——厦门海山实业公司担任会计一职。其间，海山实业与台湾某企业合资成立了专做内衣产品的公司，学历高、能力强的曾通成为合资公司总经理的首选对象。1993年，经过扎实的业务积淀和充分的资源积累，曾通果断辞去了国企稳定的工作，下海创立了厦门唯美制衣有限公司，深耕女性内衣行业。经过30年的发展，唯美制衣早已成为福建最大的内衣企业，是福建省及厦门市纺织服装行业协会的会长级单位，产品销往美国、西班牙、法国等欧美国家，与ZARA、H&M、CK 等国际知名品牌建立长期合作关系，常年保持旺盛的生产力。

曾通在接受采访时曾表示，在传统服装行业打拼了那么久，看到过许多跑路的、关门的企业，鲜能遇到全新进入市场的年轻力量，这也反映出传统服装行业的低迷。面对国际订单不足、生产要素成本攀升等低迷萧条的大环境，唯美制衣却能迎难而上、逆市上扬，甚至在新冠疫情期间订单量也能稳步上升，在曾通看来，答案只有一个，那就是把“唯美”做到实至名归，将“止于至善”落实到产品的方方面面：“做很多事真的要唯美主义，要朝着把它做到最好的方向去努力。”

唯美制衣的成功并没有停止曾通前进的脚步，他还经营了厦门昕艺程教育科技有限公司、深圳生命元生物工程有限公司等企业，均取得佳绩。近年来，他还与人联合创办了清大明韵（厦门）创业投资有限公司，以投资创业者的身份转换赛道陪伴新创业者一起拼搏。2016 年，曾通荣膺“厦门经济十大风云人物”。

大厦栋梁，聚鹭同行

作为土生土长的厦门人，曾通先后就读过厦门实验小学、厦门一中、厦门大学，并在厦门开启了自己的创业奋斗历程，这也让他对自己的母校和母亲城有着深厚的情感联系和炙热的赤子情怀。事业有成的曾通，选择奉献出自己的业余时间，投身于校友联络和校友经济等工作，尽自己所能为母校厦大、母亲城厦门的发展奋楫划桨、出谋献策。

作为厦门大学厦门校友会企业家分会第三届会长，曾通积极参与校友活动，助推母校永续发展和校友终身发展。2018 年，企业家分会组织了 80 余位企业家校友，奔赴厦门大学马来西亚分校，开启“厦大人献礼陈嘉庚”主题访问活动，以多种形式感恩回馈马来西亚分校。2020 年 4 月，企业家分会情牵母校及马来西亚分校，与母校共克时艰，向母校捐赠 20 万个口罩、1000 件防护服及 3 台防疫测温门，用于支持厦门大学与厦门大学马来西亚分校新冠肺炎疫情防控。2021 年厦门大学百年华诞之际，曾通带领企业家分会，倾力倾情承办了“南方之强”校庆文艺晚会,并配合厦门市政府、厦门大学协办了全球校友招商大会。

当前如火如荼的校友招商活动,也是曾通与滕达等厦大校友企业家在与政府、学校座谈交流中碰撞出的火花。“对校友来说,只要有条件,回厦门投资是一种使命感。”曾通说,“来厦就读的大学生,弱冠之年正是思想逐步成熟时,在厦门这样一座开放且温馨的城市生活,留下了难以磨灭的记忆。当他离开久了,这段人生中非常重要的履历便尘封在岁月里,而一旦开启,迸发出来的热情和力量也是巨大的。”回想起厦大校友招商活动的推进,曾通深感厦大百年校庆一下子唤醒了很多校友对母校、对厦门的感情,招商推介就起到了天时地利人和的效果:“可以看出校友对厦门的眷念是发轫于心的,只要有条件回来创业、回来投资,就一定会回来为厦门做点贡献,这是一种使命感。”

曾通(右六)向母校捐赠防疫物资

大道低回，大爱永恒

面对收获的优异业绩和荣誉表彰，曾通始终怀着一颗淡定而从容的心，在他看来，“回馈社会，是企业家应尽的义务”。

作为一名厦大人，曾通崇尚校主陈嘉庚先生倾资兴学、教育救国、情系桑梓的大爱情怀，他选择将公益事业当成自己生命的另一半来经营，“我已把公益融进生命的血液里”。2018 年，曾通专程捐资人民币 200 万元，用于支持厦门大学马来西亚分校建设。他表示，正是嘉庚校主推动桑梓教育的热情激励鼓舞着他饮水思源、回馈社会。

2006 年 11 月，灌口中学成为厦门一中集美分校，他应厦门一中集美分校荣誉校长林安怀的邀请前去考察。当时学校综合管理水平不足、师资力量薄弱，每年考上本科的学生寥寥无几，有些年份本一考取人数甚至为零。“孩子求学不容易，他们需要帮助。我对他们说，通过自己的努力，教育是可以改变自己命运的，这不仅仅是将来穿胶鞋还是穿皮鞋的问题。”于是，曾通

2018 年，曾通（左）在厦门大学建校 97 周年庆祝大会上向学校捐赠 200 万元

厦门大学马来西亚分校曾通亭

现场决定成立"唯美爱心助学基金"，用于奖学助学，资助高中贫困学生学费；同时对于考上一本院校的学生，提供1万元至3万元不等的奖学金，以此来激发教师勤于教学、学生努力学习，提升学校教育教学质量。十几年来，该基金已先后帮助1600余名学子圆梦，资助金额近800万元，集美区教育局专门为其颁授"大道低回、大爱永恒"的捐资助学纪念牌匾。此外，他还投资建设学校教学大楼、体育馆等场馆设施，校园环境已发生了翻天覆地的变化。

除了心系教育事业，曾通也热心参加社会公益活动，先后向中国宋庆龄基金会、中国社会艺术协会以及2008年四川汶川大地震、厦门海沧医疗卫生事业等捐款，累计金额超过3500万元，先后多次荣获厦门市人民政府"捐资助学，功在千秋""捐资兴学，尊师重教"等金质奖章。

不论是作为纵横商海、功成名遂的企业家，还是倾力为公、回报社会的大爱者，曾通仿若永远是芙蓉湖畔那个哼唱着民谣的文艺青年，永远怀揣着赤子之心追逐自由与梦想的不羁灵魂。岁月流逝，情怀不变！

滕达：
腾数字技术之翼　达国家战略力量

美亚柏科，是国内电子数据取证行业龙头和公安大数据领先企业、网络空间安全与社会治理领域国家队，是一家具备央企优势、创新活力的集团型企业。

今天，就让我们一同走近美亚柏科的创始人滕达，了解他不忘初心、奋勇前进的创业改革之路。

闽人特质，弄潮先锋

作为土生土长的厦门人，滕达的成长过程深深受到这座经济特区 40 余年改革开放的浸染，敢勇当先、爱拼会赢的创新精神在他身上可见一斑。正如在接受媒体采访时所述，他自己就是一个“改革试验品”。“如果没有改革开放，就没有今天的滕达和美亚柏科。”其中，两位长者的言传身教显得尤为重要。

滕达的父亲较早投身改革开放浪潮，他创办了一家组装计算机主板的工厂，后来转型为汽车电子产品的自主研发生产，以市场化手段撬开产品的出路。他不仅在商海中拥有开放的视野，脑海中还装着开放的思维，总是对新生事物抱有极大的热情与好奇，主动拥抱新产品新技术，这也在潜移默化中培养了滕达的兴趣。滕达读初中时，父亲用出国访问节省下的差旅费为他带回一台电脑,要知道在当时滕达就读的双十中学,整个学校仅有两台苹果电脑。父亲的这种开放思维对滕达的影响是潜移默化的,这台来之不易的电脑对滕达的帮助是润物无声的,初三时,滕达一举拿下全国电子计算机程序设计大赛福建赛区冠军,为他日后坚定不移地在计算机和电子信息行业精耕细作打下了坚实的基础。

1988 年,滕达考入厦门大学电子工程系。四年的大学时光,不仅让他学到了先进的专业知识,为日后创业夯实了技术基础,更重要的是,在这里他遇到了求学时和日后创业中给予很多帮助的恩师——刘祥南老师。作为导师,刘老师带着滕达在电子工程系的软件教研室搞科研,带他参加全国“挑战杯”竞赛,刘老师一丝不苟、严谨治学的态度和他对新科学、新技术的钻研精神,给滕达留下了深刻的印象。大学毕业后,每当自己的公司发展遇到困惑和难题时,滕达也习惯跟刘老师一起探讨,老师渊博的知识、丰富的阅历和敏锐的视角总能给滕达重要启发。1999 年,刘祥南从厦大退休后,师徒二人共同创业,成立了厦门市美亚柏科资讯科技有限公司,这便是现在的美亚柏科信息股份有限公司的前身。

锐意拼搏,勇于争先

从 1999 年创立到 2011 年上市敲钟,滕达带领原本只有 10 多人的美亚柏科发展成为深交所创业板上市公司,一跃成为全球电子数据取证领域两家上市公司之一,并成为全国最大的电子数据取证产品开发商和服务提供商,国内市场占有率位列第一。

回望公司创办之初,信息网络安全技术在国内还是一块处女地,在国际上也是一块待开发的新大陆,相关研究文献较少,网上也几乎查询不到关于取证技术的资料。滕达的创业历程虽称不上披荆斩棘,也算是筚路蓝缕。为了谋求公司发展,滕达硬是靠着出国参加展会、参加研讨会等途径来获取资讯。每一次出差,他都带着相机,随时把会议的展牌、资料拍下来作为学习资料。功夫不负有心人,在创业团队的努力下,美亚柏科第一个产品原型锻造成功,新的问题也随踵而至,市场经济早已不是酒香不怕巷子深的时代,如果不能为产品打开销路,不仅研发前功尽弃,公司接下来的发展也会陷入窘境。尤其是美亚柏科的主营业务在取证行业，客户群体比较特殊，传统的营销展示手段很多时候行不通，为了将产品顺利卖出，滕达和团队成员不得不在酒店租个小会议室，将产品陈列出来，请老客户介绍新的客户过来，再由团队进行专门讲解，有时候一天要讲七八场。靠着这样的点滴积累和努力，美亚柏科走出了一条从吸收引进到二次开发，再到完全自主研发的路子，形成了一种独特的“美亚”营销模式。

2008年北京奥运会是滕达和美亚柏科的一个转折点。万众瞩目的大型体育赛事需要强大的信息网络安全维护技术支撑，凭借在该领域的领先优势，美亚柏科一举中标，由此奠定了其在国内“网络空间安全”的专家地位。此外，像《让子弹飞》《疯狂的赛车》《建国大业》等热门电影，都引入了美亚柏科网络维权技术，也让公司声名鹊起，成为国内外电影大片的“知识产权网络维权专家”。2011年3月16日，滕达亲手在深交所敲响了美亚柏科的上市钟声，有人说，这一声钟声响起，标志着一个创业故事的结束。但在滕达看来，这才是另一个更漫长更激动人心的故事的开始。

2011年，美亚柏科在深交所上市

嘉庚情怀,大爱担当

作为一名厦大人,滕达深受校主陈嘉庚先生“倾资兴学”“教育救国”的浓情厚爱所感染。公益慈善、无私奉献的大爱精神早已播撒在他心中,在个人事业如火如荼发展过程中,滕达坚持做一个充满爱且善于传递爱的人,让慈善之心落地开花,绽放出耀眼的美丽。

2018 年,在参加厦门大学 1988 级校友入学 30 周年返校活动期间,滕达慷慨捐资 300 万元支持母校改善教学条件。实际上,这并不是滕达第一次反哺母校恩情。为了支持鼓励厦大学子创新突破,滕达先后向母校捐资 200 余万元专项用于举办信息安全创新创业竞赛、大学生电子设计竞赛、师生科创竞赛、网络安全课题研究等活动。感念刘祥南老师传道授业之恩情,滕达联同美亚柏科高管,与刘祥南家属、学生一起,共同发起成立了“厦门大学刘祥南创新创业基金”,用于支持和奖励高校学生创新创业,尤其是在网络空间安全、大数据和智能制造创新创业方面表现突出的厦大学子。此外,2018 年,滕达还带领美亚柏科为第四届中国“互联网+”大学生创新创业大赛期间提供价值 260 万元的总体服务保障及设备。

2018 年,滕达(中)向厦门大学捐资 300 万元

滕达对母校的爱不止于此。2015 年,厦门大学厦门校友会企业家分会成立,滕达勇挑重任承担起会长之责,凝聚起厦大校友力量,完成了许多看似不可能的事情。2018 年,滕达携手 80 余位企业家校友和厦门爱乐乐团成员,开启了"厦大人献礼陈嘉庚——马来西亚行"活动。在他看来,母校远赴马来西亚开办分校,不仅是对校主精神的传承,也是践行"一带一路"倡议的主动实践。2019 年,企业家分会承办了"感恩母校·筑梦厦门"校友招商预热活动,并积极配合厦门市开展全球校友招商活动。2021 年,滕达还与企业家分会一道,倾资承办了母校百年华诞"南方之强"校庆文艺晚会。

此外,滕达始终将践行社会责任作为企业发展战略的重要内容,贯穿在经营管理活动之中,美亚柏科红十字会慈善基金围绕共同富裕、捐资助学、公益救援、员工帮扶等方面多次举办相关活动,近 10 年累计捐赠近 4000 万元,滕达本人直接捐赠资金超过 2000 万元。

敢为人先,敢打敢拼,梦想不息,创新不止。滕达和美亚柏科的发展历程,既是从零开始、拼搏创业的奋斗史,也是怀揣家国情怀、勇挑社会责任的奉献史。初心不忘、改革不停,让我们祝愿滕达和美亚柏科再启征程,在科技报国大舞台上演绎更多璀璨传奇!

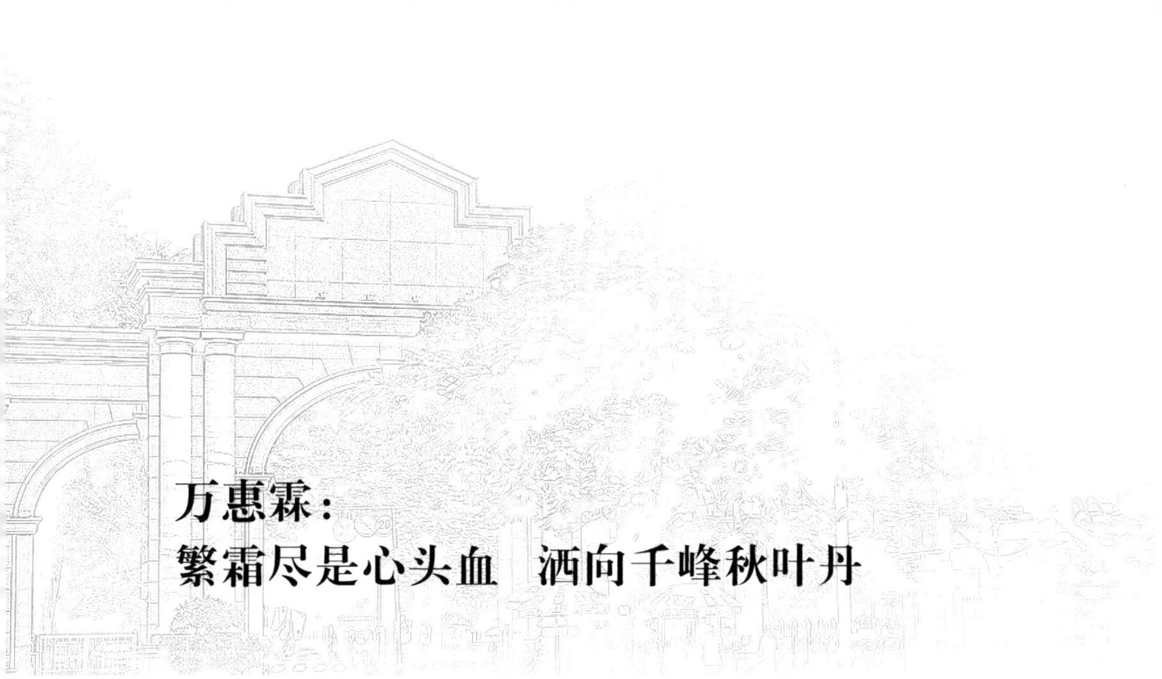

万惠霖：
繁霜尽是心头血　洒向千峰秋叶丹

万惠霖先生是物理化学家，中国科学院院士，厦门大学化学化工学院教授、博士生导师。他1938年出生于湖北汉口，1959年进入厦门大学化学系师从陈国珍、田昭武、张乾二等名师学习分析化学、物理化学、物质结构和高等物化课程。本科毕业后继续攻读催化理论方向研究生，并与化学学科和厦门大学结了牵绊一生的情缘。

1966年留校任教以来，万惠霖先生在物理化学催化科研和教学园地辛勤耕耘，结出丰硕成果。他心系厦大人才培养，于2019年将所获厦门大学“南强杰出贡献奖”20万元奖金悉数捐出，注资厦门大学化学化工学院“万惠霖奖励基金”，支持母校教育事业，奖掖后学，催人奋进。

为人：以德立身，平易谦逊

“虚心竹有低头叶，傲骨梅无仰面花。”科学研究永无止境，探索之路永不止步。万惠霖先生醉心催化研究，兢兢业业，勤勤恳恳，孜孜不倦。

“学为人师，行为世范”。身为院士的他总是以平等姿态与学生一起交流，共同切磋，深受学生爱戴与尊敬。同时，万惠霖先生深知“严管就是厚爱”，他对学生学业要求严格，师生共知；他对学生人品要求严格，更上层楼。他希望学生既要学会“为学”，更要学会“做人”。他常说：“术业有专攻，要在自己的领域潜心钻研，大胆探索，开创一番事业。”

陪伴万先生多年的科研秘书安冬丽老师说：“万先生为人正直、谦虚仁爱、平易近人，对学生尤其和蔼可亲；他学风正派、治学严谨、不计得失，对自己更是严格要求。”低调谦逊、正直善良、仁爱谦和……这是与万先生共事多年的师生发自内心的共同评价。

万惠霖先生长期投身教学科研第一线，潜心树人，硕果满枝，经他培养和合作培养毕业的硕士、博士研究生超过60人，他们大都已成为化学界新生骨干力量，感召于万先生栽培，在各自舞台上以自己的方式继承着万先生的“德行”，传播着万先生的“厚爱”。

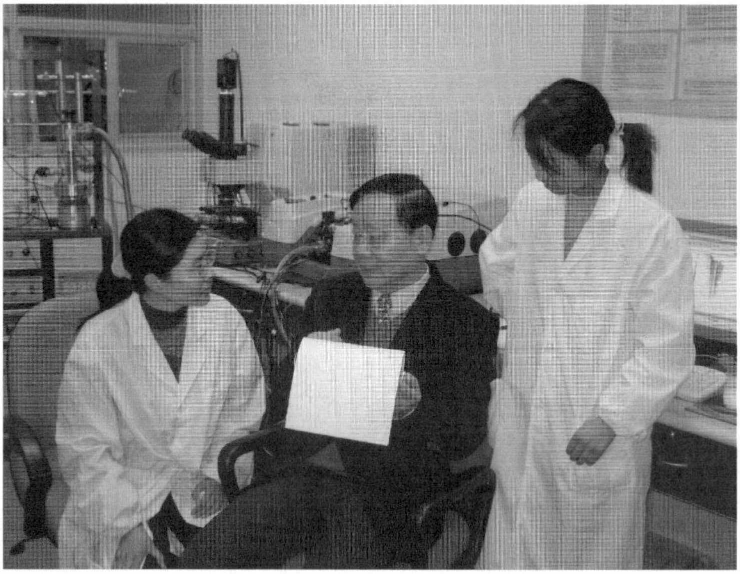

万惠霖先生(中)与学生在实验室

为学：攻坚克难，执着追求

任何成就的取得都非一蹴而就，自然科学领域更是如此。万惠霖先生攻读研究生时就参与配位(络合)催化作用基础研究，历经10余年刻苦攻关，至20世纪70年代末，他的才华逐渐展露，通过勤勉实验和不断总结，他和师兄将所获成果记录下来，为《催化原理》一书诞生奠定了坚实基础。在该书中，他们系统阐述配位催化作用，并附上翔实实验数据，引起催化界同行瞩目和赞誉。时至今日，该书依然是国内催化化学领域重要参考书。

寒窗苦读，十年一剑。催化化学这一学科发展，与世界进步同频共振。万惠霖先生在专注实验室研究的同时，积极关注国外发展前沿，科研之路越走越宽，并于1982年以访问学者身份前往美国麻省理工学院化学系研修。

万惠霖先生

“催化这个学科近几年世界上发展很快，我们不能步人后尘，要勇于创新，不仅基础理论研究要有所突破，连研究方法也要创新。”强烈的创新意识使万惠霖先生的科学研究一直立足国际前沿，取得一系列创新性成果。他出版6部学术著作，获得18个奖项和荣誉称号，拥有44项学术专利，发表论文650余篇。

万惠霖先生献身祖国科教事业、勇攀科学高峰的精神广受好评，他的成绩和贡献得到党和政府肯定、表彰。他于1988年被人事部授予“中青年有突出贡献专家”称号；1993年被国家教委和人事部评为“全国教育系统劳动模范”，并授予“人民教师”奖章；1997年当选为中国科学院院士；2001年获得全国总工会“全国五一劳动奖章”；2005年荣获“卢嘉锡科学教育基金会优秀导师奖”。荣誉属于过去，使命装进心底，责任扛在肩上，万惠霖先生始终保持谦虚好学、刻苦钻研的习惯，在科学王国奋勇前行，为国家催化事业奋斗不已。

为事：大局为重，公而忘私

集体利益高于个人利益，是万惠霖先生一贯的坚持。1972年，为工农兵学员讲授数学课期间，他罹患肺结核。医生建议暂停工作，休养调理。然而，为了保证教学效果，他以学校大局为重，克服每天低热困扰，坚持每周3个上午授课。随后，他又分别为1972级、1973级工农兵学员讲授"催化原理"，治病休养计划一拖再拖，原本半年即可治好的疾病硬是拖了6年才得以痊愈。

万惠霖先生还主动肩负起学院、学校交给他的行政任务。担任学院院长期间，万惠霖先生高度重视化学群体学科和师资队伍建设，对学院学科均衡协调发展的构想为学院后期综合进步奠定了重要基础。因其前瞻性布局，固体表面物理化学国家重点实验室连续两次在评估中获评"A级"，在1999年评估中名列全国29个化学化工类重点实验室第一名，并于1997年被国家科委遴选为试点单位，2001年荣膺国家基金委化学学科创新研究群体候选单位。

万惠霖先生说："读书是一种乐趣，做学问搞科研有一种难以言表的归属感和幸福感。"学院各类大型评审文稿万先生都要亲自执笔，作为第一完成者，万惠霖先生曾获高等教育国家级教学成果一等奖1项和省级教学成果特等奖1项、二等奖1项。1995年"合成气制乙醇铑系催化剂中助催剂作用机理的量子化学"获得国家教委科学技术进步奖一等奖。

在化学化工学院同人中，流传着一句打趣的话——"万惠霖在走钢丝"。为了做到教学、科研、行政"三不误"，万惠霖先生不得不把休息时间挤压到最低限度。

为师：爱生如子，诲人不倦

"做人不仅要身体康健，还要精神康健，要正直诚实，吃苦耐劳，甘于奉献。”万惠霖先生对学生爱护有加，经常叫到家里吃“小灶”，增加营养，并多次向学校、学院呼吁尽可能提高研究生补贴。

他对学生的关怀潜移默化，时隔多年，仍然让人感到温暖。龙瑞强校友回忆道：“我们做实验时，为珍惜排队等来的机会，大家常常废寝忘食，加班加点，希望多出成果。有一次，一位师兄做实验来不及吃午饭，万老师知道后递给我五元钱，让我为师兄买一份盒饭，说学习重要，身体更重要。”

“教学不在于传授本领，而在于激励、唤醒和鼓舞。”在科研攻关的同时，万惠霖先生一直身体力行教学工作，长期为本科生和研究生讲授多门课程。他重视教学与科研相结合，精选科研范例作为教学内容，激发学生兴趣、启迪学生思维。

陆维敏校友感叹：“先生以他开阔的眼界、超前的远见，从研究课题的背景、意义到当前国内外学者研究的进展，从研究该课题的有利条件到可能遇到的问题和研究难点，对我谆谆教诲，点拨我的灵智。”

“饮其流者怀其源，学其成时念吾师。”从教数十年，万惠霖先生桃李满天下，众弟子历经人生风浪后更为感念先生当年悉心栽培，并将这份善意带向祖国各地、天南海北。

“从事科学研究的人最重要的是要有爱业、敬业的精神，这方面，老师是我的榜样。”因与蔡启瑞先生同住敬贤宿舍区，万惠霖先生每晚入睡前总会望一眼蔡先生书房，每每都是灯火闪亮。以恩师为人生榜样和精神激励的他将满腔心血倾注于催化研究，浇灌群芳，硕果累累，馨香满园。

“繁霜尽是心头血，洒向千峰秋叶丹。”万惠霖先生和恩师共同点亮的“敬贤灯火”早已成为学院师生人尽皆知的动人佳话，他们肩担大任、献身科研、爱国荣校、爱岗敬业的可贵精神定将在后学晚辈身上薪火相传，代代弘扬。

唐崇惕：初心不渝　传承荣光

2020 年 9 月 10 日，在中国第 36 个教师节到来之际，时任厦门大学党委书记张彦到厦门大学附属第一医院亲切看望生命科学学院唐崇惕院士。在这个特殊的节日，为纪念生父唐仲璋院士 115 周年诞辰，唐崇惕院士捐赠 100 万元设立“唐仲璋生命科学育人基金”，支持生命科学领军人才培养，献礼厦门大学百年华诞。

特殊捐赠，特别情怀

在医院病房，时任厦门大学党委书记张彦携学校机关部处、第一医院、生命科学学院领导、师生代表向唐崇惕院士送上美好的节日祝福，赠送了唐仲璋院士 1985 年教师节创作的《教师节》诗词牌匾，祝愿唐崇惕院士身心安乐、健康长寿。

随后，在医院病房里举行了一场简朴而又隆重的捐赠仪式。张彦代表学校接受捐赠支票，并向唐崇惕院士颁授捐赠证书。张彦向唐崇惕院士和家人致以崇高敬意与诚挚感谢。他说，唐仲璋院士和唐崇惕院士为国为民做科研、潜心教学育英才的精神令人感动。生命科学学院要用好基金，让青年学子真正受益；要广泛宣传先进事迹，让更多师生从中感受到两位院士的家国情怀和科学家精神，以他们为榜样，努力在学校奋进新百年的征程中取得更大成绩。

唐崇惕院士感谢张彦书记一行在教师节百忙中到医院看望慰问，并感谢学校领导、相关单位和学院给予捐赠的关心与支持。她深情地回顾了父亲科教并重的教育理念、视生如子的教育情怀。她语重心长地表示，此次捐赠以奖励后生、鼓励教学科研为目的，希望能为母校、母院师生在科研与学业方面提供力所能及的帮助，回馈厦门大学给予的栽培，传播陈嘉庚先生倾资办校的崇高精神。

时任副校长、生命科学学院院长周大旺在致辞中表示，学院会遵循“饮水思源、善款善用”的宗旨，使用好“唐仲璋生命科学育人基金”，把唐崇惕院士对学院的爱和信任转化为加快学院发展的动力，培育出更多一流人才服务国家和社会。

2020 年 9 月 10 日，唐崇惕院士向厦大捐赠 100 万元设立“唐仲璋生命科学育人基金”

特殊童年，特别成就

唐仲璋先生（1905 年 12 月 10 日—1993 年 7 月 21 日），字翼起，祖籍福建省闽侯县尧沙村，厦门大学教授，中国科学院院士，我国著名生物学家、寄生虫学家和生物学教育家，我国寄生虫学开拓者。曾任福建省科协副主席、中国动物学会理事、福建省人大代表、中国科协全国委员、政协第五届全国委员等职务。

遵照父亲“年富家贫，全凭才学”遗训，唐仲璋先生励志求学，从福建协和大学生物学系毕业后，先后在福建理工中学、福建省科学馆、福建协和大学生物系、北京协和医院、福建省研究院动植物研究所等单位工作。1948 年秋，获得世界卫生组织留学生奖学金到美国约翰霍普金斯大学医学院学习，获得硕士学位后回国；先后任教于福州大学、福建师范学院；1971 年到厦门大学任生物系教授，1978 年曾任厦门大学副校长；1980 年 11 月，当选为中国科学院生物学部学部委员（中科院院士）。

唐仲璋先生发表论文 80 多篇，主编专著《人畜线虫学》（2009 年再版为《人兽线虫学》）、《中国吸虫学》，参编《中国动物志》，对我国寄生虫病害的防治与寄生虫学基础理论的建立和发展及寄生虫科学人才培养作出了杰出贡献。他获国家级、省部级科技奖励 10 多项，先后获得“全国先进生产者”“全国科技先进工作者”“全国高校先进科技工作者”“首届全国优秀教育世家”等荣誉称号。

特殊父女，特别传承

唐崇惕教授，1929 年 11 月 26 日出生于福州，厦门大学教授、博士生导师，我国著名寄生虫学家、生物学家。曾任福建省政协第六届常务委员会委员、政协第八届全国委员、中国动物学会理事、教育部科学技术委员会委员、中国寄生虫学会副理事长、中科院生物学部常委、国家教委科技

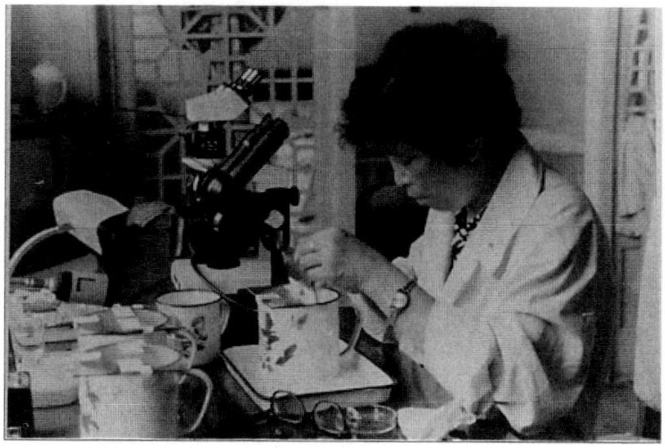

唐崇惕院士

委生物学科组成员等职务。

生于寄生虫病研究世家，唐崇惕院士与父亲唐仲璋院士共同从事寄生虫学研究。她1954年从厦门大学生物系毕业后，先后到上海华东师范大学、福建师范学院工作，做了著名动物学家张作人教授、父亲唐仲璋教授得力助手。1972年调到厦门大学，1985年被国务院评定为博士生导师，1991年当选为中国科学院学部委员（院士）。父女二人同为中科院院士，这是中国科学界的美谈。

“科学工作者对工作应该是锲而不舍、终生以之。”父亲的临终嘱咐，唐崇惕教授一生奉行。她主要从事研究人兽共患寄生虫病的病原发育生物学、流行病学和防治，发表论文100多篇，主编专著《人兽线虫学》和《中国吸虫学》，并与其他专家共同编撰《人体寄生虫学》《热带医学》《中国动物志》《中国寄生虫病防治与研究》等著作。1978年以来，共培养了硕士研究生51人、博士研究生32人、博士后5人、进修生约15人，还培养了一批批本科专业人才，充实了我国寄生虫学领域师资队伍。

她先后获“国家教委科技一等奖”“福建省科技进步奖一等奖”等国家级和省部级科技奖励15项，并获得“全国‘三八’红旗手”“全国师德先进个人”等国家和福建省荣誉10多项。

特殊家风，特别佳话

“父亲常常对我讲，教学和科研要相辅相成、互为补充，科研是教学的‘源头活水’，教学是科研的传播平台。父亲潜心科研、爱生如子，他的一言一行，影响了我的一生。”回忆起跟随父亲从事教学科研的往事，唐崇惕教授总是充满深情。

父亲言传身教的不只是科研方法，更是高风亮节的科研作风。“人生岁月有限，你做一个学科，就要做最重要的、未解决的问题。”直到现在，唐崇惕院士还牢记着父亲的人生格言。她不仅继承了父亲艰苦奋斗的科研作风、祖祖辈辈除害灭病的奉献精神，还时刻怀揣着一颗奉献祖国的心，面对西方国家先进的实验条件和优越的生活环境，她和父亲一样，选择坚持在厦门大学从事教学、科研。父女二人勠力同心，走遍祖国大江南北，解决了一个又

唐崇惕院士与父亲唐仲璋院士

一个寄生虫学疑难问题。

“科学是没有国界的,但科学家是有国界的。”唐崇惕教授一直以父亲为榜样,勇攀科研高峰、填补祖国科研空白,继承和拓展了父亲的科研生命。如今,唐崇惕院士的儿子唐亮,也在她的影响下从事寄生虫学研究,祖孙三代接力传承,被国内外同行誉为佳话。

“天下之本在国,国之本在家。”因为爱国为民、倾心科研、不懈奋斗的特殊家风,“唐门”孕育出了三代从事生物学研究的科学家,为中国科学和国人健康作出了特别贡献。

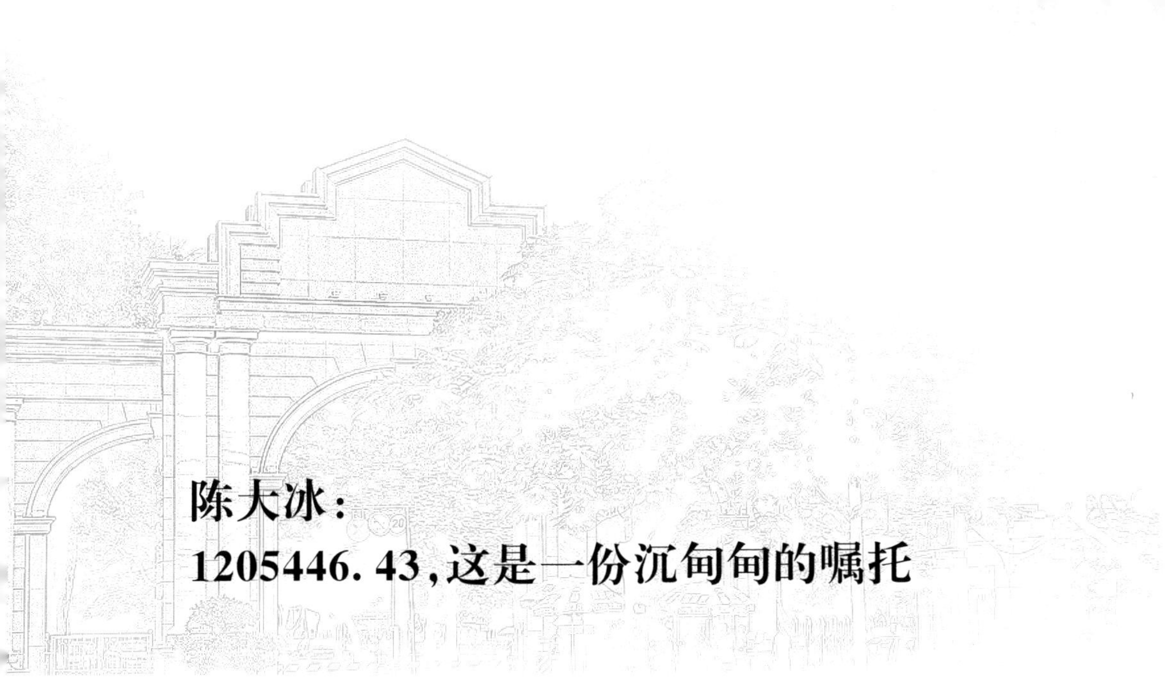

陈大冰：1205446.43，这是一份沉甸甸的嘱托

2020年7月，厦门大学教育发展基金会收到一笔特别捐赠，金额为1205446.43元，捐赠人离世前曾立下遗嘱：将这笔善款捐赠给国际关系学院/南洋研究院，资助家庭经济困难学生。他就是厦门大学国际关系学院/南洋研究院退休教师陈大冰副教授！

“我现在一个人无牵无挂，把这点钱留给学校，尽一点绵薄之力吧。”这样的决定，几乎已成为他生前的执念！

生病都不舍得花钱，临终前捐出百万遗产

陈大冰早年毕业于厦门大学经济系，1979年到厦门大学南洋研究所（现为国际关系学院/南洋研究院）从事东南亚经济研究，曾参与多本专著、译著的编写，发表数十篇学术论文。他与妹妹都终身未婚，互相照顾，相依为命。妹妹于2019年10月去世，享年80岁；他于2020年5月离世，享年89岁。

陈大冰一生节俭，和小妹同住在学校早年分配的狭窄的单元房里，吃穿用度几近“吝啬”。“家里用的是20世纪80年代的破旧家具，只有热水器和冰箱两件家用电器。冰箱还是10多年前三弟过世后才添置的。”学院负责离退休工作的小陈老师对此印象深刻。

老人因为怕花钱，生病不轻易就医，即使医生要求住院治疗也经常提前

厦門大學
XIAMEN UNIVERSITY

捐赠证书

Endowment Acknowledgement Certificate

陈大冰老师：

承蒙捐赠人民币壹佰贰拾万零伍仟肆佰肆拾陆元肆角叁分襄助厦门大学国际关系学院/南洋研究院助学金，至为铭感。

谨呈证书，以兹永志。

This is to certify as commemoration for your generous donation to Xiamen University.

2020年7月22日

陈大冰老师的捐赠证书

出院。“2017年，大冰老师摔伤住院，医生建议最好手术治疗。他却坚持回家保守治疗，那样能省不少钱。第二天就坚持让我们到医院协助办理了出院手续。”

年轻同事也很不理解，老人家留着退休金不花，也没有子女可以继承，自己却受那么多苦。近年来，兄妹俩身体欠佳，却执意不请保姆，不去养老院，甚至舍不得看病吃药。“老陈要多保重身体啊，别守着积蓄和退休金舍不得啊！”老友没少劝说他。

他是大家心中“最牵挂的人”

由于终身未婚，没有妻儿照顾陪伴的陈大冰，是学院师生心中“最牵挂的人”。每逢节日以及台风等极端天气,学院相关人员都会及时上门。2020年初,新冠疫情暴发,学院第一时间为老人送去口罩等防疫物资。平日里,学院组织学生志愿者到老人家里帮忙整理房间,陪老人说说话。

“每次去陈老先生家,他总是穿着那件深色上衣,扶着吱呀作响的助步器出来开门。”同学们回忆起学院组织上门开展志愿服务时的场景。“那时,我们帮忙整理房间,家里最多的就是书,桌上常常放着剩菜剩饭,陈老先生每次都关心我们吃得够不够,穿得够不够,还让我们不要耽误了学习。”

2019年10月,相依为命的妹妹因病去世,坐在轮椅上的陈大冰根本无力操持妹妹的丧礼,在老人最为无助的时候,同事兼挚友的蒋细定老师不顾自己也是年过古稀的老人,和学院领导、同事及社区工作者、社工等一起帮忙操办老太太后事。

生命最后,他再次提出捐赠事项

妹妹走后,陈大冰的身体和精神每况愈下,想将积蓄捐赠给母校资助困难学生的念头却日益迫切。

他多次向陪伴在身边的蒋细定老师表达这样的心意:“我年轻的时候,学校和学院都培养了我。我在这里求学、工作、作研究,在南洋所(系国际关系学院/南洋研究院的前身)得到了前所未有的归属感。我退休以后,学院很关心我,大家经常来看我,平时一有困难,一个电话,学院的领导、同事就来了。”

2020年3月,度过重病危险期后的老先生再次提出捐赠的事。蒋细定老师向学院转达了陈老师的强烈意愿。3月底,由蒋老师和社区等方面组成了资产处理工作组,聘请专业人员为陈老师的遗产分配作法律公证。

最终,陈大冰老师决定将120万元积蓄捐献给母校,用于他曾经工作过的国际关系学院/南洋研究院(前身为南洋研究所)设立助学金,帮助那些品学兼优的困难学生完成学业,开展研究。工作组协助完成了法律程序。

做完这一切,老人似乎放下了心中的大石。2020年5月,老人在家中平静而安详地离开了。葬礼是老人想要的样子,遗嘱执行也充分遵照他的意愿。

学院已设立首个以他名字命名的助学金

“陈大冰老师是一位有爱、可敬的老人。学院遵照老先生的遗愿，在学院设立首个以他名字命名的助学金，奖掖和激励青年学子传承学院学术报国的优良传统，彰显这座百年学府的大爱精神。”时任国际关系学院/南洋研究院党委书记张必华说道。据了解，学院审慎制定了基金使用管理办法，确保将陈老师的心愿落到实处。

“大冰带着大家的关爱走了，把一生的积蓄用在了最有意义的地方，为平凡的一生画上了一个不平凡的句号。”挚友蒋细定动情地说。

“冰心”在玉壶，大爱铸师魂。一生独身的陈大冰先生，以一份温暖厚重的爱心回馈师生、母校和社会。致知无央，充爱无疆，厦大校歌精神，陈大冰师长用生命去践行。

孙小荔：
从54元到10个亿　木兰品格
凝聚大爱回响

回望30余载创业路，孙小荔扎根深圳创办的“合口味”已然成为特区“老”字号品牌；作为搏击商海的女企业家，孙小荔可谓百战归来仍少年。她用自己创造的事业和产品，给她深爱的城市献上了最好的贺礼，并身体力行诠释了母校厦门大学“自强不息，止于至善”的精神内核。

南下逐梦，拼搏经历永难忘

1979年，迫于家庭经济压力放弃求学、正在漳州市芗城区一家街道办煤球厂做工的孙小荔得知国家恢复了高考，于是央求父母允许她重新复学参加考试。经过两年的准备，1981年，孙小荔以优异的成绩考入厦门大学外文系。大学四年，孙小荔过得忙碌而充实，一方面，得益于语言专业的优势，她徜徉在图书馆阅读各种书籍，拓宽了她的思想视野，另一方面，身为班长的她还要管理好班级的各项事务，尽可能服务好班级同学，提升了她的综合素质。四年的厦大时光，为她未来成为优秀的企业家打下了坚实的基础。

孙小荔女士

1985 年，大学毕业的孙小荔毅然放弃了前往国家部委工作的机会，而是将毕业分配的三个志愿都填写“中国改革开放的第一声炮响之地”——深圳市招商局蛇口工业区。因为她笃定改革开放的前沿阵地一定是最有发展机遇的地方。她在工业区劳动人事处报到时被领导留下来做了一名机关干部。一年后，为了不让大学所学专业荒废，孙小荔辞去了“铁饭碗”，应聘到一家中外合资企业工作了 7 年。1992 年邓小平南方谈话后，深圳掀起了下海潮、办公司热，孙小荔心中的梦想此刻也被唤起。

1993 年的一天，孙小荔偶然翻阅杂志，看到一对中国夫妇在美国做速冻食品的故事，心中不禁为之一动。她敏锐地发现了在深圳这个快节奏的城市中存在的商机。1994 年年底，孙小荔拿出工作多年积攒的 5 万元，成立了“蛇口合口味食品加工店”。开业第一天，收到 54 元的营业额，也正是这不起眼的 54 元，拉开了属于孙小荔的创业故事帷幕。

星火燎原，创业之路不止步

创业初期，为了推广“合口味”的产品，孙小荔曾经带着员工蹬着三轮车走街串巷叫卖、去商场推销、做调研，根据市场需求不断调整产品和生产工艺，最忙的时候一连三天都没合眼。凭着这股不认输不服输的闯劲，短短一年时间，“合口味”由一家个体户食品加工店转型为注册资金 60 万元的食品有限公司，产品得到消费者的喜爱和好评。

1999 年，就在“合口味”生产、销售、运营步入正轨时，速冻面点的市场竞争陡然激烈起来，大大小小各种品牌涌入深圳市场，许多品牌为了争夺市场，打起了价格战。面对市场的急速变化，孙小荔展现出优秀企业家的远见和格局，她没有亦步亦趋降低生产成本打价格战。而是勤修内功，将工作重点放在升级自身产品质量上，聘请五星级酒店的大师傅担任“合口味”的技术总监，更加严格把关产品配方和生产工艺。在一轮混乱的价格战中，许多品牌和产品应声倒下了，而“合口味”的销售额却逐年上涨，很快成为深圳知名品牌，走向珠三角和全国市场，并远销海外。孙小荔十分坦诚地说：“中国市场上有一些厂家唯利是图，实行价格战，还有许多国有大型企业频频曝出质量丑闻，食品安全隐患让消费者担忧。但合口味就是要生产‘良心食品’，要对广大消费者的安全负责任。”

凭着孙小荔的诚信与真诚,“合口味”的品牌越来越响亮,被评为深圳十大老字号企业之一。但她并没有就此止步,依然开启二次创业,孵化“小荔大方”项目,斥巨资引进国际最先进极冻设备进行生产,用“线上商城下单实体店直配到家”的新零售模式,让人们足不出户就可以吃到地道而又健康的美味饺子。食品如人品,孙小荔敢用自己的名字来命名这个新品牌,可见对产品有足够的底气和信心,她坚信只要凭良心做企业,用适宜的价格将优质的食材覆盖更多的人群,就可以获得消费者最踏实和最永久的信赖。

胸怀大爱,嘉庚精神存心间

作为厦大学子,孙小荔深受校主陈嘉庚先生“倾资兴学”的奉献精神感动,“大爱”也成为她日常工作生活的关键词。

在“合口味”经营管理的过程中,孙小荔始终强调“爱心赋食品”的理念,在她看来,只有将爱传递给每一位奋斗在工作岗位上的员工,才能将真爱真品质的好产品传递给千家万户。因此,她专门出资200万元成立“孙小荔教育基金”,对符合条件的职工子女给予奖学金及助学金支持,尽可能解决职工的后顾之忧。2020年新冠肺炎疫情暴发后,“合口味”多次向抗“疫”前线的医疗工作者、防疫工作者以及社区的居民捐赠应急物资,展现出一个成熟企业的大爱担当。

作为深圳市人大代表,孙小荔始终关注着社会弱势群体保障问题,持续关心慰问社区贫困家庭,关注外来务工子弟、留守儿童、失学儿童、智障儿童等问题,多次组织大型公益活动,出钱出力帮他们解决切身实际的困难。

作为一名厦大人,孙小荔始终胸怀饮水思源、知恩图报的深情。她先后多次捐资助力母校“校友励学金”“教育发展基金”,支持厦门大学建设发展,还为外文学院捐资200万元设立“孙小荔人才发展基金”,支持母院争创世界一流学科。2020年,担任厦门大学深圳校友会理事长一职的孙小荔,倡议发起“箪食瓢饮　衔环涌泉”项目献礼母校百年华诞,并率先垂范慷慨捐资666万元,希望通过校友们的持续接力,资助在校学生免费米饭和矿泉水项目经费开支,让学弟学妹们更好地在厦园追求自己的人生价值和个人梦想。项

孙小荔(中)为公司员工颁发教育基金

目自推出以来，先后获得央视客户端、人民日报、光明日报、文汇报、中国青年报、南方都市报、福建日报、厦门日报、深圳广播电视台等主流媒体竞相报道，引起社会广泛关注和强烈反响。“学在厦大、吃饭不要钱”成为自媒体津津乐道的“厦大现象”！

2021 年 10 月，“福建合口味食品工业园”二期建设工程举行了隆重的奠

孙小荔作为捐赠校友代表在厦门大学翔安校区思源餐厅落成暨启用仪式上发言

基仪式,项目完成后可实现年产值超10亿元。从54元到10个亿,“合口味”的发展巨变,正是孙小荔不甘平庸、勇毅前行的创业精神与无私奉献、大爱利他的公益精神的完美体现。正如孙小荔所说,只有把大爱融入个人的修行和企业的责任中,个人才能成为对社会有价值的人,企业才能成为被社会尊敬的企业!

庄重：改革先锋弄潮儿　恭桑敬梓赤子心

建筑装饰是一个传统行业，而在深圳打拼了30多年的厦大人庄重，依托科技赋能，带领中装建设在传统行业中做大做强、谋求新生，积极履行社会责任，成为国内建筑装饰行业为数不多的上市企业。

从“装修佬”到“老装修”，深耕建筑助力改革发展

庄重是揭西上砂人，在20世纪80年代初，面对改革开放的时代浪潮，他秉持客家人坚韧、睿智的品性，怀抱着勇创未来的梦想，只身来到深圳打工打拼。他在政府部门上过班，也在国企任过职。作为改革开放的发祥地，深圳的城市建设如火如荼，发展机遇也越来越多，凭借着积攒多年的行业经验，1994年，庄重果断抓住机会，开始了创业之路，创立了深圳市中装建设集团股份有限公司。

近30年的时间里，中装建设在庄重的带领下，拿下一个个精品工程，从北京奥运会新闻发布中心到交通运输部四季厅，从深圳京基100大厦、深圳国际会展中心到新疆会展中心，还有国家速滑馆“冰丝带”、青岛胶东国际机场、深圳宝安国际机场卫星厅等。这些大家耳熟能详的城市地标，不仅为企业在业内树立了良好口碑，也记载着庄重的个人成长。在创业旅途中，他以一步一个脚印的坚定与沉实，书写着一份对卓越的事业的追求与奉献。

“优中择优,强中选强,品质为先,质量为本”,这是庄重始终坚持的企业立业基本原则。鲁班奖、詹天佑奖是中国建设工程、土木工程领域的最高荣誉,在庄重看来,攻坚克难保品质是中装建设的坚守之本:“我们将获得鲁班奖、詹天佑奖作为硬性指标。”在中装建设完成的各类工程项目中,企业先后获得中国建设工程鲁班奖 14 项,中国建筑工程装饰奖、国家优质工程奖 43 项。2016 年,中装建设于深圳证券交易所 A 股上市,作为建筑装饰行业领军企业,连续多年居全国建筑装饰行业综合数据统计第七名,为推进中国建筑装饰行业发展作出了重要贡献。庄重也在深圳激荡发展的城市建设中谱写出建筑装饰发展的新篇章。

“旧”市场找“新”机会,传统行业走出全新模式

随着地产行业的收缩,增量市场压力明显增大,如何在传统的建筑装饰行业突围,在地产存量市场里创造更多的新机会,是庄重一直思考的问题。从增量市场转为存量市场,利用科技手段,打破传统的装修概念,成为中装建设的新战略。

2017 年,深圳市中装建筑科技有限公司成立,通过并购检测公司、成立建筑科技创新研究院,企业每年投入 3% 以上研发经费,在城市微更新、老旧小区改造上进行发力。一项 400 个单位左右的老旧小区改造,通过可视化、数字化、建筑全生命周期管理等,往往可以带来十几个亿的产值。

除了深耕老旧小区改造,中装建设还稳步朝着城乡建设综合服务商定位发展,通过提供整装别墅房屋、环境治理、河道治理、大棚光伏控温等手段,在乡村振兴方面积极探索新道路新模式,取得不俗的成绩。

庄重先生

作为建筑装饰行业的领军人之一，庄重认为自己有责任带领行业更好地协同资源，打造建筑装饰行业的生态链。为此，庄重牵头成立了广东省建筑装饰“走出去”产业联盟，该联盟不仅是一个行业组织，更是一个集纳建筑装饰领域上下游全产业链的智慧产业园，为“智慧人居”赋能，也助力中国建筑装饰品牌走向全世界。

中装建设坚持科技创新引领，力推建筑科技研发应用，通过产学研、产供链的有效结合，在装配式、BIM（建筑信息模型）、知识产权、建筑大数据平台建设等方面发挥中坚力量，积极推进新技术、新材料、新工艺、新设备在建筑工程领域的研究与应用。中装建设率先建设大数据中心和区块链技术服务平台“中装智链”，联合深圳市税务局推进“税务—产业”联盟链，解决建筑装饰行业融资难、融资贵问题。在佛山建设五沙（宽原）数据中心，全力打造华南地区绿色数据中心、T4 级别数据中心，项目获得 2021 年度“中国 IDC 产业低碳技术实践奖”。

自强不息践行企业责任，
止于至善彰显善心大爱

庄重和中装建设始终怀着感恩的心回报社会，积极践行企业责任、行业责任和企业家责任，倡议“有温度的公益”，从成立中装关爱基金用于大爱罗湖“爱心助学”项目，到发起主题世界读书日活动给山区孩子带去全新课程体验，再到携手腾讯益行家发起“Hey！‘益’起走吧”主题公益活动持续关注贫困地区困难学生问题，庄重和中装建设努力通过各种形式服务社会、回馈社会，企业累计捐赠金额数千万元。在深圳市慈善捐赠榜上，中装建设捐赠金额位列企业捐赠榜第 36 位，荣获“深圳市十佳爱心企业”“广东省扶贫济困红棉杯慈善奖”等荣誉。

作为从揭阳走出去的企业家，庄重一直关注家乡的经济发展，关注家乡的民生改善，以实际行动为更多的家乡人民谋求更大的福祉。一方面，他带领的企业广泛吸纳揭西籍人员就业，通过“造血”方式帮助家乡人民掌握建筑工程施工技术脱贫致富；另一方面，他慷慨解囊，每年捐款几百万元，用于揭西乡村学校改造升级、路面改造扩建、大桥改建及“一河两岸”环境整治等项目，积极助力推动新农村建设。此外，他高度关注和支持家乡教育，向揭

西教育发展基金会捐资 1000 万元,联合陈伟鸿基金会设立"爱心美术图书室",推动更多更优的教育资源流向家乡。

2020 年 10 月,作为厦门大学 2012 级 EMBA 校友,庄重积极响应深圳校友会倡议发起的"箪食瓢饮　衔环涌泉"捐赠项目。作为首批认捐人,他慷慨解囊捐资 666 万元用于资助厦大学生一年的免费米饭及矿泉水,这一善举不仅是对以"感恩、责任、奉献"为核心的嘉庚精神的继承与弘扬,也是校友助力立德树人工作的探索与尝试。

庄重(前排右二)在"箪食瓢饮　衔环涌泉"捐赠签约仪式现场

不知不觉间,庄重的创业之旅迎来第三十个年头。对庄重而言,他和中装建设三十年的奋斗历程只是创业征途中的一个阶段。未来,他仍将秉承"自强不息,止于至善"的南强精神,在新的领域继续攀登高峰、再创辉煌!

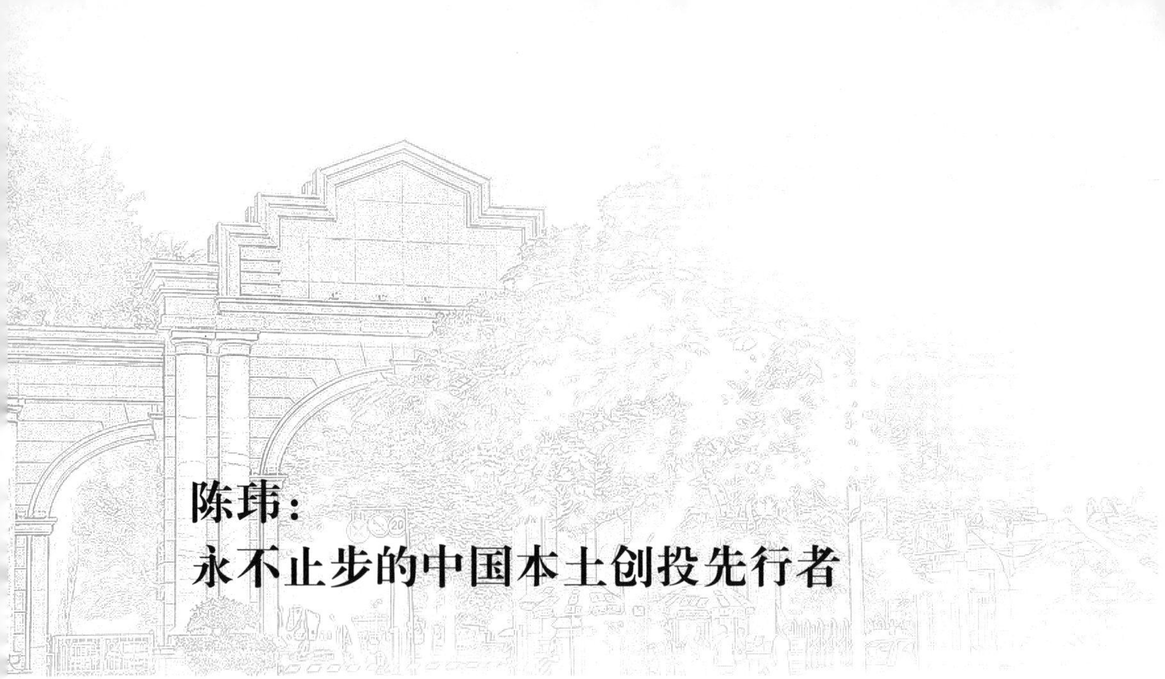

陈玮：永不止步的中国本土创投先行者

“海拥有的，不仅仅是一种色彩，它所拥有的是一种精神，是生命。海是生命的起点、过程和归宿，就像创业者成功之后变成投资者，再去帮助其他创业者，成为新的创业者，源于斯，又长于斯……”这是东方富海公司命名的由来。作为东方富海联合董事长，陈玮既是中国本土创投行业的先行者与拓荒者，也是中国创投行业波澜壮阔发展历程的亲历者和见证者。

问道厦园的书生岁月

1981年，陈玮考入兰州商学院会计系，尽管会计学并不是自己的第一选择，他仍然十分珍惜来之不易的学习机会。大学毕业时，综合能力突出的陈玮被学校选定留校任教。想在高校当好老师、站好讲台，就必定要在学术上有所精进。1991年，陈玮考入厦门大学会计系攻读博士学位，师从中国会计学泰斗葛家澍教授。

回忆起四年厦大读博时光，陈玮总是满怀深情。时至今日，他仍然常常记起在厦园聆听经管领域最顶尖教授学者上课的场景，谈起钱伯海老师、邓子基老师、吴水澎老师等讲授的会计学相关课程如何为自己打开一扇新的窗口，以全新的视角审视“月计岁会”。而回忆起自己的恩师葛家澍先生时，那些既充满学术养分又饱含师生之情的“在家教学”时光就成为他求学时最重要的记忆。陈玮回忆道，葛老师在学习上要求严格，在生活上则与学生打成一片，与人为善，是位不可多得的人生导师。在葛老师家上课，让原本对高深学业难免存有畏难心理的陈玮获得了一种形式上的解放。不仅如此，葛老师总是能从自身的理论视野出发，激活学生的思想，让原本枯燥的西方会计理论、国际会计准则变得生动有趣了许多。在葛老师自由的学术精神引领下，学生们畅所欲言，各抒己见，陈玮从这样的讨论中学习，逐渐形成了自己的会计学思维模式。生活中，陈玮也常常得到导师的关照，因为葛老师不仅是会计学理论家，同时也是做饭的理论家，他经常让师母准备各种美食招待学生。葛老亦师亦友的指导，对陈玮的专业提升和多年的事业帮助都产生了重要的影响。

陈玮坦言，厦门大学成为改变其人生最重要的平台："我本是不爱读书的人，但是由于职业的选择倒逼读书，读书后反而开启了一个新的天地，所以这个世界上很多事情并不是你愿不愿意，而是你有没有这样的机缘，在合适的地方碰到合适的人，在合适的环境里面去改变自己。"

当时甘肃没有经济学博士，整个西北都没有会计学博士，兰州商学院的领导们希望陈玮能够回到兰州再工作 5 年，助力西北会计学人才的培养。于是重情重义的陈玮在博士毕业后，答应返回兰州商学院再干 5 年。

风起云涌的南强创投人

1999 年，陈玮结束了荷兰尼津洛德大学研修工商管理项目访问学习，这一年也刚好结束了约定的 5 年留校之约，于是他决定放弃兰州商学院会计系主任职位，毅然决然地告别了讲台只身南下，来到了金融创新最为活跃的深圳，选择到深圳创新投资集团有限公司实践自己的商业理念。就这样，象牙塔中走出的大学教授，即将在创投资本蛮荒的时代开启属于自己的辉煌岁月。

陈玮最初应聘的是投资部，不料却被安排到了研究部工作，并先后在办公室、投资决策委员会秘书处等岗位轮换。高峰时期身兼六职，高强度跨部门的工作，陈玮难免有些不适应，一度对自己的选择产生怀疑。但是，他转念一想，有时候人的选择还需要考量自身的张力和耐力，而只有坚持努力，才能开创出属于自己的一片天地。

研究部门的经历，在他此后职业道路中长时间地影响着陈玮的决策模式。从研究视角看待行业逻辑，他可以在更贴近、更无压力的状态下看待投资行业；同时，从研究切入业务，恰巧发挥了他研究的专长。因此，在研究部工作了一段时间后，陈玮创办了中国创投行业唯一一个博士后工作站，他深信科学研究对整个行业及业务具有指导和引领的作用，许多行业也需要基于研究做投资，只有这样，中国的投资市场才能真正健康发展，而不是被风口和热钱所左右。

陈玮先生

伴随着2005年中国资本市场股权分置改革和中小板的推出，在政策推动下，陈玮经过深入的调研发现，国际上做投资行业往往都是民营体制，而当时国内鲜有民营创投机构。此外，2006年《合伙企业法》的修订，进一步促成他萌生与同事创办一个纯民营的、管理有限合伙制创投基金的投资公司的想法。借着深圳较为宽松的投资政策环境，陈玮决定离开深创投，联合创办了东方富海。

东方富海创办伊始，陈玮与同事们的初衷只是想办一个20人规模、管理20亿元资金的小公司。在10余年发展过程中，东方富海经历了无数大大小小的困难和挑战，既有创业初期从零开始的打拼，也有全球金融危机带来的生存压力，还要面对监管政策的变化调整以及市场募资环境的震荡波动等。“有困难是我们的常态，只是说用什么心态面对困难，”陈玮表示，“创业之路注定不会一帆风顺，总会经历各类磨难，因此绝不能好高骛远，要脚踏实地把手上的事情做好，在努力纠结中艰难曲折地向前，在跌跌撞撞中不断成长。”在陈玮的带领下，东方富海现已成为150多人规模、管理350多亿元的专业性创业投资管理公司，荣膺“清科2022年中国创业投资机构20强”，2021年度“中国最佳创业投资机构TOP 20”等。

大善利他的社会担当者

在专注创投事业发展的同时，陈玮也时常思忖着感恩母校、回馈社会，成为“止于至善”校训的积极践行者。2008年3月28日起，厦门大学为学生免费提供米饭，这一新政无疑包含着学校对广大学子生活上的关切。在百年校庆来临之际，厦大深圳校友会发起“箪食瓢饮 衔环涌泉”捐赠倡议，号召校友们认捐母校每年用于学生免费白米饭及矿泉水项目的666万元开支，以期抛砖引玉，呼唤大爱传承，以涌泉之势撑起厦大绵亘百年的大爱基业。经常为学弟学妹传道授业的陈玮成为此项目的第一响应人，他深知这一份担当更是一种对校主陈嘉庚先生“关爱学生”“感恩奉献”精神的不断传递，他也相信在饭香中，在校的同学们感悟到的必定是“一粥一饭当思来之不易，一丝一缕恒念物力维艰”的朴素事理，也在无形中传承了厦大人常怀饮水思源、回馈母校的感恩精神文化。

求学厦门的陈玮对这座城市有着深深的眷恋之情，他总是希望能为哺育过自己的“母亲城”添砖加瓦。不管在哪听到厦大和厦门，他都心头一热。受聘为厦门“南强投资顾问”，陈玮希望能够通过运用自己在投资行业的资源，为厦门的招商引资牵线搭桥，尤其在厦门大力打造金融强市的规划中，以专业投资人的角度献计献策，主动结合厦门的招商投资环境，促成合适的

陈玮(前排左三)在“箪食瓢饮 衔环涌泉”捐赠签约现场

项目落地和发展。在陈玮看来，厦门在完善创业环境的同时，应抓住机遇把创业投资作为促进高科技企业发展的主要抓手，借由创业投资带来的“聪明的钱”，吸引“聪明的人”在厦落地生根。对于厦门该如何支持创业投资的发展，陈玮给出了几点建议：一是鼓励引导保险、地方社保、养老金等长线资金进入创业投资行业；二是通过政府增信，鼓励创投管理机构发行中长期债券，补充创业投资资金来源；三是打通两岸资本项下资金流通渠道；四是率先设立私募股权投资基金二级市场，打造全国性基金二手份额交易平台。

从高校任教到下海深创投，再到享誉中国资本市场的创投机构创始人，陈玮做好当下的每一件小事，主动顺应时代潮流，积极迎接命运挑战。勤奋自律、严谨守信、儒雅谦逊、温和细腻、大善利他，陈玮身上散发出的这些品质，定将砥砺厦大年青一代学子自强不息，止于至善！

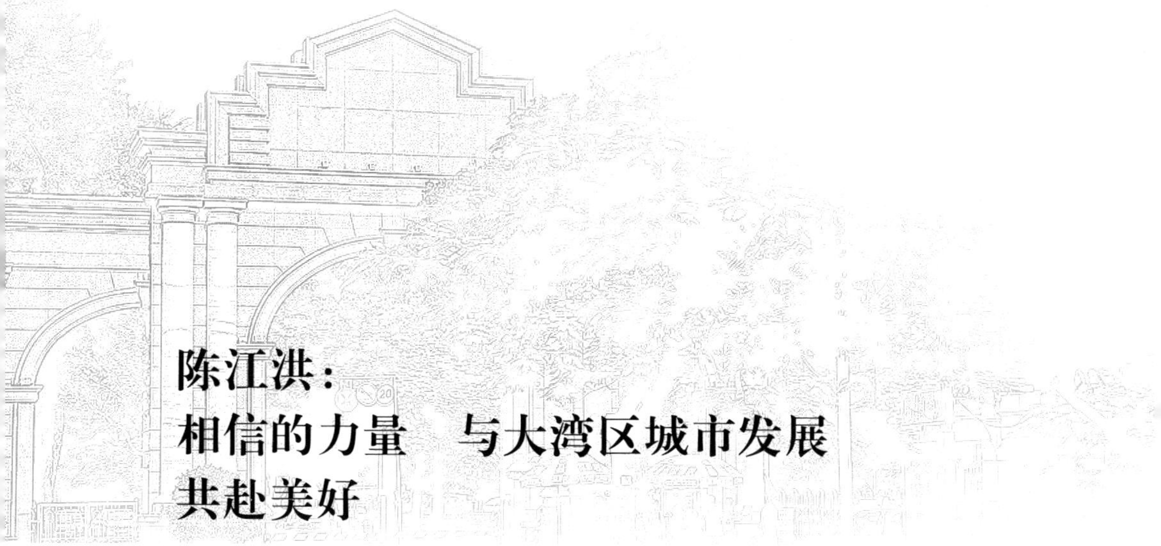

陈江洪：相信的力量 与大湾区城市发展共赴美好

放眼全球，在每一座城市群的规划、设立和发展浪潮中，都离不开无数企业家的参与和支持。这些企业家既是时代潮流的见证者，也是改革发展的亲历者。今天，就让我们一起走近陈江洪和他掌舵的灿邦集团，听听与大湾区城市发展的故事。

逐梦 18 载，大湾区城市发展守望人

1991 年，陈江洪从厦门大学化学系毕业后，一直秉承闽商“爱拼才会赢”的企业家精神，从厦门到粤港澳大湾区打拼。在他身上，你能够深深地感受到“善观时变、顺势而为，敢冒风险、爱拼会赢”的闽商精神。在企业发展的过程中，他始终在思考到底哪个区域最有潜力。2005 年，在多个城市做了大量考察和调研的基础上，陈江洪决定到大亚湾创业，创办了灿邦集团。

“有些人因为看见所以相信，而灿邦人因为相信所以看见。”这是陈江洪在灿邦集团官网董事长寄语里的致辞，也是他对过往 18 年坚守大湾区、笃定地看好大亚湾发展的最佳诠释。彼时的大亚湾，尽管紧靠海边、拥有港口、毗邻深圳，但客观上很多软硬条件都不成熟，城市生活不太便利，临街的商铺屈指可数，有时哪怕要找家早餐店或是消夜摊都很难，仍然处于一个“待开发状态”。但陈江洪相信，区域一体化是国家宏观经济发展的必然趋势，

只有区域一体化发展，才能让资源利用最大化，让整个经济区域抱团发展，迈上一个更大的台阶，这或许才是中国经济发展的重要发动机！

秉持着这份笃定与坚信，陈江洪和灿邦与大亚湾这座城市群同命运、共呼吸18年。灿邦集团实现了从地产开发商到城市综合运营商的角色转型，旗下现有地产开发、商业运营、金融投资、物业管理、建设工程等五大业务板块，且逐步将业务拓展至多个领域。在陈江洪看来，灿邦的发展壮大也是大亚湾发展的缩影。谈到未来，陈江洪表示，他和灿邦集团仍将深耕大湾区，致力于区域建设，以对标时代的价值雄心，打造具备全球化标准的城市配套，提升城市内涵，推动城市发展。

山海同心，在社会责任中践行灿邦文化

在灿邦集团不断发展的同时，陈江洪坚持为企业注入“正直担当、匠心超越、感恩共赢”的价值观，始终坚持履行社会责任，积极参与扶贫济困、东西协作等事业。

2021年11月，大亚湾区委组织部、区群团工作部联合推出了大亚湾区—晴隆县东西部协作党群“山海同心”工程。东西部扶贫协作和对口支援，是推动区域协调发展、协同发展、共同发展的大战略，是加强区域合作、优化产业布局、拓展对内对外开放新空间的大布局。对陈江洪而言，在项目启动签约现场，布依族手艺老匠罗景能以及布依族女孩儿李利的故事，给他留下了深刻的印象。希望灿邦的优势和场地，可以帮助布依族老艺人罗爷爷和青年创业者李利圆梦，让更多大亚湾人民感受到充满布依族特色的乐器和手工艺品。

在陈江洪的带领下，灿邦集团为“山呼海应”梦想点亮计划捐赠爱心资金300万元，成为党群“山海同心”工程的五星级圆梦大使，与其他爱心企业和社会人士一起，共同为晴隆县老百姓点亮1000个以上梦想。此外，位于灿邦新天地的大亚湾区—晴隆县东西部协作党群“山海同心”工程展示馆也已投入运营。展馆集党群“山海同心”工程介绍、黔货展销、直播平台于一体，让黔货得到更好展示，助力黔货销售。在陈江洪看来，扶贫济困、东西协作不只简单的爱心捐赠，未来，他和灿邦还将着力帮助当地群众实现“自我造

陈江洪(右一)参与“山海同心”工程

血”,通过“市场”+“基地”的互补优势模式,利用当地优质的资源,与灿邦集团的业务相结合,加强产销对接,最终实现互利互惠。

携爱前行,做捐资兴教嘉庚精神的传承者

作为厦门大学1987级化学系、2002级EMBA校友,陈江洪深受校主陈嘉庚先生“捐资兴教”“教育救国”无私精神感染。在个人事业取得成功的同时,始终心系桑梓、胸怀母校,坚守一颗感恩之心投身教育事业,通过绵绵爱心将厦大精神中回馈社会的优良美德薪火相传。

2017年,陈江洪以双亲陈世玉、曾淑华的名义,捐资150万元在家乡设立教育基金,并以灿邦集团名义捐资200万元在母校惠安四中设立教育基金,借此弘扬尊师重教风尚,鼓励莘莘学子勤奋学习,为家乡建设培养造就品学兼优的栋梁之材。2019年,他还为惠安慈善总会教育基金等公益事业捐助善款超过110万元。

2020年10月,厦门大学深圳校友会根据母校已持续12年为在校生提供

免费米饭及矿泉水的优良传统，倡议捐设“箪食瓢饮 衔环涌泉”捐赠项目，希冀传承感恩文化、固化大爱形式，让厦大学子于一粥一饭处亦能深刻感受到校主陈嘉庚先生捐资助学的崇高精神和学长学姐对母校的感恩之情。在获悉相关捐赠倡议后，陈江洪第一时间响应，作为首批认捐者慷慨捐资 666 万元。他希望通过自己的绵薄之力，为广大厦大学子播下爱和善的种子，将感恩母校、回馈社会的厦大捐赠文化传承。此外，陈江洪还计划向厦门大学捐赠 300 万元用于支持大湾区产业空间研究院项目。2021 年 4 月 5 日，在厦门大学“重走嘉庚路，致敬新时代”主题展览揭幕仪式上，陈江洪、程国红伉俪再为厦大捐赠 1000 万元，设立“陈江洪程国红伉俪发展基金”，用于资助化学化工学院教育事业发展，帮助更多的厦大学子完成梦想。

陈江洪先生

穷则独善其身，达则兼济天下。对陈江洪而言，“因为相信，所以看见”；于灿邦而言，因为坚守，所以稳步拓展。不论何时何地，他们勇于承担社会责任的初心不变。他们将持续践行企业的社会责任，以大爱利他的精神，积极参与公益事业，倾心倾力回馈社会，迎接大湾区的盛世美好！

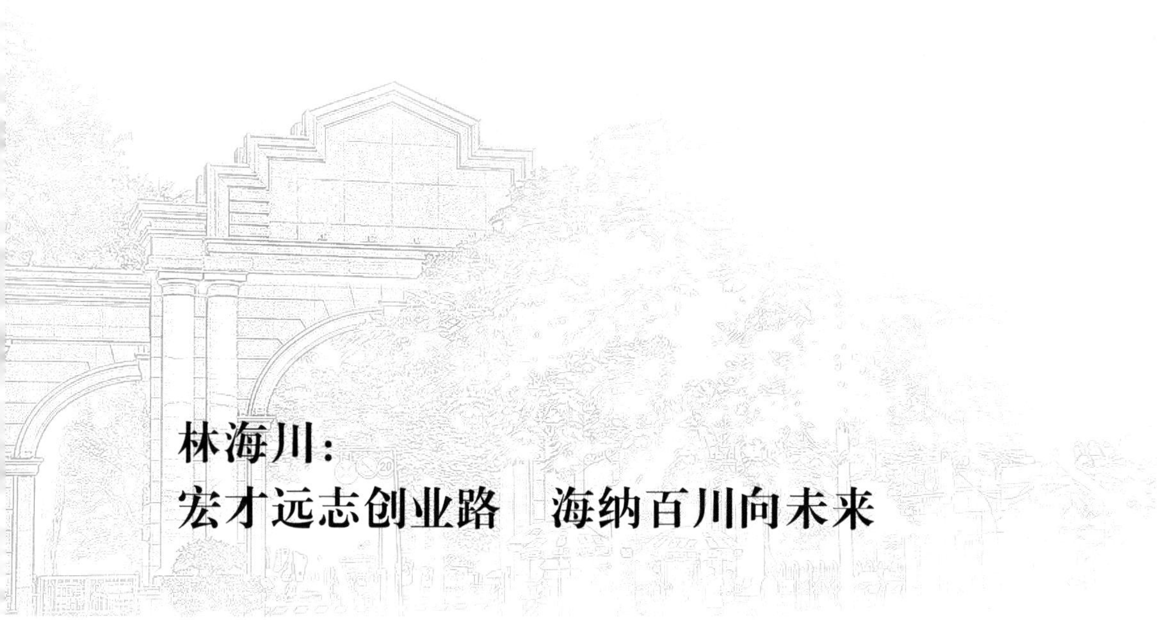

林海川：
宏才远志创业路　海纳百川向未来

广东宏川集团成立于1993年，30年来一直专注化工主业，业务范围涵盖化工品及油品的仓储物流、服务型贸易、供应链金融、电商交易平台、连锁油站管理等，并拓展到生态环保、光伏储能等领域，是国内主要的化工行业综合服务商之一，位列中国企业500强、中国民营服务业企业100强，旗下公司宏川智慧于2018年在深圳证券交易所上市，成为东莞市第27家A股上市公司。这家低调却实力强劲的公司，其掌舵人便是厦门大学1989级财金系校友林海川。

勇立潮头，点燃民营莞企的创业激情

1989年，17岁的少年林海川踏进厦园，成为厦门大学财政金融系国际金融专业的学生。4年的大学生活不仅赋予他扎实的专业知识和优异的业务技能，也给予他踏实的工作态度和广阔的发展眼界。大学毕业分配时，林海川毅然选择了位于改革开放前沿的广东东莞，来到一家镇属集体企业——虎门化工贸易公司开启自己的职业生涯。面对销售油漆、天那水、润滑油等“小生意”，林海川踌躇满志、扎实勤奋，突出的业绩很快赢得了周围人的肯定，几年后，林海川就被提拔到公司总经理的位置。

1996年，东莞掀起了乡镇集体企业改制风潮，林海川敏锐地抓住了这次机遇，对虎门化工主动发起了股份制改组。经过改制，年仅24岁的他成为改制后民营企业“宏川化工”的老板。在当时，脱离“集体企业”光环，意味着连人带企业都失去了依靠，虽然企业自主权大了，但发展的压力和担子更沉。林海川经常和员工一起跑市场、跑客户，亲力亲为，从点滴做起，慢慢地将公司发展起来。在石化贸易渐渐做到了一定规模后，林海川将目光投向产业链下游，涉足化工制造行业，后又涉足中游物流行业，投向了专业性极强的化工仓储。

在耐力和韧性的角逐中，林海川经受住了市场的考验，带领宏川化工从单纯的化工贸易跻身化工仓储，在石化产业链中站稳脚跟，实现了企业的蜕变。2008年，林海川开始筹划将旗下化工仓储业务推上资本市场，公司历经十载艰辛，在股改、挂牌新三板后，于2018年1月26日，在过会率不到20%的最严IPO审核季闯关成功，同年3月28日在深交所中小企业板敲钟上市，成为东莞第27家A股上市公司，也是东莞物流行业第一家上市企业。

回首30载，从一间乡镇企业起步，林海川将一家传统的重资产型企业，一步步向现代智慧型企业转型。如今，宏川集团已建立起富有竞争力的化工行业综合服务体系，实现了在仓储物流、服务型贸易、供应链金融和生态环保等相关领域的跨越式发展，翻开了化工行业综合服务新篇章。

人文关怀，塑造宏川品牌的企业内核

出生在书香家庭的林海川，父母都是享受国务院政府特殊津贴的专家。在他看来，要想保证企业的高质量发展，就必须保证企业的执行力，而执行的主体是人，提升执行力的核心就在于团队建设。“尊重人才、吸引人才、留住人才非常重要。”林海川说。

经过多年的总结、提炼，宏川集团逐步形成了以“关注员工”为核心的“亲情”“满意”“领先”“沟通”“协作”的企业文化，相继推出了“感恩百分百”“亲情之旅”“员工互助金”三大员工关爱项目，践行与弘扬企业文化与内涵精神。林海川介绍说，为引导青年员工感念父母养育之恩，公司从十几年前就开展了“感恩百分百”活动，自愿参与活动的员工，每月从其工资中支出100元，同时公司会另行补助100元共同作为感恩基金，每月汇款至职员父母的账户。“亲情之旅”则是宏川为中高管人员提供的人性化项目，由于管理层工作繁忙，为了让员工感恩小家庭，公司为他们提供专项旅行基金和带薪假期，鼓励其自行安排与家属外出旅游休假，陪伴家人，宣导亲情关怀，为了证明这笔钱花在小家庭的建设上，公司更是规定报销的时候必须附一张旅游的全家福。最后，宏川还通过“员工互助金”项目为职工救急解难。该项目由宏川职员每月自愿上交10～200元不等的金额汇入指定账户，用于困难职工的互助纾困。

此外，林海川还高度重视为员工提供持续学习的机会，宏川集团于2009年斥巨资与中欧国际工商管理学院中欧商业在线共同创立了企业内部大学——宏川管理学院，依托在线和面授相结合的教学方式，因人施教，创建了一套科学、严谨的教学体系，为集团员工提供继续教育和终身学习的平台。

润物细无声，林海川和宏川集团身体力行地坚持以人为本、为员工着想。让员工更好地平衡工作与生活，通过对员工工作和生活等多方面的支持建立起持久的良性互动，这也让公司和个人的发展都变得稳健与长远。

感恩奉献，做嘉庚精神的传承者与践行者

作为一名厦大人，林海川深受校主陈嘉庚先生倾资兴学、教育救国伟大理念的滋养与浸染，不论世事如何变迁，他从未忘记滋养自己的细流与土壤，那份厦大人特有的感恩之心始终如一，更是用自己的实际行动将这份情怀薪火相传。

2019年10月26日，在纪念厦大1989级校友入学30周年活动前夕，林海川作为发起人之一，与财金系几位同学共同倡议发起“89财金校友励学金”，用于资助在校期间表现优秀的学弟学妹。林海川说，励学金的模式是希望受到资助的学子将来走上社会有能力之时能够加入励学金项目反哺母校，资助更多的厦大学子。“这是一种传承，希望能够将对厦大、厦大学子的期待延续下去。”

2020年12月27日，在厦门大学100周年校庆倒计时100天活动现场，林海川、潘俊玲伉俪慷慨捐资2000万元，支持厦门大学翔安校区音乐广场建

设。潘俊玲女士系厦门大学1991级国际贸易系校友,夫妻贤伉俪大爱善行,感念师恩、感怀母校,将感恩之心化作推动母校发展的实际行动,为母校新百年的建设发展作出新贡献,激励厦大人将嘉庚精神发扬光大,反哺母校、奉献社会。

林海川代表1989级财金系向母校捐设"89财金校友励学金"

林海川、潘俊玲校友伉俪向厦门大学捐赠2000万元

此外，林海川一直热心参与支持教育及公益事业，以实际行动回报社会。他带领公司积极承担社会责任，履行社会义务，先后参与汶川大地震捐赠、青海玉树地震捐赠、广东省消防救助基金会捐赠、东莞市沙田镇和安村教育基金会捐赠、揭阳市赈灾及扶贫济困捐赠等，在多地都开展了捐资助学、扶贫济困、纾忧解难等大量公益慈善活动。据不完全统计，近年来宏川集团已累计向社会捐款捐物 1800 余万元。

30 年砥砺奋进路，从在化工贸易行业初展拳脚，到所创办的宏川集团成为行业龙头企业，林海川以至坚的意志、至诚的热情、至善的爱心，打造了一个年销售收入逾百亿元、被公众广泛认可的宏川集团，成就了一代商骄。他用自己的行动诠释了一代莞商的优秀品质，“杰出莞商”当之无愧、“嘉庚学子”实至名归！

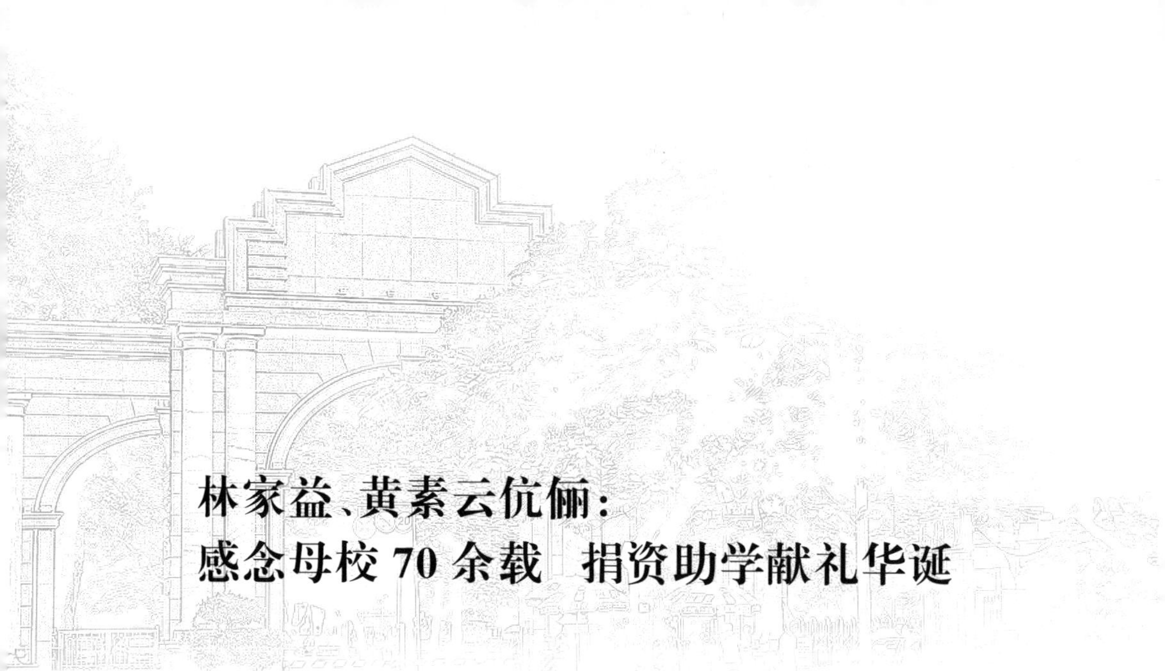

林家益、黄素云伉俪：
感念母校 70 余载　捐资助学献礼华诞

2020 年 12 月，厦门大学教育发展基金会收到一笔意义特殊的捐赠，捐赠人为香港老校友林家益、黄素云伉俪。为庆祝厦门大学建校 100 周年，贤伉俪慷慨捐赠 100 万元人民币，设立“希贤励学基金”，支持母校人才培养。这份善心善举是对母校栽培的感念与回馈，也是对家贤遗风的继承与发扬。

家境贫寒，不坠青云之志

林家益、黄素云伉俪分别于 1953 年、1955 年毕业于厦门大学电机系、外文系。两位校友有着相似的人生际遇：年少家贫，胸怀壮志，热爱学习，积极进取。林家益校友少年时期曾多年因家境贫苦而被迫停学，黄素云校友青年时期也曾因经济困难而无法升入大学。幸运的是，他们都含辛茹苦，发愤图强，最终在老师、亲友资助支持下，得以进入厦门大学这所高等学府深造，圆满了心中的夙愿。

林家益、黄素云伉俪厦门大学毕业照

两位校友从厦大毕业后，因德才兼备、能力出众而留校任教，除中间曾短暂任教哈尔滨工业大学，其余时间均任教于厦门大学，之后因机缘巧合，于1977年离别厦大，移居香港。时至今日，虽然已阔别40多年，但他们对母校的眷念情深依旧，对母校的感恩始终如一。

捐资兴学，传承先贤美德

林家益校友的父亲林希贤，生前热心慈善，急公好义，捐资教育，情有独钟。林家益校友及胞兄林家栋（菲律宾华侨）自幼贤孝，淳朴善良，深受父亲乐善好施家风熏陶，“秉承先人热爱公益的精神”，急危救困，仁风远播。

为帮助品学兼优的家贫学子把握求学机遇，林家栋、林家益昆仲于1998年8月捐赠厦门市教育基金会人民币100万元，以父亲雅名冠名设立“希贤教育基金”，改变了大批青年学子和贫困家庭的命运。为表彰林氏兄弟善心义举，厦门市政府特别为其颁发金奖，并聘请其为“厦门教育基金会”理事。捐资兴学，功在千秋，这份恩义永载史册。

林家益、黄素云伉俪

回馈母校，践行嘉庚精神

“非常感恩母校对我们的悉心培养。这次捐赠只是为迎接母校百年大庆表达对母校培育之恩的小小心意。”年届九旬的林家益、黄素云伉俪在来信中谦逊地表示。

两位校友念念不忘嘉庚校主倾资办学、报效国家的雄心壮举，始终铭记母校、恩师的栽培与教诲，值此学校百年华诞，为母校捐设“希贤励学基金”，专项资助厦门大学在读家庭经济困难研究生，帮助他们顺利完成学业。两位校友用行动践行嘉庚精神，大爱拳拳，情义殷殷，令人敬佩。

“愿今天困难的他们将来能够成为国家栋梁”，“衷心祝贺母校弘扬伟大嘉庚精神，传承百年荣光，再创新辉煌！”

这份牵挂，绵延40多年；这份感恩，连亘70余载。

这份特殊的“心意”是献给母校百岁生日的最美礼物。

叶晓青、徐新伉俪：如此“清新” 何其温暖

2021 年新年伊始，厦门大学马来西亚分校收到第一笔爱心捐赠。厦门大学校友叶晓青、徐新伉俪襄助 15 万美元，设立“厦门大学马来西亚分校‘清新之爱’新生奖学金”，褒奖报考厦门大学马来西亚分校的优秀学子。

“我和太太都是厦大校友，此次捐赠意在向母校百年校庆献礼，聊表我们对母校的感恩之情。”叶晓青如是说。

叶晓青、徐新伉俪

伉俪情深，创业有成

叶晓青于1987年考取厦门大学企业管理系，徐新为管理学院EDP班校友。贤伉俪同心协力创办狮城怡安（上海）物业管理股份有限公司，在商界闯出一番崭新天地。该公司是一家具有国际品牌的专业物业管理服务集成商，开创了一套融合新加坡先进理念、适合中国独特国情的物业管理新模式，为国内15个省、40多个中心城市、300多个项目提供高水平物业管理和专业服务。这一不凡成就离不开“从心出发、用心发现、无微不至、尽善尽美”的企业理念，更根源于贤伉俪以感恩之心待人处世的那份淳朴与良善。

清新之爱，温暖人心

“我们一直把慈善公益作为细水长流的生活方式。”叶晓青、徐新伉俪自2015年厦门大学第一届校庆杯足球赛开始，便持续资助海南校友足球队返校参赛，为队员提供比赛用服和所需费用。海南校友足球队队服所印“清新”字样正是取自他们夫妻二人大名。

这对心怀天下的贤伉俪在创造企业价值的同时，抱着感恩回馈之心，进一步升华这份“清新”之爱。为助力国家脱贫攻坚，履行企业社会责任，经民政部批准，贤伉俪于2020年7月注册成立“上海清新之爱公益基金会”。关心儿童群体，尤其为困难家庭儿童大病医疗提供援助；关爱困难家庭，特别资助学生在读家庭、重症患者家庭改善生活……“上海清新之爱公益基金会”尽最大力量回报社会，传递感恩，将一份份善心汇成一股股暖流，温暖急需帮助的个人和家庭，帮助身处困境的他们重燃生活的热望，焕发生命的激情。

传承薪火，美德流芳

“希望我们这份小小的善举，能带动国内校友关注和支持马校建设，吸引更多优秀学子报考马校，激励他们在马校发奋学习，学业有成。”如今，叶晓青、徐新伉俪再次踏着陈嘉庚先生的足迹，怀揣感恩、报恩、颂恩的赤诚，为厦门大学马来西亚分校送上一份“清新之爱”，褒扬新生，奖掖后学，为马校人才培养添砖加瓦，为母校百年华诞奉献爱心。

感念师恩、情系母校，叶晓青、徐新伉俪的善心善行如此“清新”，何其温暖！

XIAMEN UNIVERSITY MALAYSIA
厦門大學 馬來西亞分校

捐赠证书
Certificate of Appreciation

叶晓青、徐新伉俪：

承蒙捐赠美金15万整襄助厦门大学马来西亚分校2021级和2022级新生奖学金，至为铭感。谨呈证书，以兹永志。

This certificate is gratefully presented to Mr. Ye Xiaoqing & Ms. Xu Xin in appreciation of your generous donation of USD 150,000 to Xiamen University Malaysia as scholarships for new intakes of 2021 & 2022.

厦门大学马来西亚分校
2021年1月12日

厦门大学马来西亚分校为叶晓青、徐新伉俪颁发的捐赠证书

许水电：承贤惟德　匠“心”传孚

“百年校庆是共同期盼，为母校送上一份礼物是我一直的心愿。这次捐赠数额不大，只能算是一点小小心意，后面企业发展了，我自己那份都会捐给厦门大学。”这段感言来自厦门大学产业技术研究院教授级高级工程师、智能摩擦与新动能创始人、传孚科技（厦门）有限公司董事长许水电老师。

2021 年 3 月，许水电主动联系学校，希望为母校百岁生日捐赠 100 万元。闻讯后，教育发展基金会秘书处第一时间上门服务，协助许老师完成了这份特别的“心”愿。

心怀家国，解决“卡脖子”难题

“大部分人看的是短期利益，我看的是长期利益。1990 年的时候，我就在想基础研究对于国家来说太重要了。”许水电希望能为破解国家发展过程中遇到的“卡脖子”难题做出有益开拓。20 世纪 90 年代起，许水电就开始创办企业，扎根基础研究与工程化验证，三十年磨一剑，取得相关研发领域发明创新的重大突破，建立全球原创的“智能摩擦与新动能技术体系”。他带领团队研制出新型轴承、新型齿轮、轴承式超越离合器、空气能发动机、新一代飞轮储能和新型风力发电的系列原创技术族群。

心系科研，三十年如一日

原始创新有着极高的技术门槛，是一场投入大、产出慢的持久消耗战，没有坚定的信念和坚忍的毅力，难以为继。“解决‘卡脖子’难题，不是钱砸出来的，也不是搞群众运动做出来的，而是熬出来的。”做实验、搞发明已成为许水电一生的执着与热爱。“一个新产品从研究到市场化必须经历三座火焰山，”许水电说，“科学家在大胆假设、大胆试错的同时承受着来自传统认知惯性的质疑、否认甚至嘲讽与打压，所以科学家们需要有足够的耐心，坚持自己的观点。”

国科奖社证字第0191号

2019年中国产学研工匠精神奖

获奖证书

许水电　同志

为表彰在产学研协同创新中作出突出贡献的单位和个人，在科技部和国家科技奖励办支持下，设立了中国产学研合作创新与促进奖。经评审，授予你2019年中国产学研工匠精神奖。

特颁此证。

证书号：20198045

中国产学研合作促进会

2019年12月

许水电老师的获奖证书

心念厦大，尽己所能襄助母校

“我从小就崇拜嘉庚校主，常常听爸爸讲陈嘉庚先生的故事，长大后每次去集美，总会瞻仰嘉庚先生像。”许水电表示，没有厦门大学就没有自己的今天，本次捐赠只是一个开始，今后会有更多、更大的捐赠献给厦门大学。许水电曾长时间为学校院士、专家等专门设计科研设备，为学校科研提供支持，默默无闻，兢兢业业。他注重对高素质创新型人才的发掘与培育，厦门大学第一家在校大学生创新创业公司——厦门华轴传动科技有限公司，就是在他指导下创办的，开启了交叉学科学生创新创业新模式。

天道酬勤，力耕不欺

30 年来，许水电发明成果已申请专利 81 项，其中国内发明专利 53 项，PCT（专利合作协定）6 项，美国、日本、欧洲、俄罗斯、印度等国外发明专利 9 项。其研究成果获第十四届中国发明博览会金奖。许水电于 2018 年被评为厦门市“双百计划”领军型创业人才 A＋，2019 年荣获“中国产学研工匠精神奖”，2020 年获得“福建省五一劳动奖章”、入选国家“创新人才推进计划科技创新创业人才”。

敬业执着，追求卓越，承贤惟德，匠心传乎。许水电老师用实际行动践行着厦大校训，传承着嘉庚精神。

黄宜弘：赓续家风 情怀家国

2021年6月6日晚，香港杰出企业家、慈善家和爱国爱港中坚人士、厦门大学客座教授黄宜弘博士因病逝世，享年83岁。香港各界普遍哀悼，厦大师生无不悲恸。

黄宜弘博士继承父亲黄克立先生爱国爱港崇高精神，创办实业，参政议政，在促进香港回归祖国、推动香港经济和国家繁荣发展、确保"一国两制"成功实践等方面建言献策，奉献毕生精力。黄宜弘博士是厦门大学客座教授，妻子梁凤仪博士是厦门大学中文系客座教授，贤伉俪传承优秀家风，持续关心并襄助学校教育事业，深受厦大师生尊敬。

斯人已去，实业泽邦国；明星陨落，风骨传政坛。谨以此文缅怀黄宜弘博士爱国爱港的光辉人生，致敬其捐资荣教的高尚品格。

政界领袖，爱港中坚

黄宜弘博士祖籍福建泉州，1938年出生于厦门鼓浪屿，是厦门大学杰出校友、香港政商界翘楚黄克立先生的长子。受父亲精神感召，黄宜弘博士从小心中就扎根一颗情怀祖国、热爱公益的种子。他求学美国，获加利福尼亚海岸大学电子机械工程博士学位、美国修兰大学法学博士学位，遵从父亲教诲，放弃国外优厚待遇，回到香港，继承父业，建设祖国，服务人民。他曾任香港特别行政区第九届与第十届全国人民代表大会代表、香港特别行政区立法会议员等公职，护持正义，信念坚定，是爱国爱港中坚人士，于2003年获香港特别行政区政府颁授金紫荆星章。

黄宜弘先生

刚正不阿，爱憎分明，黄宜弘博士从政期间提出许多维护香港及国家尊严与利益的议案，勇于抨击影响国家、香港与人民利益的人和事。任职立法会议员，他捍卫"一票"权益，协调立法会各派意见，助力政府施政。他谨遵父亲教诲，始终将国家、民族利益放在首位。作为筹委会委员、港事顾问，他参与了香港回归谈判，备尝过程的艰辛与煎熬，对回归后的香港更加热爱，坚信"有伟大的祖国作为香港的坚强后盾，香港明天一定会更美好"。他利用立法会议员身份积极推动基本法第23条的通过，并与港界分裂势力进行持续斗争。"主权回来了，为什么还要替外国人去讲话？我最盼望的一件事是能够看到台湾的回归，我父亲他也是有同样的一个盼望，我看所有的中国人都有这个盼望。"这一盼望如今也成为他的遗愿。

造福百姓、奉献社会，是黄宜弘博士的政治操守，他从政履历丰富，深受同事敬重。港区第十至第十四届全国人大代表马逢国评价黄宜弘博士，"待人非常真诚，亦爱国爱港，是一个我相当尊重的朋友"。香港立法会主席曾钰成说："他对我来说，是亦师亦友，他亦很容易提携后辈，我们都叫他大师兄。"香港特区第五任行政长官林郑月娥高度赞扬黄宜弘博士："长期积极参与公共和社区服务，在不同公职岗位促进了中总和政府之间的沟通，表现卓越。"

商界精英，实业报国

黄宜弘博士秉承父亲教诲，从不攀附关系，始终本着"我们在做，国家在看"的原则为人处世。1971年返回香港后，他长期从事金融业、地产业、工商业,为香港经济社会发展作出了贡献。

1986年,黄宜弘博士为香港联合交易所策划创建全电脑股票交易系统,结束了股票靠“写黑板”的交易方式,获颁“拿破仑商业奇才大奖”,并载入《世界名人录》,从此闻名香江金融业。他致力于维护香港华资证券经纪权益,1991年与策动外资介入及控制香港证券市场之港英政府坚决对垒,获得市场清誉,也因此与港英政府积怨,香港证券史称“黄宜弘事件”。当年《明报》年报以该事件报道作为封底,并以“有容乃大,无欲则刚”褒扬黄宜弘博士义举。

改革开放后,黄宜弘博士响应国家号召,踊跃参与内地建设。“中国现在处处充满发展空间,又实行开放政策,海外华商在这里的合作发展机会和空间特别大。”他于1993年斥资人民币1亿元在广东省东莞市购地建厂,创办东莞永固纸业有限公司,发展包装工业。又于1998年率先带领其在香港创办的勤+缘出版社投资内地电视媒体发展,1999年与国有福建勤+缘影视制作传播中心及国内逾十家重点电视台紧密合作,先后投资制作逾千集电视剧。2002年与妻子梁凤仪博士创办勤+缘媒体服务有限公司,成为知名的电视剧投资方、策划方、市场推广方及广告赞助单位。黄宜弘博士的商业成功源于他对祖国的坚定信心,也源于他对诚信的执着追求。他强调:“做生意最大的本钱是信誉,一个企业生意的概念要强,商业模式一定要合理,不做急功近利的事情,但答应了的生意一定要履行,即使明知道亏本也要去做,要把客户当成伙伴。”

黄宜弘博士生前曾任香港贸易发展局董事、香港中华总商会永远荣誉会长、香港中华厂商会名誉会长、香港出版总会名誉会长、香港出版印刷唱片同业协会荣誉会长等,在业界享有盛誉,深受世人爱戴。

热心慈善,重教兴才

心存善念,热心公益,黄宜弘博士在事业发展的同时,高度关注并持续支持教育和医疗公益事业,尤其重视弘扬中华文化及青年的教育工作。

黄宜弘博士大力支持妻子梁凤仪捐赠母校香港中文大学。2021年是香港中文大学崇基学院成立70周年,中文大学校董会一致通过把新建设的崇基教职员大楼命名为“梁凤仪楼”，香港中文大学（深圳）已议决把创校图书馆命名为“黄宜弘梁凤仪伉俪图书馆”，表彰他们对学校教育事业的贡献。

黄宜弘楼

2021年是厦门大学建校100周年，黄宜弘博士特别委托妻子梁凤仪博士首期捐赠1000万元，资助学校教育研究院大楼提升工程。“丈夫认为，平生能对祖国包括香港的教育事业献一份力量，是他的最大荣幸。”梁凤仪博士在致捐赠厦大签约仪式信中说。“黄宜弘博士喜欢说自己是厦门人，因为他出生于鼓浪屿，他还喜欢说自己是厦大人，因为他曾在厦大幼儿园读书。”香港勤＋缘慈善基金董事局办公室主任兼主席高级助理招慧霞女士点出了黄宜弘博士内心对厦门和厦大的特别情结。

一座座楼宇镌刻下捐赠人的名字，更凝聚起一个家族的教育深情和桑梓大爱，见证着厦大人对嘉庚精神的传承。这份情怀和善举必将激励更多莘莘学子成长进步，感恩报国。

父辈的爱国爱港情怀在黄宜弘博士身上得到传承，融入其人生信念，化作具体行动，并进一步发扬光大。黄宜弘博士对国家的热爱、对社会的奉献、对桑梓的关切、对厦大的情牵将永世流芳，代代传颂。

斯人西去，德范长存。黄宜弘博士千古！

潘维廉：“不见外”的老潘“真没把自己当外人”

“希望家庭经济困难的同学生活好一点。”

厦门大学外籍教授潘维廉又“不见外”了。为鼓励和支持管理学院少数民族家庭经济困难学生勤奋学习，潘维廉特别捐资设立“潘维廉助学金”，捐助金额迄今已超 75 万元。

这是潘维廉先生对厦门大学深厚情谊的体现，也是他对福建、对中国深切热爱的彰显。

为潘威廉教授颁发捐赠证书

结缘厦大，一往情深

“这一爱，就是一辈子。”

潘维廉与厦门大学的不解之缘，始于一场特别邂逅。潘维廉 1956 年出生于美国路易斯安那州，1980 年获美国西南得克萨斯州立大学法学学士学位，1988 年获美国瓦尔登大学管理学博士学位。1976—1978 年，他曾经作为导弹专家到中国台湾工作两年。正是这次特殊经历，让他与中国结缘，熟悉并爱上这个充满温暖与希望的国家。他与厦门大学的情缘也因此拉开序幕。

1987 年 9 月，潘维廉毅然卖掉了美国的公司，全身心完成博士学位论文撰写。毕业后，他怀着对中国的浓厚兴趣与无限向往，准备全家搬到中国学习中文，并很快收到了厦门大学诚挚邀请。怀着对中国的好奇和对厦门大学的期待，32 岁的潘维廉带着妻子和两个儿子来到厦门大学学习汉语，从此与厦大、厦门、福建，乃至中国结下了深厚情缘。

“说起来近乎荒唐可笑——就像一场求生真人秀。”回忆起初来乍到时的生活，潘维廉感慨万千。尽管存在诸多不便，甚至不乏困难与波折，但潘维廉更多的是感受到中国人的热情、友善与关怀。他与家人逐渐习惯并开始享受在厦门大学的新生活，也爱上了这所由爱国华侨领袖陈嘉庚先生创办的南强学府。半年后，潘维廉先生任教于厦门大学 MBA 中心，而这一教就是 30 多年。1992 年，他成为福建省第一位获得永久居住权的外国人。潘维廉教授也由纯正“老外”，成为“不见外”的“老内”。

“世界最有希望的国家是中国，中国最有意思的省是福建，福建最美的城市是厦门，厦门最漂亮的是厦大。”他对厦大和中国的热爱不仅体现在永久居住的行动上，更熔铸在教书育人的勤恳里，展现在讲好中国故事的努力中。

授业厦大,传道解惑

“回想起来,这是我人生中最值得的一笔交易。”

20 世纪 90 年代,中国的管理学课程正处于起步阶段,厦门大学 MBA 中心也是“白手起家”,急缺高素质管理学教师人才。潘维廉凭着自己在美国学到的专业知识,结合国外先进经管案例、书籍和国内现有教材,担任“比较管理学”“组织行为学”“经营战略”“商务英语”“微观宏观经济学”等专业课的日常教学工作,工作量远超厦大教师额定要求。在家人和同事眼中,他是名副其实的“工作狂”。尽管忙得不可开交,他仍坚持将课堂教学做到最好。他的课也成为核心课、精品课,深受广大师生好评。

任教后的最初工资为月薪 400 元,这与他在美国开办公司的收入天差地别,但他自得其乐,这种乐观与开朗也成为贯穿其 30 多年教学生涯的习惯与自然。奇文共欣赏,疑义相与析,他与同学们打成一片,成为知心朋友,建立了温馨和谐的师生关系。他用自己的专业和精勤为管理学院、厦门大学乃至中国高等教育国际化作出了有益探索与重要贡献。他曾两次获得“福建省优秀外国专家”称号,还于 2014 年获评中国十大“功勋外教”,多次受到国家领导人亲切接见。

在潘维廉心中,厦门是其第二故乡,厦门大学是其温情家园。扎根厦大,默默耕耘,他用不懈的努力为学校教育事业发展奉献着青春与力量。

立足厦大,讲述真实

“中国到底是什么样? 我要亲眼去看看,亲身去感受。”

来到厦门后,潘维廉被这里的风土人情打动,对中国的认知也发生了翻天覆地的改变,分明地感觉到西方媒体对中国的报道存有偏见。步入厦门大学以来,潘维廉坚持用书信的方式向美国的亲人、朋友介绍中国的真实风貌。为更好回应各方质疑,他更是在 1994 年选择“向西藏进发”。他亲自开车，载着家人，驱驰 3 个月，行程 4 万公里，穿越中国西部多个省市，直至内蒙古自治区，以亲眼所见、亲耳所闻、亲身所感，全面地见证了真实的中国，记录并传播着中国的真实。25 年后，潘维廉带着“重走中国行”的厦大师生再次西行，并被中国西部的巨大变化深深震撼。

潘威廉教授

“后来我越来越了解福建的历史，越来越感兴趣，所以我继续写了很多。”从 2000 年开始，他陆续出版了《魅力鼓浪屿》《魅力厦门》《魅力福建》《魅力泉州》《魅力厦大》等 10 余本图书，中英文同步发行，并别出心裁地在书中加入大量生动活泼的卡通手绘插画，引导更多人更加真切地了解厦大、厦门和福建的魅力。此外，他还录制了大量纪录片、宣传片，通过今日头条个人主页及微博、抖音、B 站等平台账号，以其独特的身份和视角向世界介绍厦门文化、福建历史和中国故事。

潘维廉还帮助多个城市获评“国际花园城市”，为中国城市走向世界立下汗马功劳。2002 年，他作为厦门市发言人帮助厦门获得金奖；随后帮助福建泉州市、上海松江区获得金奖；2007 年，在伦敦举行的“2007 国际花园城市”总决赛上，他又帮助江苏省常州市武进区夺得金奖。这些成就的背后凝聚着潘维廉对中国的深入了解和满腔热爱。

2019 年，潘维廉将来厦后写给家人的 47 封书信结集为《我不见外——老潘的中国来信》一书出版，得到习近平总书记高度评价。“作为中国改革开放的见证者，这些年你热情地为厦门、为福建代言，向世界讲述真实的中国故事，这种‘不见外’我很赞赏。”总书记在给潘维廉先生的回信中充分肯定了其对传播中国故事作出的独特贡献。

亲身经历、用心感受，亲笔记录、用爱传播，潘维廉先生不仅是改革开放亲身见证者，更是中国故事优秀讲述人。

情怀厦大，感动中国

"我没有什么感动中国，但是我觉得中国感动了我。"

潘维廉一直在以自己的方式传递着对厦大、厦门、福建和中国的热爱，这份热爱体现在一篇篇睿智而不失幽默的信笺里，也显现在一次次助人为乐、急危救困的善行中。潘维廉得知中国实施"希望工程"，立即捐款西藏，并多次捐款"希望工程"，助力西部教育事业；他坚持每月固定拿出部分工资交付学校外事办，资助闽西失学儿童；他出资在厦大教职工住宅区兴建儿童乐园，为孩子们带来无穷欢乐。潘维廉用行动践行着厦大校训，传承着嘉庚精神。

潘维廉热心社会公益、传播中国故事的善心义举得到广泛赞誉，他本人先后获评"厦门市荣誉市民""厦门市精神文明建设的先进模范"等称号，荣获中国政府友谊奖，还喜获"感动中国 2019 年度人物"。"打开心扉，拥抱过就有了默契。放下偏见，太平洋就不算距离。家乡的信中写下你的中国，字里行间读得出你的深情。"这是中央电视台为其专门撰写的颁奖词。"遥远来、永久住、深刻爱，我们都喜欢你这种不见外"。这也是我们共同的心声。

潘维廉在厦门大学百年校庆晚会上献唱《友谊地久天长》

“我最骄傲的是拥有这么一个大家庭。中国人和外国人,在厦门是一家人。只要没人赶我走,我一辈子、两辈子都想住这里。”这是潘维廉先生的心愿,也是我们共同的祈望。

“真没把自己当外人”,这就是“不见外”的老潘!他是厦门大学的一张名片!“厦大人”的称谓,他当之无愧!

后记

作为中国第一所由华侨创办的高等学府，厦门大学自建校伊始，便将校主陈嘉庚先生“教育救国”的爱国信念和“倾资兴学”的高尚情怀注入精神血脉。这份珍贵厚重的南强大爱升华为世纪流芳的感恩底蕴，成就了厦门大学独具一格的捐赠传统与鲜明亮眼的感恩文化。

参天之木，必有其根；怀山之水，必有其源。纵观厦门大学百年办学历程，既是一部兴学图强的爱国史，也是一部自强不息的奋斗史，更是一部接续传承的感恩史。在“嘉庚精神”的感召下，一百多年来，无数海内外校友和社会贤达满怀对厦大的赤子情深和深情厚谊，全心全意共筑厦大、捐资兴学支持厦大。一砖一瓦，彰显浓浓大爱，一草一木，蕴含殷殷深情。

百载风华，教泽常新；初心不渝，薪火赓续。为了更好地传承“嘉庚精神”、弘扬感恩文化，厦门大学教育发展基金会秘书处于2020年创设“南强大爱　世纪流芳”捐赠人物风采栏目。我们希望以学校百年捐赠历史为脉络，从捐赠文化的视角梳理捐赠者的大爱情怀，记载他们在百年历程中对学校给予的莫大帮助。栏目一经推出，得到社会各界、师生校友的广泛关注，深受读者喜爱。因此，我们将捐赠人物故事修订成集，推出《南强大爱　世纪流芳》一书，希望通过这种方式塑造百年厦大的捐赠人物群像，向关注、关心、关爱厦门大学建设与发展的海外华侨华人、社会贤达和广大校友致以最崇高的敬意与最诚挚的感谢！

本书创作与出版得到了历届学校领导、教育发展基金会领导的悉心关怀，是他们的精心策划和缜密部署推动了捐赠人物专访栏目和本书编辑工作有序开展。

本书创作与出版还得到了厦门大学党委宣传部、校友总会秘书处、档案馆、出版社、各院系的关心支持，以及王东红、尤程儒、王学军、许丽莹、张琳、张灵、李寒钦、叶添、刘欣然、刘晨、刘燕飞、阮瑜颖、严西雅、李汀、李彤、杨安如、吴文婷、吴琦琦、何朕芳、宋柳锐、张洁、陈诺、陈惠莹、林丛青、周晓钰、赵续茹、袁星雨、曹欢、舒雯、缪陈等师生的热心帮助。

由于部分捐赠人或因历史资料缺失，或因个人意愿婉拒，他们的捐赠故事无法在本书呈现，敬请宽谅。鉴于客观条件，书中内容难免会有疏漏，恳请读者批评指正。

百年厦大，砥砺前行；南强大爱，世纪流芳。本书的出版只是一个开始，我们还将持续展现捐赠人物风采，传承厦大捐赠传统，用文字镌刻历史，让感恩大爱无疆！

谨以此书献给百年巍峨的厦门大学！献给百年来为厦门大学添砖加瓦、厚德青衿的人们！

《南强大爱　世纪流芳》编委会

2023 年 9 月